O VOTO do BRASILEIRO

Alberto Carlos Almeida

O VOTO DO BRASILEIRO

1ª edição

EDITORA RECORD
RIO DE JANEIRO • SÃO PAULO

2018

CIP-BRASIL. CATALOGAÇÃO NA PUBLICAÇÃO
SINDICATO NACIONAL DOS EDITORES DE LIVROS, RJ

A444v Almeida, Alberto Carlos
O voto do brasileiro / Alberto Carlos Almeida. – 1. ed. – Rio de Janeiro: Record, 2018.
il.

ISBN 978-85-01-11323-8

1. Eleições - Brasil. 2. Partidos políticos - Brasil. 3. Voto - Brasil. I. Título.

18-47728 CDD: 324.630981
CDU: 324.82(81)

Meri Gleice Rodrigues de Souza - Bibliotecária CRB-7/6439

Elaboração dos mapas: Sasha Trubetskoy
Versão para o inglês / English translation: Tito Mario Simonelli

Texto revisado segundo o novo Acordo Ortográfico da Língua Portuguesa.

Direitos exclusivos desta edição reservados pela
EDITORA RECORD LTDA.
Rua Argentina, 171 – Rio de Janeiro, RJ – 20921-380 – Tel.: (21) 2585-2000.

Impresso no Brasil

ISBN 978-85-01-11323-8

Seja um leitor preferencial Record.
Cadastre-se em www.record.com.br
e receba informações sobre nossos
lançamentos e nossas promoções.

Atendimento e venda direta ao leitor:
mdireto@record.com.br ou (21) 2585-2002.

Fiquei pensando e comecei a descrever
Tudo, tudo de valor
Que meu Brasil me deu
Um céu azul, um Pão de Açúcar sem farelo
Um pano verde-amarelo
Tudo isso é meu!
Tem feriado que pra mim vale fortuna
A Retirada da Laguna vale um cabedal!
Tem Pernambuco, tem São Paulo e tem Bahia
Um conjunto de harmonia que não tem rival
Tem Pernambuco, tem São Paulo e tem Bahia
Um conjunto de harmonia que não tem rival

"Recenseamento", Assis Valente

Este livro é dedicado:

Ao meu editor, Carlos Andreazza, que mostrou enorme entusiasmo já na primeira conversa que tivemos sobre este projeto. Sem o seu empenho, nada do que está aqui teria sido viável.

A Luciana Villas-Boas, que editou os livros *A cabeça do brasileiro* e *A cabeça do eleitor*. Ela abriu o caminho para os trabalhos que vieram depois.

Aos amigos do *Valor Econômico*, Célia Franco, Cristiano Romero, Maria Cristina Fernandes, Pedro Cafardo, Robinson Borges e Vera Brandimarte, que sempre propiciaram o contexto favorável ao livre pensar, requisito fundamental para várias ideias aqui contidas.

Aos amigos, conhecidos e clientes do mercado financeiro, cujas indagações em reuniões de trabalho, almoços, jantares e *happy hours* me permitiram desenvolver o que está neste livro: Alexandre Bassoli, André Bannwart, André Costa Carvalho, André Lóes, Arthur Carvalho, Bernardo Zerbini, Caio Megale, Carlos Kawall, Carlos Otero, Cassiano Scarpelli, Constantin Jancso, Daniel Lavarda, Daniel Leichsenring, David Becker, David Safra, Dório Ferman, Eduardo Loyo, Elson Yassuda, Estevão Scripilliti, Fernanda Batolla, Fernando Honorato, Fernando Oliveira, Guilherme Marques,

Gustavo Salomão, Iana Ferrão, Ilan Goldfajn, Jayme Srur, José Tovar, Júlio Araújo, Leonardo Fonseca, Luis Stuhlberger, Luiz Cherman, Luiz Chrysostomo, Marcelo Kfoury, Marcelo Toledo, Márcio Appel, Marcos Lisboa, Mário Mesquita, Mauro Bergstein, Nilson Teixeira, Octávio de Barros, Otávio Mendes, Paulo Coutinho, Paulo Galvão, Pedro Jobim, Roberto Campos, Ricardo Reisen, Roberto Padovani, Samuel Pessoa, Solange Srour, Stefanie Birman, Tiago Pessoa e Tony Volpon.

A Caio Blinder, Diogo Mainardi, Lucas Mendes e Ricardo Amorim, que gentilmente me convidaram para o *Manhattan Connection* da noite de 26 de outubro de 2014, após o resultado final da eleição presidencial. Eles foram responsáveis pela divulgação, *avant la lettre*, de vários mapas deste livro.

Cabe aqui uma dedicatória simbólica ao eleitorado nordestino e paulista. Ambos cumprem o papel de favorecer o bom funcionamento das instituições brasileiras. Sem demérito a outras regiões e estados do Brasil, o leitor compreenderá, no decorrer do livro, o porquê desta dedicatória simbólica.

Agradecimentos

Agradeço ao profissionalismo de Sasha Trubetskoy, que à distância, tendo se comunicado comigo apenas por e-mail, elaborou com competência os mapas deste livro.

Muitos leitores, cientistas políticos e profissionais de outras áreas contribuíram gentilmente com sua minuciosa leitura e boas sugestões para o aperfeiçoamento deste livro, são eles: André Magalhães Nogueira (que, além de leitor atento, sistematizou inúmeros dados, textos e informações), Anselmo Takaki, Bruno Pinheiro Reis, Edson Nunes, Fábio Giambiagi, Gabriel Schroeder de Almeida, Guilherme Cunha Costa, Jairo Nicolau, Luís César Faro, Octávio Amorim, Paulo Secches e Ricardo Reisen. Agradeço muito a todos eles.

Também a Thiago Camargo, que inadvertidamente deu a ideia deste livro ao me presentear com um estudo da geografia eleitoral dos Estados Unidos.

A Merval Pereira, Gustavo Villela e sua equipe do Infoglobo, que ajudaram a obter os mapas de algumas capitais de estado, e a Antônio Carlos Alckmin, que cedeu o mapa digitalizado do Rio de Janeiro.

Agradeço a Duda Costa, que com toda sua paciência e competência soube lidar com a minha ansiedade e o grande desafio que foi editar um livro como este. Também a Thaís Lima e Marlon Magno, pela bela revisão feita nos originais.

Agradeço a Andreia Schroeder, esposa, amiga, companheira, mulher, que, além de ter lido e dado sugestões a este livro, forneceu todo o apoio emocional necessário para escrevê-lo. Por isso e muito mais, ela é, em grande medida, coautora deste e de todos os livros que já escrevi.

Last, but not least, registro o meu agradecimento especial a Aline Santos, que foi e vem sendo o meu braço direito não apenas na preparação deste livro, mas em vários projetos igualmente desafiantes.

Sumário

Nota do autor

ESTE LIVRO APRESENTA UMA ANÁLISE baseada em dados e na observação de padrões eleitorais. Há causas para tais padrões. Se as causas permanecerem, o padrão não será alterado.

Graças a isso, diversas previsões são feitas.

Todas estavam prontas, "registradas", a partir do envio dos originais deste livro para a Editora Record em novembro de 2017.

Prefácio

SAMUEL PESSOA

ESTE PEQUENO E CORAJOSO LIVRO consolida e sistematiza a análise que Alberto Almeida tem feito desde pelo menos 2010.

Alberto, junto a André Singer, foi um dos primeiros analistas a notar que, a partir da eleição presidencial de 2006, consolidou-se um padrão de escolha eleitoral no Brasil. Como escreveu Alberto em artigo no caderno de fim de semana do jornal *Valor Econômico* em 14 de maio de 2010:

> A eleição de 2006 consagrou um novo e, no meu entender, permanente padrão de votação no Brasil. Onde a sociedade é maior do que o estado – região Sul, São Paulo e toda a região Centro-Oeste, com exceção da capital federal (é claro) –, venceu o candidato tucano. Onde o estado é maior do que a sociedade, Lula derrotou Geraldo: Norte, Nordeste, Rio de Janeiro e Minas Gerais. De todas as vantagens regionais entre os dois principais candidatos a maior delas foi verificada exatamente no Nordeste: Lula teve 66,8% dos votos válidos e Geraldo teve 26,1%. Em números absolutos isto significou pouco mais de 10 milhões de votos em um total de quase 28 milhões de nordestinos que foram às urnas.

No presente volume, ele explora esta constatação de inúmeras maneiras. Olha as diversas eleições presidenciais desde 2002 nos estados e nas capitais. Mostra que o padrão eleitoral – o Nordeste sendo a cidadela do PT, e o estado de São Paulo, a cidadela do PSDB – está relacionado às diferenças socioeconômicas entre as regiões e não a algum atavismo petista ou tucano. Isto é, grupos socioeconomicamente homogêneos votam de forma parecida, tanto no Nordeste quanto em São Paulo.

Alberto documenta que esse padrão de escolha eleitoral é totalmente regular a partir das experiências das democracias maduras. Compara nossas escolhas com as da Espanha, Alemanha, França, Itália, Reino Unido e EUA. No que depender da política, já somos desenvolvidos. As democracias maduras têm o seu Nordeste e o seu estado de São Paulo.

Este "pequeno" livro, grande na quantidade de informação – a produção de Alberto tem essa característica, a obsessão pelos dados –, pertence a uma tradição da ciência política brasileira, que, desde os trabalhos originais de Argelina Figueiredo e Fernando Limongi nos anos 1990, acumula evidências de que o funcionamento de nosso sistema político é regular. É previsível. E não é diferente do que ocorre nas democracias consolidadas.

A função do volume é ajudar o leitor a acompanhar nosso processo eleitoral além dos ruídos das análises políticas corriqueiras e das oscilações quase semanais das pesquisas eleitorais. Adicionalmente, dotar o leitor de informações que sistematizem nossa experiência eleitoral – que, a essa altura do campeonato, já não é tão pequena assim – e que permitam olhar o pleito de 2018 à luz de nossa experiência passada.

Nem sempre o passado é um bom guia. Muitas vezes, qual "lanterna na popa", ilumina o que não importa. O que já passou. E não ajuda a prever as mudanças, as quebras estruturais. A aposta de Alberto é que nossa regularidade não será contestada em 2018. Os outsiders, as redes sociais e o cansaço com a política não serão capazes de quebrar o padrão dos últimos pleitos. E é por esse motivo que há boa dose de coragem na publicação do volume.

Alberto não abre o jogo, mas, para mim, ao terminar a leitura, cheguei à conclusão de que teremos em 2018 segundo turno entre Jacques Wagner e Geraldo Alckmin. A aposta é minha. A ferramenta foi de Alberto.

Boa leitura.

1 Do voto

ESTE LIVRO CONTA A HISTÓRIA das mais recentes eleições presidenciais brasileiras de forma clara e direta. Sua leitura permite ver que:

- Nossas eleições presidenciais são previsíveis.
- O PSDB tem a sua cidadela: o estado de São Paulo.
- O PT também tem sua cidadela: a região Nordeste.
- O Brasil é idêntico, em padrão de votação nacional, a países como Alemanha, Espanha e Reino Unido.

Os três mapas a seguir apresentam os índices de votação no segundo turno das eleições presidenciais de 2006, 2010 e 2014.[1]

Quanto mais escura a cor vermelha indicada no mapa, mais a votação do candidato do PT se aproximou de 100%. Quanto mais escura a cor azul, mais a votação do candidato do PSDB se aproximou de 100%.

Os mapas trazem a malha de todos os municípios brasileiros. O padrão de votação que vemos retrata a agregação dos votos de cada eleitor. É possível perceber um claro padrão de votação: nos municípios mais

Eleição presidencial no Brasil – segundo turno (2006, 2010 e 2014)

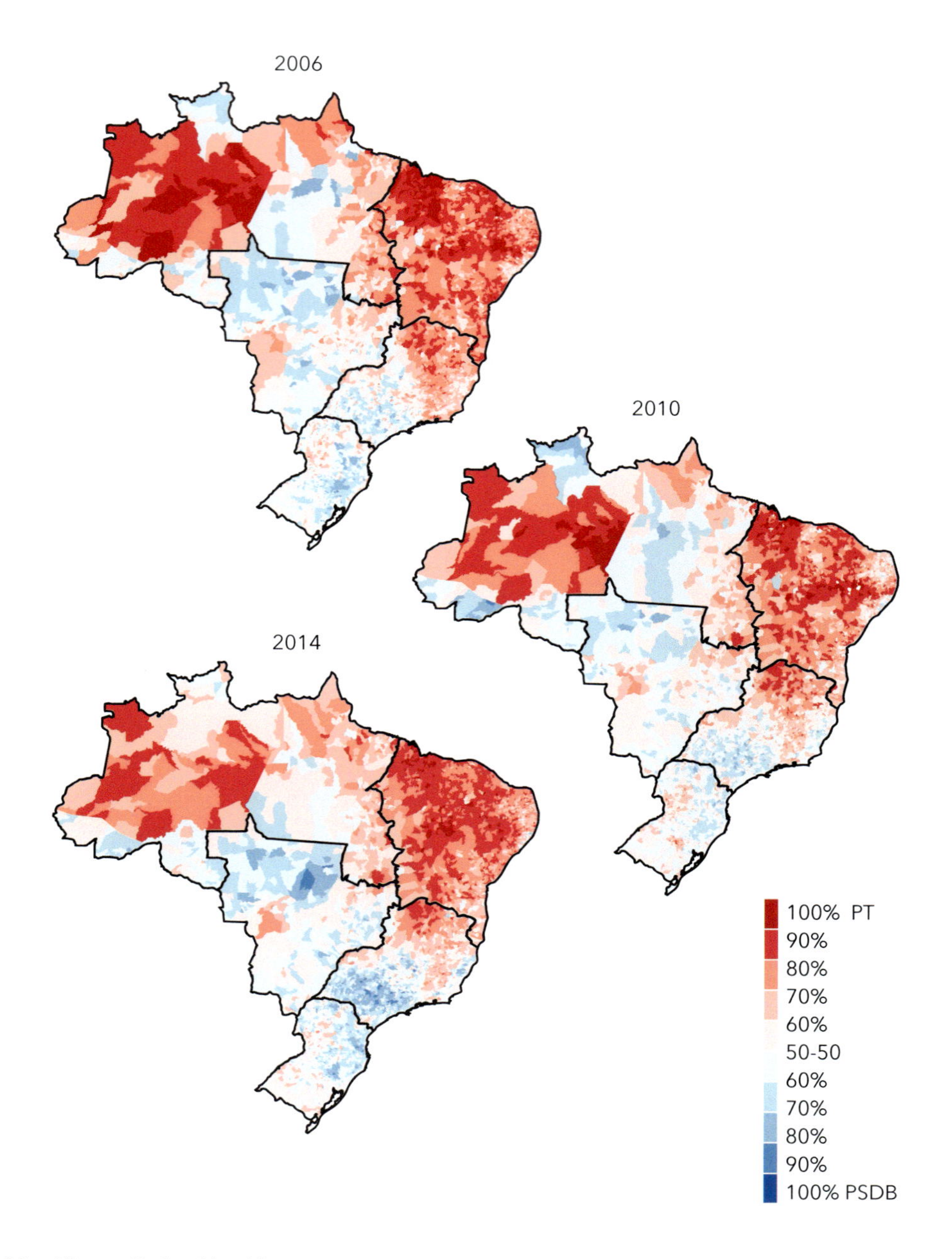

pobres do país, o maior índice de votação foi para os candidatos do PT, ao passo que nos municípios menos pobres os candidatos do PSDB foram os mais votados.

Sabemos que os eleitores de renda mais baixa votam proporcionalmente mais no PT do que no PSDB, e os eleitores de renda mais elevada votam proporcionalmente mais no PSDB do que no PT.[2]

Cada uma das três eleições foi muito diferente, porém seus mapas de votação são muito semelhantes.

Em 2006, o candidato do PT foi Luiz Inácio Lula da Silva. Em 2010 e 2014, Dilma Rousseff.

Em 2006, o candidato do PSDB foi Geraldo Alckmin; em 2010, José Serra; e, em 2014, Aécio Neves.

Resultados das eleições para presidente da República (2006, 2010 e 2014)

2006	2010	2014
Lula: 60,83%	Dilma: 56,05%	Dilma: 51,64%
Alckmin: 39,17%	Serra: 43,95%	Aécio: 48,36%

O desempenho da economia também foi muito diferente em cada ano eleitoral. Isso é ilustrado pelos dados macroeconômicos mais importantes: desemprego, inflação, crescimento do PIB e taxa de juros Selic.

Dados macroeconômicos

Índice/Ano	2006	2010	2016
Desemprego	10,4%	9,4%	6,8%
Inflação	3,1%	5,9%	6,4%
Crescimento do PIB	4%	7,6%	0,5%
Selic (juros)	15,27%	9,82%	10,89%

Fonte: Credit Suisse, sobre dados do IBGE e do Banco Central.

Observa-se que, independentemente do ano da eleição, de quem foram os candidatos, da situação da economia, dos juros, da taxa de desemprego, do crescimento econômico e da inflação, o eleitorado brasileiro se comporta de maneira regular e previsível. Ou seja, apesar do que há de aleatório de ano para ano, ocorre algo de sistemático em nossas eleições.

Esses mapas, e os demais que virão, estão baseados em uma longa tradição da ciência política, que remonta aos estudos de Seymour Martin Lipset e Stein Rokkan,[3] pioneiros na análise quantitativa da interação entre o sistema partidário e as divisões de classe, divisões entre regiões de um mesmo país, bem como clivagens religiosas, étnicas e linguísticas.

Lipset e Rokkan buscaram sistematizar fatores estruturais subjacentes ao sistema político ocidental, partindo de duas grandes revoluções históricas: a Revolução Nacional e a Revolução Industrial. Cada uma produziu divisões sociais que ficaram associadas aos partidos políticos e ao comportamento dos eleitores.

Da Revolução Nacional, surgiram duas clivagens. A primeira é o conflito centro-periferia, que opõe a cultura nacional a outras subordinadas ou descentralizadas, por exemplo, as de natureza étnica, linguística ou religiosa. A segunda clivagem ocorre entre Estado e Igreja. O primeiro visa a afirmar sua ascendência como poder dominante; a segunda busca a manutenção de direitos e privilégios.

A Revolução Industrial gerou outro par de clivagens. A terceira opôs terra e indústria, ou seja, de um lado, as elites de proprietários de terra; de outro, a burguesia ascendente.

Por fim, a quarta clivagem opôs capitalistas e trabalhadores. Para Lipset e Rokkan, por conta da extensão do sufrágio para todos os adultos do sexo masculino, tornou-se a mais importante para entender a disputa política e o sistema partidário do século XX.

É importante salientar que as clivagens políticas não são simplesmente consequências da estratificação social.[4] Na verdade, tais distinções sociais se tornam clivagens políticas quando são organizadas dessa forma.

É por meio de um processo histórico de mobilização, politização e democratização que uma clivagem política específica adquire seu traço distintivo e organização própria. Daí decorre a importância dos partidos políticos e dos processos eleitorais.[5]

A literatura acadêmica que relaciona divisões sociais e demográficas ao processo político, em especial aos partidos e ao voto, identificando as regularidades e transformações, é imensa.[6]

Cumpre destacar que alguns aspectos da obra de Lipset e Rokkan foram questionados. Por exemplo, ambos entendiam que ocorria um congelamento das clivagens. Ou seja, que as mesmas questões que dividiam a política nos anos 1920 permaneciam presentes nos anos 1960. Porém, na mesma época da publicação da obra, começaram a surgir novos assuntos que se tornaram objetos de disputas políticas nas décadas seguintes. Questões como qualidade de vida, ambientalismo, igualdade de gênero, direitos das minorias e liberdade sexual passaram a ter papel importante no debate político, compondo o que se costuma chamar de valores pós-materialistas.[7]

Alguns estudiosos defendem que as clivagens de origem social vêm perdendo importância, sendo substituídas por disputas baseadas em clivagens ideológicas.[8]

Ao reconhecerem que houve mudanças na estratificação social, Clark e Lipset defenderam que ocorre um processo de fragmentação. Citam como exemplos desse processo o crescimento de fatores sociais e culturais, a organização da política por outras lealdades e o fato de a mobilidade social ser mais determinada por fatores educacionais do que familiares.[9]

Tais transformações não significam que o trabalho de Lipset e Rokkan tenha diminuído sua relevância. Como registraram Dalton, Flanagan e Beck, as clivagens e padrões de coalizões partidárias podem flutuar em reação a eventos contemporâneos.[10]

Passados cinquenta anos de sua publicação, a obra de Lipset e Rokkan permanece, portanto, como a principal fonte de referência para estudos que buscam explicar os resultados eleitorais, a partir de padrões e resultados agregados. Ela é o fundamento dos mapas eleitorais e sociais aqui apresentados e analisados.[11]

Assunto também importante para entender o eleitor é a socialização política.[12] A socialização política é diferente em função da renda, do local de moradia, da inserção no mercado de trabalho e, muitas vezes, da religião e religiosidade. Por exemplo, pessoas mais religiosas tendem a ser mais conservadoras do que pessoas que nunca vão à igreja. Além disso, cada grupo social tem seus interesses econômicos específicos.

A interação entre ideologia e interesses resulta no apoio a forças políticas opostas. Todos os países, e o Brasil não é exceção à regra, têm as eleições polarizadas entre um partido de centro-direita e outro de centro-esquerda. Isso ocorre porque cada um desses partidos tem um sólido pilar eleitoral.

Como exemplo, vale mencionar o que crianças e jovens já na idade de votar ouvem de seus pais e amigos nos ambientes onde vivem e frequentam.[13]

Uma criança ou jovem residente no bairro do Itaim Bibi em São Paulo aprende a rejeitar o PT em sua socialização familiar e escolar. Desde a mais tenra idade e, com frequência, durante toda a sua formação, torna-se verdade para ela que o PT é um partido que gasta mal os recursos públicos, direcionando-os para políticas assistenciais que causam dependência nas pessoas em face do auxílio governamental.

Por outro lado, uma criança ou jovem de um bairro pobre de Jaboatão dos Guararapes, populoso município da região metropolitana do Recife, aprende a rejeitar o PSDB em sua socialização familiar e escolar. Desde a mais tenra idade e durante a sua formação, torna-se verdade para ela que o PSDB é um partido que defende os ricos e prejudica os pobres.

Seus respectivos pais já votaram várias vezes no PSDB, em São Paulo, e no PT, no Nordeste.[14]

No mundo inteiro, nas democracias mais consolidadas e desenvolvidas, as pessoas menos favorecidas votam mais em partidos de centro-esquerda e as pessoas mais favorecidas votam mais em partidos de centro-direita.[15]

Utilizamos aqui uma definição minimalista de esquerda e direita a partir de Norberto Bobbio.[16] O nosso foco é a política econômica e ficará claro o motivo no decorrer do livro. Assim, pode-se dizer que a esquerda dá prioridade à defesa de mais igualdade e redistribuição de renda, enquanto a direita confere ênfase à busca da liberdade, abrindo caminho para políticas públicas que resultam em mais eficiência econômica, como é o caso das privatizações.[17]

Esquerda e direita diferem não apenas quanto a seus objetivos e políticas públicas adotadas, mas também em relação à comunicação e simbologia que utilizam.

Por exemplo, partidos de centro-esquerda costumam falar mais em combate ao desemprego ao passo que partidos de centro-direita têm como foco de sua atuação o combate à inflação.

As pessoas mais escolarizadas e, portanto, com renda mais elevada são e se percebem como socialmente mais influentes. Elas têm os instrumentos para sobreviver socialmente sem a ajuda do setor público.

Se estão desempregadas, são capazes de redigir seus currículos por conta própria e lançam mão de sua rede de contatos que têm acesso a empregos de mais qualidade. Essas pessoas tendem a residir em bairros mais bem urbanizados e com melhores equipamentos públicos. Quando abordadas pela polícia, uma típica situação de contato com a autoridade pública, tendem a ser tratadas de igual para igual. Ter escolaridade mais alta é um ativo bastante valioso.

Assim, elas se sentem mais bem representadas por um partido que defenda menos intervenção estatal, um partido de centro-direita. Afinal, não custa enfatizar, elas dependem pouco do governo para a manutenção e melhoria de seu bem-estar. A rigor, é comum que parte importante desse grupo considere que o governo a prejudique em seus esforços para melhorar de vida.

As pessoas de escolaridade mais baixa e, portanto, com renda baixa são e se percebem como socialmente mais vulneráveis. Elas contam com meios mais precários para sobreviver socialmente sem alguma ajuda do setor público.

Se estão desempregadas, faltam-lhes recursos educacionais suficientes para redigir autonomamente um currículo, com frequência faltam-lhes também recursos financeiros para se deslocar rumo a muitas entrevistas de empregos. Essas pessoas tendem a residir em bairros cujo nível de urbanização é precário e têm acesso a equipamentos urbanos de pior qualidade. Quando abordadas pela polícia, são tratadas de forma autoritária. Ter escolaridade baixa é um passivo considerável.

Assim, essas pessoas se sentem mais bem-representadas por um partido que defenda maior intervenção estatal, um partido de centro-esquerda. Elas se sentem dependentes do governo para a manutenção e melhoria de seu bem-estar.[18]

Considerando-se o lado da oferta, isto é, dos partidos, o PT pertence à família da centro-esquerda, e o PSDB à família da centro-direita, ainda que muitos de seus líderes que vieram da tradição do antigo Partidão, o velho Partido Comunista Brasileiro, discordem de tal visão.

A agenda dos partidos de centro-esquerda tem como proposta central uma maior intervenção do governo na economia. O ativismo estatal é o caminho para se obter mais igualdade de renda.

Por outro lado, os partidos de centro-direita defendem que o governo se retraia, regule menos e interfira menos na esfera econômica. Esse é o caminho para alcançar mais eficiência econômica.[19]

Nesse sentido, esquerda e direita sempre existirão.[20]

O PT é da mesma família dos seguintes partidos: Partido Trabalhista do Reino Unido, Partido Socialista Operário Espanhol (PSOE), Partido

Democrático (PD) da Itália, Partido Social-Democrata alemão (SPD), e Partido Democrata dos Estados Unidos.

O PSDB é da mesma família do Partido Conservador do Reino Unido, do Partido Popular (PP) da Espanha, dos Republicanos dos Estados Unidos, da Força Itália, e da democracia cristã da Alemanha, que se divide entre CDU e CSU, sendo este último o partido que domina a Baviera desde o pós-Segunda Guerra.

Cada um desses partidos está adaptado às condições locais, é produto do nível de desenvolvimento de cada país, e reflete os temas e a agenda de cada nação e são condicionados pelo funcionamento das instituições políticas locais. Por isso, diferem em suas propostas, discursos, políticas públicas e simbologia. Porém, todos pertencem a uma família de partidos em oposição à outra.

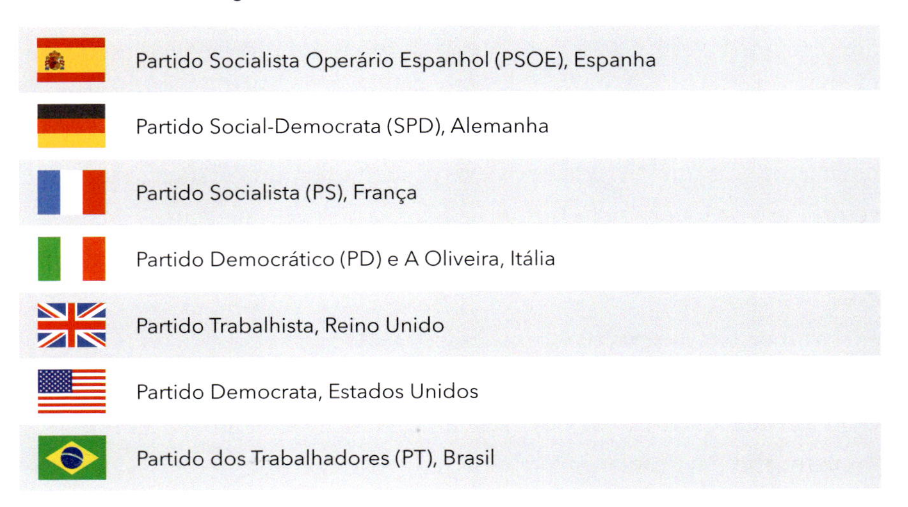

Partidos que defendem menos Estado na
economia e mais eficiência econômica

Em relação ao impacto das instituições sobre o sistema partidário, o paralelo entre os partidos brasileiros e aqueles dos demais países é válido mesmo se considerarmos o que já foi apontado pela literatura especializada: que em sistemas presidencialistas os partidos tendem a ser mais pragmáticos ao passo que nos regimes parlamentaristas eles são mais programáticos.[21] Assim, o que devemos esperar é que PT e PSDB sejam menos ideológicos e mais personalistas do que seus congêneres em países parlamentaristas, preservando-se o alinhamento geral à esquerda e à direita.

De volta aos mapas eleitorais do segundo turno da eleição presidencial no Brasil (p. 20): nem sempre o Brasil foi assim.

A divisão que passou a ocorrer a partir de 2006 não aparece no primeiro turno da eleição de 1998, nem no segundo turno de 2002.

Vale recordar que em 1998 o candidato do PSDB, Fernando Henrique Cardoso, obteve mais de 50% dos votos já no primeiro turno, o que tornou desnecessária a realização do segundo turno.

Eleição presidencial no Brasil – decidida no primeiro turno (1998)

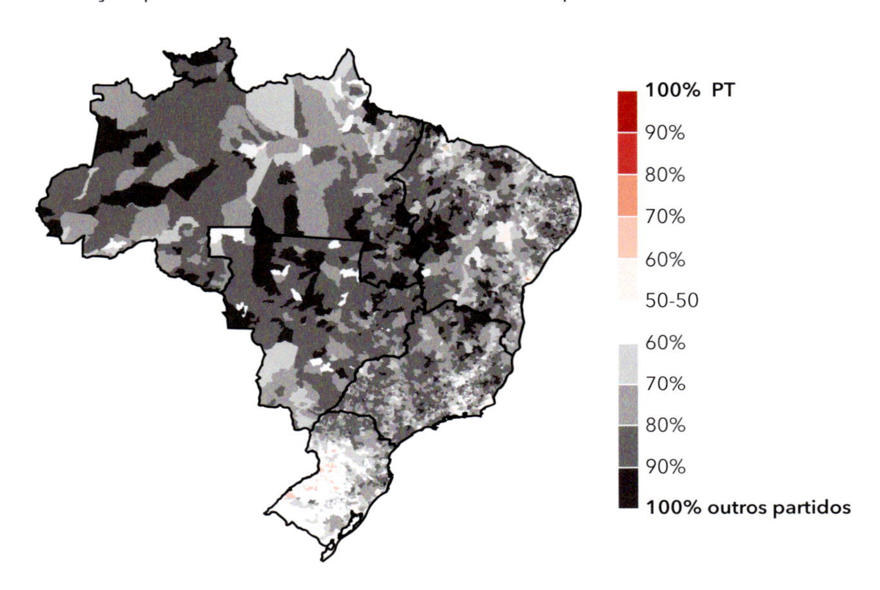

Eleição presidencial no Brasil – segundo turno (2002)

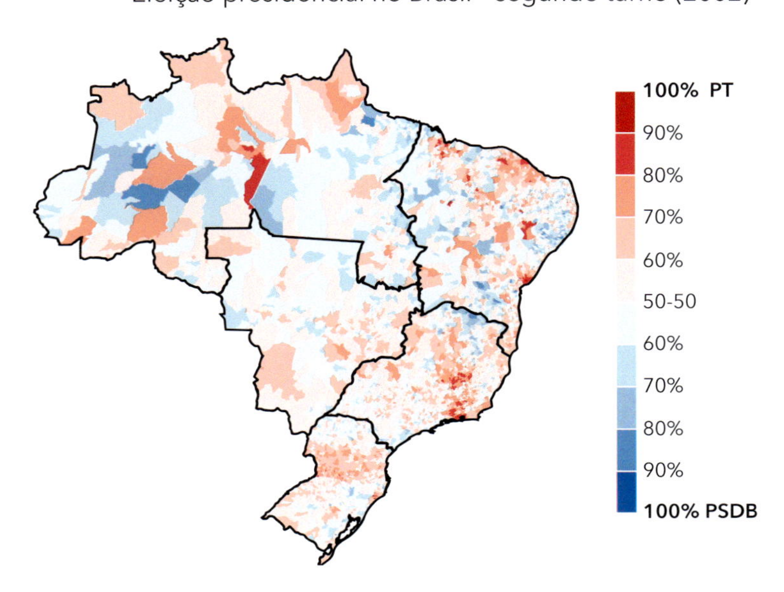

Em 2002, Lula, no segundo turno, obteve 61,27% de votos e José Serra, 38,73%. Já em 1998, Lula obteve 31,91% de votos e os demais candidatos somados, 68,29%.

O mapa da eleição de 1998 representa, nas gradações de cinza, a soma da votação de todos os partidos com exceção do PT. No mesmo mapa, o PT é representado pela tradicional cor vermelha da esquerda.

Note-se que o partido já liderado por Lula, seu candidato a presidente em 1998, foi muito mal na votação no Nordeste. Isso ocorreu não somente em 1998, mas também em 2002.

Por outro lado, o azul, que simboliza a votação do PSDB, está presente com força na eleição de 2002 na região Nordeste, e também, por exemplo, no Amazonas, o que não voltou a acontecer nas eleições seguintes.

Vale recordar que na campanha da primeira eleição presidencial vencida pelo PSDB, em 1994, Fernando Henrique Cardoso, para simbolizar seu compromisso com o Nordeste, andou montado em um jumento e comeu buchada de bode. (Aliás, poucos sabem que FHC já conhecia a buchada de bode desde seu período de exílio na França, onde a iguaria se chama *trip à la mode Caen*.)

O divisor de águas que separa o padrão de votação de 1998 e 2002 das três eleições ocorridas posteriormente foi o governo Lula.

No primeiro governo Lula, o presidente e seu partido sinalizaram com clareza que defendiam os interesses dos mais pobres, por meio de políticas públicas concretas, que tiveram o Bolsa Família como carro-chefe, e também por meio da simbologia utilizada pelo então presidente.

O sucesso do PSDB no Nordeste nas eleições anteriores, simbolizado pela desenvoltura de Fernando Henrique em relação à culinária e ao então principal meio de transporte do sertanejo, foi substituído, a partir de 2006, pela enorme dificuldade eleitoral que o PSDB passou a ter na região ao enfrentar o PT.

As profundas diferenças entre o Nordeste e São Paulo, estado onde o PSDB tem mais força, ficam também evidentes quando são analisados os resultados das eleições para governador.

Franco Montoro, eleito em 1982, Orestes Quércia, em 1986, e Luiz Antônio Fleury Filho, eleito em 1990, foram os últimos três governadores, todos do PMDB,* que antecederam o predomínio tucano no estado de São Paulo. Vale lembrar que o PSDB foi fundado em junho de 1988 (e que Franco Montoro foi um de seus fundadores).

Desde 1995, somente políticos tucanos governam São Paulo. Já são seis vitórias eleitorais consecutivas. Seus candidatos, com destaque para Geraldo Alckmin, têm tido um desempenho notável com a votação média de 56% e tendo vencido as três últimas eleições em primeiro turno.[22]

São Paulo é o maior estado da Federação em diversos aspectos, em particular no que tange a algumas variáveis-chaves: tamanho da população e, consequentemente do eleitorado, e riqueza, tradicionalmente mensurada pelo PIB. São Paulo abriga o mercado financeiro, tem a economia mais complexa, e a direção das principais empresas nacionais e multinacionais está sediada no estado.

Percentual de votação do PSDB no estado de São Paulo (1994-2014)

Governador eleito	Ano	Em qual turno a eleição foi ganha	Percentual de votos
Mário Covas	1994	Segundo	56,12
Mário Covas	1998	Segundo	55,36
Geraldo Alckmin	2002	Segundo	58,64
José Serra	2006	Primeiro	57,98
Geraldo Alckmin	2010	Primeiro	50,63
Geraldo Alckmin	2014	Primeiro	57,31

* Em 2018, o PMDB, em convenção, decidiu trocar o nome do partido para Movimento Democrático Brasileiro (MDB).

Não é mero acaso que o PSDB seja um partido dominado por sua seção paulista e que, sendo assim, a candidatura do mineiro Aécio Neves a presidente da República, em 2014, tenha sido um evento excepcional.

O primeiro governo Lula foi o responsável pela segmentação do eleitorado nacional segundo os padrões de países de Primeiro Mundo. Porém, justamente por ter sido um governo de centro-esquerda, não alterou o predomínio do PSDB em São Paulo. A cidadela tucana veio, aparentemente, para ficar.

O desempenho dos candidatos que ficaram em terceiro lugar nos primeiros turnos indica que seu resultado final ficou muito distante do PT e do PSDB. Nas eleições vencidas pelo PT, o mais próximo do segundo colocado foi Anthony Garotinho, candidato do PSB, em 2002. A base eleitoral dele era o estado do Rio de Janeiro, com aproximadamente 10% do colégio eleitoral nacional. Talvez por isso tenha sido o melhor desempenho de uma terceira via presidencial, em relação ao segundo colocado.

Resultados do primeiro turno (pontos percentuais)

	2002	2006	2010	2014
PT	46,44	48,61	46,91	41,59
PSDB	23,19	41,64	32,61	33,55
Terceiro colocado	17,86	6,85	19,33	21,32

Em 1994 e em 1998, Fernando Henrique venceu no primeiro turno. Ainda assim, os terceiros colocados, atrás de Lula, ficaram muito distantes do candidato petista. Tanto Enéas Carneiro, do PRONA, em 1994, como Ciro Gomes, na época do PPS, em 1998, ficaram praticamente 20 pontos percentuais abaixo. Isso é mais uma evidência de como a votação de PT e PSDB é sólida.

Vale enfatizar que a força do PT e do PSDB está sendo analisada aqui em face de seus respectivos desempenhos eleitorais em eleições presidenciais.

Há aqueles que afirmam, talvez com propriedade, que nossos partidos são fracos do ponto de vista organizacional, ou mesmo incoerentes quando estão no governo. Força eleitoral nacional pode conviver com fraqueza organizacional e no exercício do governo.[23]

Diante de tais evidências da força eleitoral do PSDB em São Paulo e do PT no Nordeste, é possível que surja a pergunta sobre a possibilidade de que, em meio a uma crise sem precedentes no Brasil, que mistura queda do poder de compra da população e escândalos de corrupção, uma das duas agremiações, ou ambas, fiquem de fora do segundo turno da eleição de 2018. Sim, isto é possível, mas não é provável, e será abordado no final do livro.

Para concluir este capítulo, a comparação dos resultados de primeiro e de segundo turno revela que os mapas eleitorais de primeiro turno não seriam muito diferentes daqueles apresentados aqui para os segundos turnos.

No caso do PT, o maior acréscimo de um turno para o outro foi em 2006, quando a votação de Lula se tornou 12,22 pontos percentuais mais alta, um crescimento de 25%. Isso significou um eleitor a mais para quatro que votaram no PT no primeiro turno. Aliás, sabe-se que é mínima a proporção de eleitores que muda de voto entre o primeiro e o segundo turno.

Diferença de voto do primeiro para o segundo turno, em pontos percentuais (pp)

	PT			PSDB		
	1º turno	2º turno	Diferença em pp	1º turno	2º turno	Diferença em pp
2006	48,61	60,83	12,22	41,64	39,17	-2,47
2010	46,91	56,05	9,14	32,61	43,95	11,34
2014	41,59	51,64	10,05	33,55	48,53	14,98

Naquele mesmo 2006, a proporção de votos do PSDB foi muito semelhante, o que resultaria em dois mapas praticamente idênticos.

Nas eleições de 2010 e 2014, foram verificados os maiores acréscimos de votos de primeiro para o segundo turno, ambos para o PSDB: 11,24 pontos percentuais em 2010, o que equivaleu a um crescimento de 35%, e quase 15 pontos percentuais em 2014, o que correspondeu a um crescimento de quase 45%.

Em ambas as eleições, como a votação do PT se ampliou proporcionalmente pouco de um turno para o outro, o mapa de coloração azul do PSDB se alterou menos na geografia e mais no escurecimento da tonalidade de seu azul, particularmente no estado de São Paulo.

Portanto, os mapas eleitorais de primeiro turno pouco ou nada acrescentariam às principais análises deste livro; seriam mais do mesmo se colocados lado a lado aos mapas eleitorais do segundo turno.

2 Da renda

O PRIMEIRO GOVERNO LULA, enfatize-se, segmentou o eleitorado brasileiro de uma maneira que já era conhecida pelas principais democracias do mundo:

- Os mais pobres votam em maior proporção no partido de centro-esquerda, aquele que dá prioridade ao aumento da presença do Estado na economia e à geração de mais igualdade de renda;
- Os menos pobres votam em maior proporção no partido de centro-direita, aquele que dá prioridade a políticas de retração da regulação econômica estatal e que resultam em mais eficiência econômica.

As divisões sociais fazem com que grupos de eleitores se tornem defensores de determinadas políticas públicas e adversários de outras medidas.

A principal divisão existente no Brasil é definida pela renda.

Quanto mais pobre alguém for, maiores as chances de que vote no PT, e quanto menos pobre, maiores as chances de que vote no PSDB.

A simples visão dos mapas que trazem a dimensão de renda do Índice de Desenvolvimento Humano (IDH)[1] municipal de 2010 e os resultados das eleições de 2006, 2010 e 2014 (p. 20) evidenciam isto.

O mapa da dimensão de renda do IDH poderia ser trocado pelo mapa dos resultados eleitorais de 2006, 2010 e 2014, e ainda assim dificilmente notaríamos a diferença.

Em função dessa divisão de renda, durante seu primeiro mandato, Lula ampliou o programa Bolsa Família e o utilizou como uma marca importante de seu governo. Esse movimento foi crucial para que o eleitorado se tornasse claramente segmentado a partir da eleição de 2006.

Os eleitores pobres da região Nordeste aprovam e apoiam o Bolsa Família. Isso se traduz em votos no candidato do partido que defende essa política pública, o PT.

Os eleitores de classe média[2] do estado de São Paulo rejeitam o Bolsa Família, o que se converte em votos para o partido que não tem essa política pública como prioridade, o PSDB.[3]

O valor em reais recebido pelos beneficiários do Bolsa Família é pequeno quando comparado ao padrão de consumo das classes média e alta das principais capitais brasileiras.

O vermelho mais escuro do mapa que representa o Bolsa Família por pessoa indica que cada habitante daquele município recebe, na média, entre 18 e 20 reais do programa por mês. Como é considerada toda a população do município, e como há beneficiários e não beneficiários incluídos no cálculo, nas áreas representadas pelo branco é irrisória a participação do Bolsa Família na renda recebida pela população local.

Da mesma maneira, o lilás mais escuro do mapa do Bolsa Família por domicílio revela que cada família recebe, na média, entre 90 e 100 reais. Valem aqui as mesmas ressalvas feitas acima quanto a famílias beneficiárias e não beneficiárias do programa. Ambas estão incluídas no cálculo dos dados utilizados no mapa.

A fonte dos dados relativos ao Bolsa Família é o Ministério do Desenvolvimento Social e Agrário do Governo Federal.

Renda versus resultados da eleição

Dimensão de renda do IDH no Brasil, por município (2010)

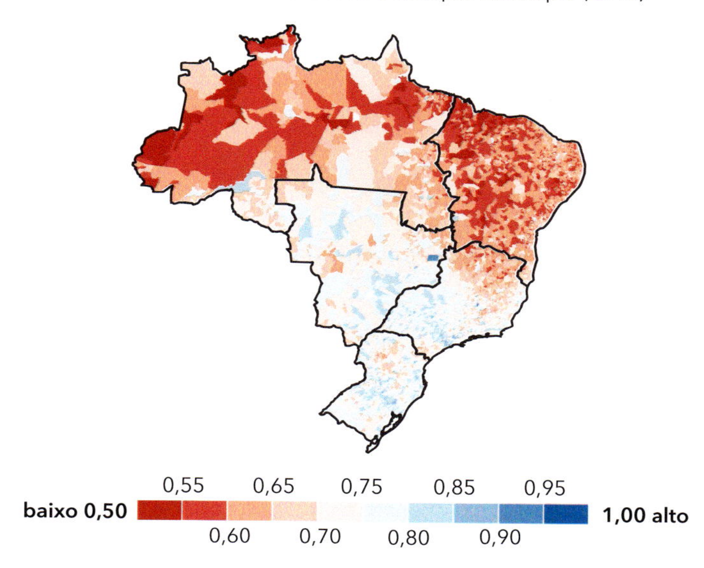

Média dos resultados eleitorais, 2006–2014

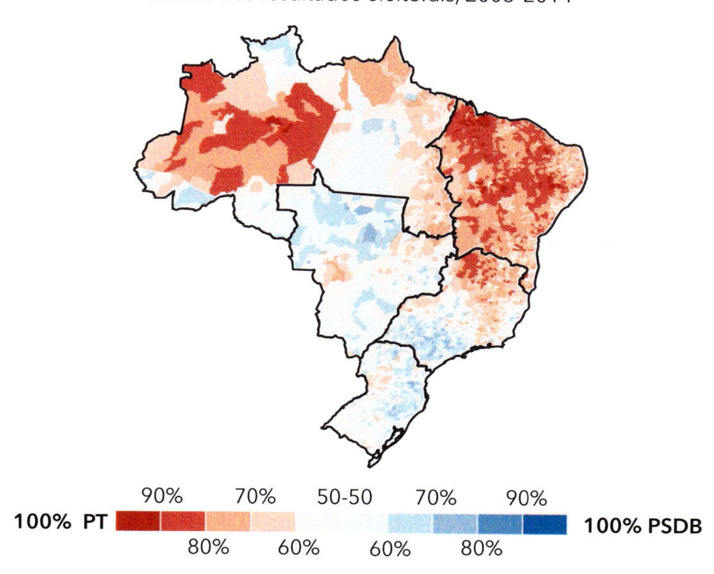

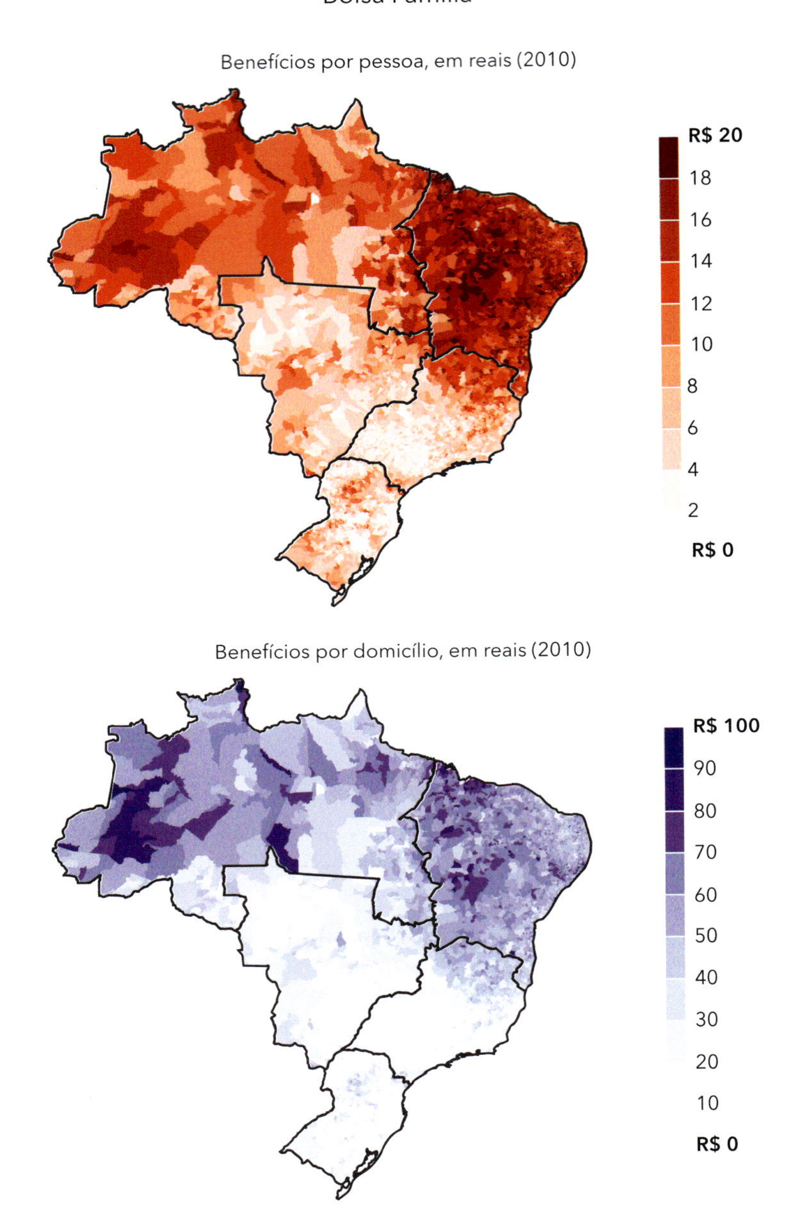
Bolsa Família
Benefícios por pessoa, em reais (2010)
R$ 20
18
16
14
12
10
8
6
4
2
R$ 0
Benefícios por domicílio, em reais (2010)
R$ 100
90
80
70
60
50
40
30
20
10
R$ 0

3 Das condições de vida

A DIVISÃO EXISTENTE entre o estado de São Paulo de classe média e o Nordeste pobre é bastante evidente.

Afirma-se corriqueiramente que São Paulo é outro país. O Nordeste também é outro país. É o que os mapas mostram tanto do ponto de vista eleitoral como social.

É curioso notar que as duas regiões têm praticamente a mesma proporção de votos válidos, o que acontece regularmente, em todas as eleições presidenciais.

Por exemplo, no segundo turno de 2014, São Paulo representou 23% dos votos válidos nacionais, e o Nordeste, 27%.

A história é simples e clara. O nível educacional da população do Nordeste é bem mais baixo do que o da população de São Paulo:

O mapa da escolaridade[1] baixa é bem mais escuro no Nordeste do que em São Paulo, pois é lá que a proporção daqueles que concluíram o ensino fundamental é menor. A tonalidade mais escura de cor revela que menos de 45% das pessoas com 25 anos de idade ou mais concluíram o ensino fundamental. Trata-se de uma escolaridade média extremamente baixa para uma população adulta.

Nível educacional

Proporção de pessoas com 25 anos ou mais que concluíram o ensino fundamental (2010)

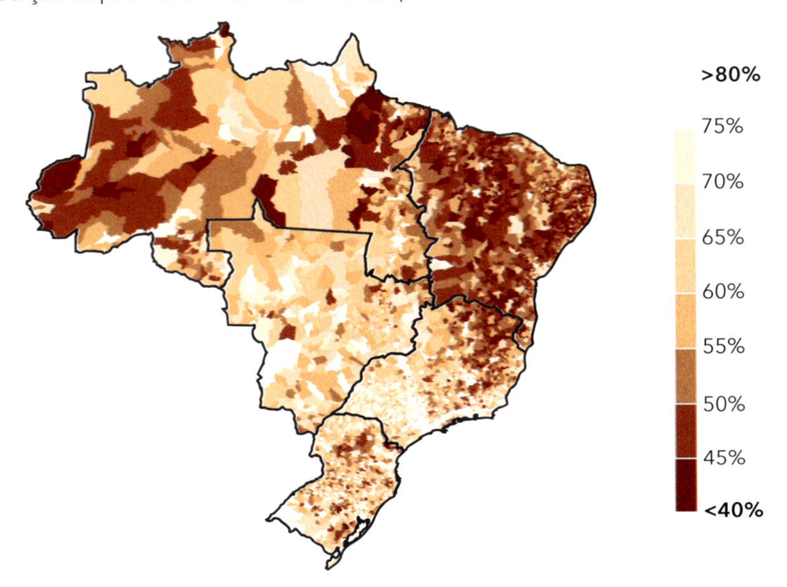

Proporção de pessoas com 25 anos ou mais que concluíram o ensino superior (2010)

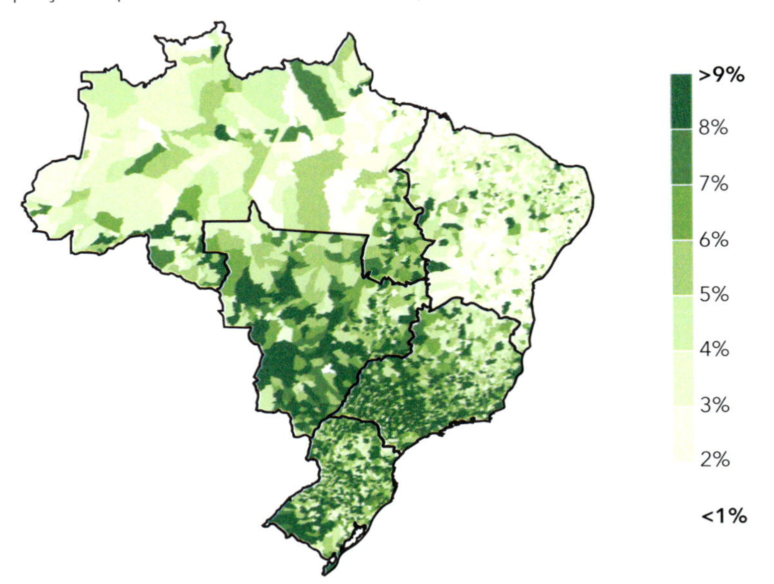

Já o mapa da escolaridade alta – superior completo – é de um verde mais escuro em São Paulo por se tratar de uma região com uma proporção elevada, para padrões brasileiros, de pessoas que concluíram a faculdade. Esse mesmo mapa é muito claro no Nordeste.

O verde mais escuro indica que entre 8% e 9% das pessoas com 25 anos de idade ou mais concluíram o ensino superior. A situação é bem pior no Nordeste, onde essa proporção varia, na maioria dos municípios, entre 1% e 2%.

Como consequência da desigualdade educacional, temos que a população do Nordeste é bem mais pobre que a de São Paulo.

O mapa da renda média mensal[2] mostra, pelas tonalidades mais escuras de cor, concentradas na região Nordeste, que é bastante elevada a

Nível de renda

Proporção de pessoas acima de 10 anos,
com rendimento nominal mensal de até R$ 510,00

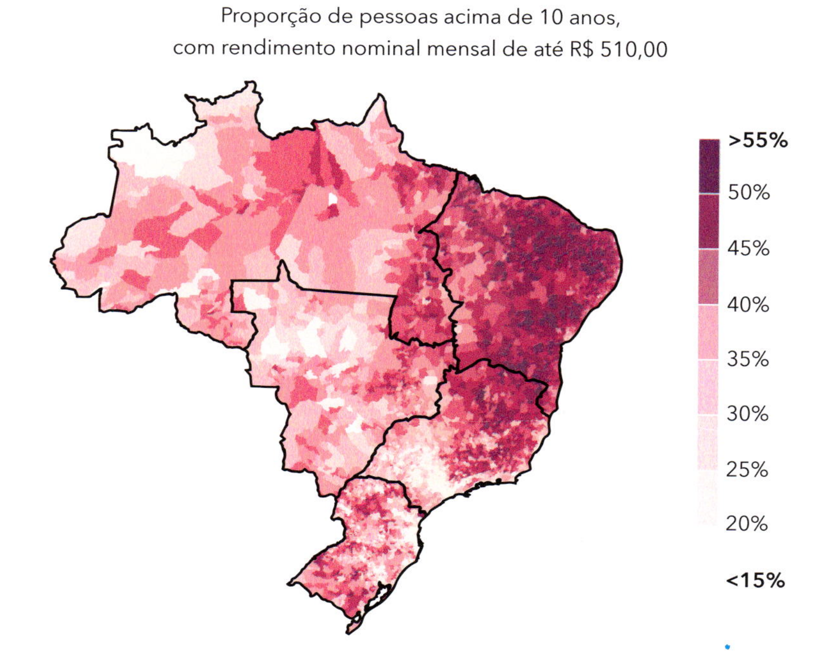

proporção de pessoas com 10 anos de idade ou mais que ganham menos de R$ 510 reais por mês.

Por outro lado, no estado de São Paulo, a coloração do mapa é a mais clara do país.

Assim sendo, levando-se em conta a baixa renda média da população nordestina, a porta para a elevada aprovação de um programa como o Bolsa Família sempre esteve aberta. Faltava alguém ou alguma força política que aproveitasse essa oportunidade de mercado.

As disparidades regionais não se resumem ao nível de escolaridade e de renda.

Os serviços básicos de atendimento à população também são distribuídos de forma desigual. São Paulo tem, na média, os melhores indicadores do país, e o Nordeste os piores. Destacam-se quanto a isso:

- a rede de esgoto;
- o recolhimento de lixo;
- o fornecimento de água; e
- a rede de energia elétrica.[3]

Apesar de a gradação de cores dos mapas seguir um padrão semelhante, do tom mais claro para o mais escuro, nos próximos mapas é preciso ter uma atenção especial quanto à escala de números, uma vez que a disseminação da energia elétrica é, por exemplo, bem maior do que do fornecimento de água.

"Um país chamado São Paulo" fica evidenciado no mapa da rede geral ou pluvial de esgoto: a diferença entre São Paulo e as demais regiões é tão grande que a coloração em verde-escuro do mapa segue com exatidão as fronteiras do sudoeste do estado.

Um dos símbolos utilizados pelo governo federal para comunicar a prioridade no atendimento aos pobres foi o programa Luz para Todos.[4]

Um programa barato e, portanto, condizente com a baixa capacidade de investimento do governo.

À esquerda, São Paulo de classe média: capital (em cima) e interior (abaixo).
À direita, Nordeste pobre: Salvador (em cima) e Petrolina (abaixo).

Outros símbolos foram criados, modificados e aperfeiçoados, entre eles o já mencionado Bolsa Família, e, após o primeiro governo Lula, programas que contribuíram para a expansão do ensino superior, como o Fies e o Prouni.

Condições de habitação

Domicílios com esgotamento por rede geral ou pluvial, 2010

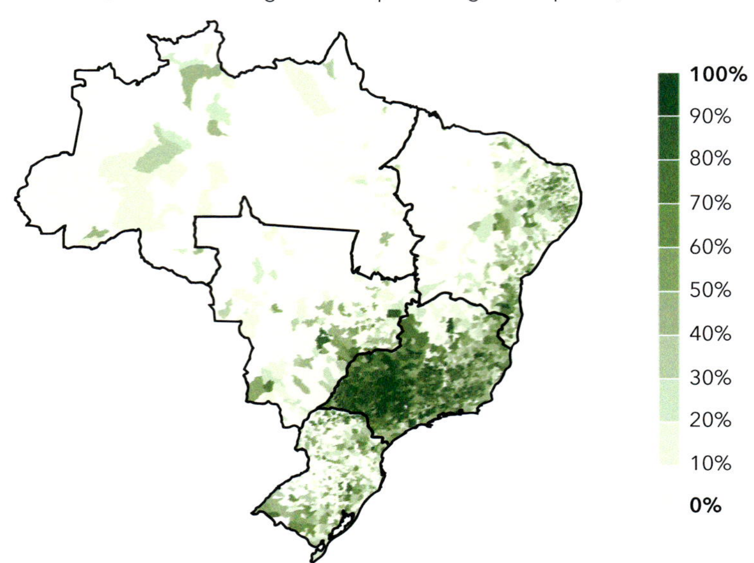

Domicílios com lixo coletado por serviço de limpeza, 2010

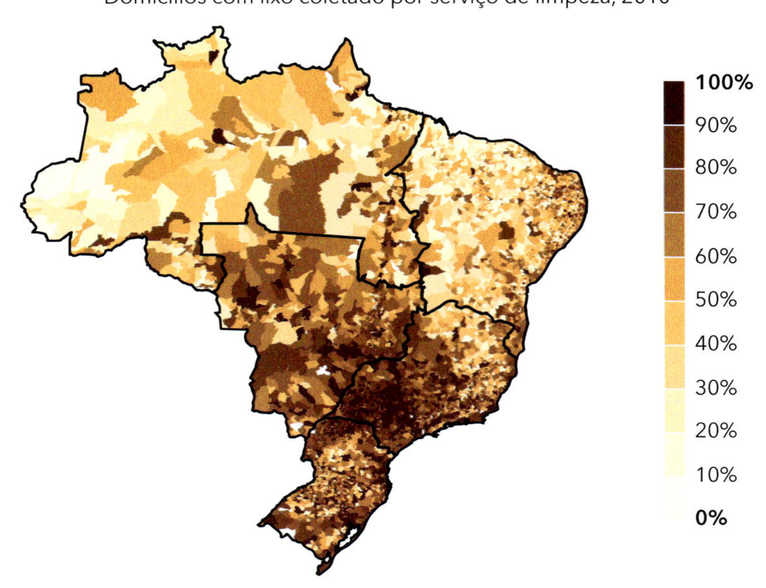

Domicílios com energia elétrica, 2010

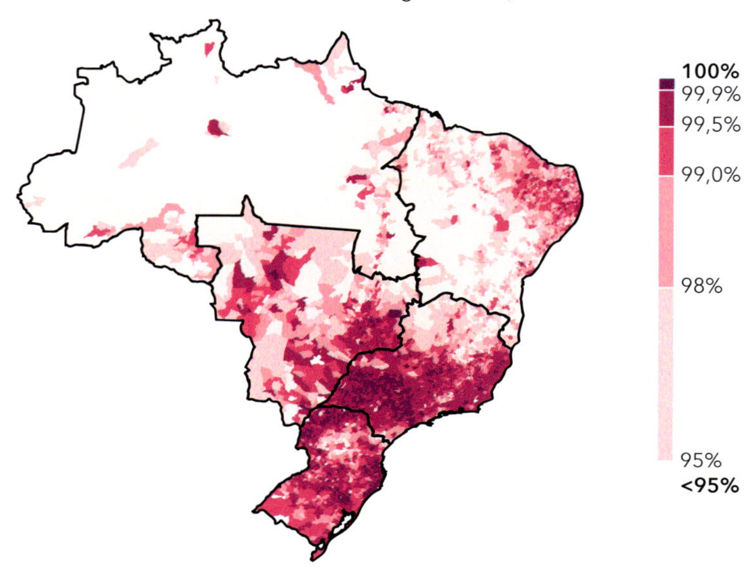

Domicílios com abastecimento de água na forma de rede geral, 2010

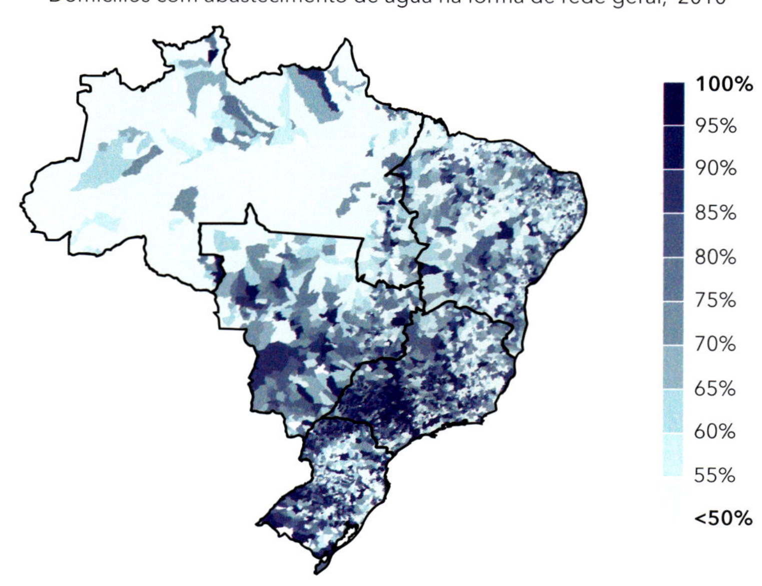

Esse arsenal de políticas públicas teve como alvo uma oportunidade de mercado (eleitoral): os pobres.

Pode-se também afirmar que, de um modo geral, quanto mais igualitária é a distribuição de renda em um município, maior a proporção de eleitores que votam no PSDB. Por outro lado, quanto maior a desigualdade de renda, maior a força relativa do PT.

Não por acaso, os tucanos incorporam menos em sua comunicação o tema do combate à desigualdade do que o PT.

No Brasil, a correlação entre cor de pele e renda é relevante.

Quanto mais escura é a cor de pele de uma pessoa, menor tende a ser sua renda e pior tendem a ser suas condições de vida.[5] Vale o parêntese

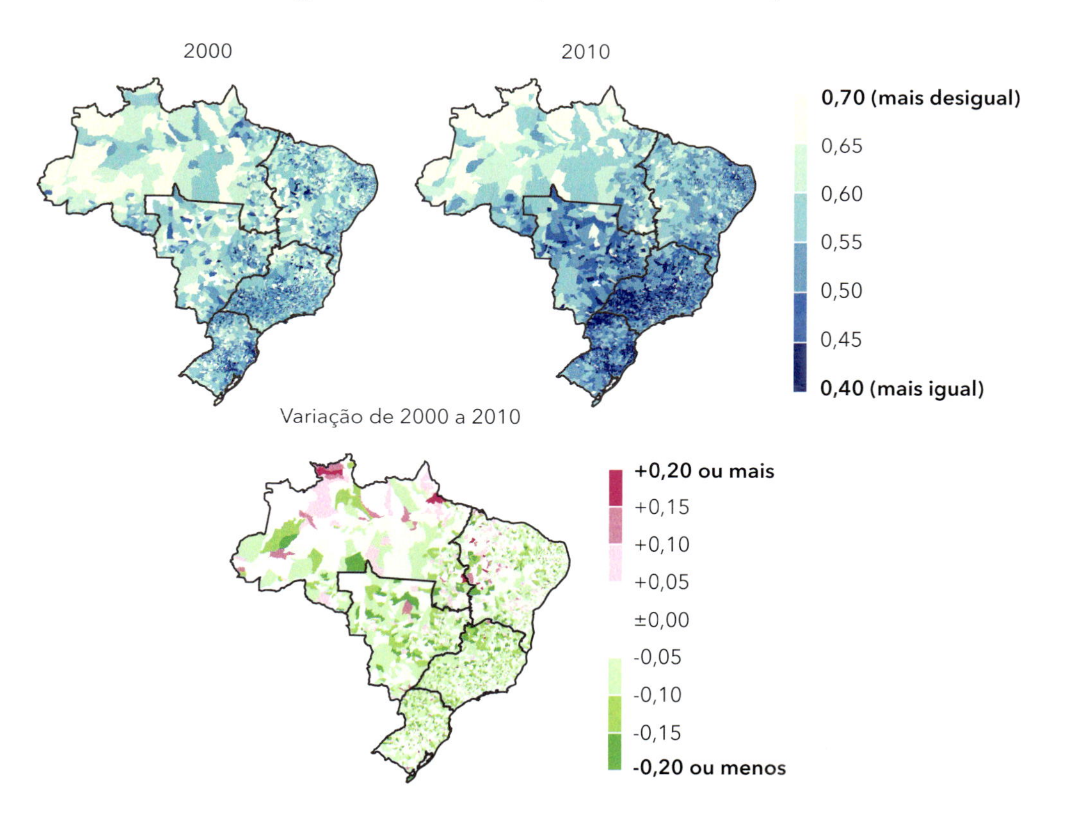

Composição da cor de pele da população por município

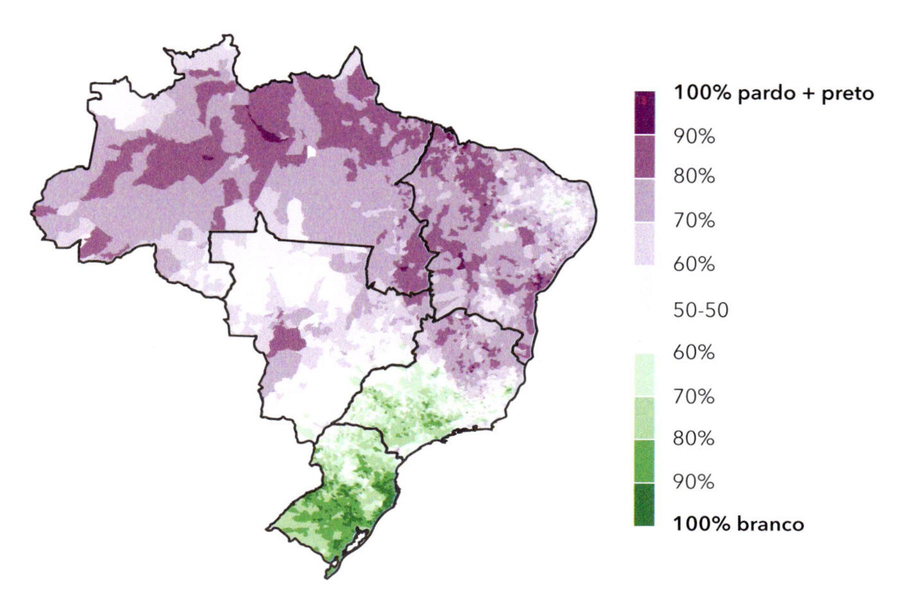

de que a pior situação social é das mulheres de cor preta, e a melhor, dos homens de cor branca.

A distribuição da população segundo a cor de pele tende a ter um padrão geográfico claro, que de um modo geral coincide com o padrão de votação regional de PT e PSDB.

Considerando-se a correlação entre cor de pele mais escura e renda mais baixa, o PT incorporou em seu discurso e em sua prática a defesa de políticas de cotas, ao passo que este não é um tema nem uma política pública de grande relevância para o PSDB.

Sabendo-se disso, entende-se por que os ministérios de governos do PT têm pessoas pretas e pardas, ao passo que os ministérios de outros governos não apresentam tal característica.

Vale destacar que a ênfase do discurso do PT é nas diferenças do nível de consumo e de acesso a bens e serviços entre brancos e não brancos, e jamais em teses abstratas ou em discursos morais que condenem as disparidades entre os dois grupos.

4 Da lupa

JÁ TENDO VISTO O PAÍS DE LONGE, chegou o momento de nos aproximarmos das regiões e dos municípios.

A minha proposta é que a régua de medição (como podemos ver a seguir) seja, no azul mais escuro, São Paulo, classe média e PSDB, e, no vermelho mais escuro, Nordeste, pobres e PT.

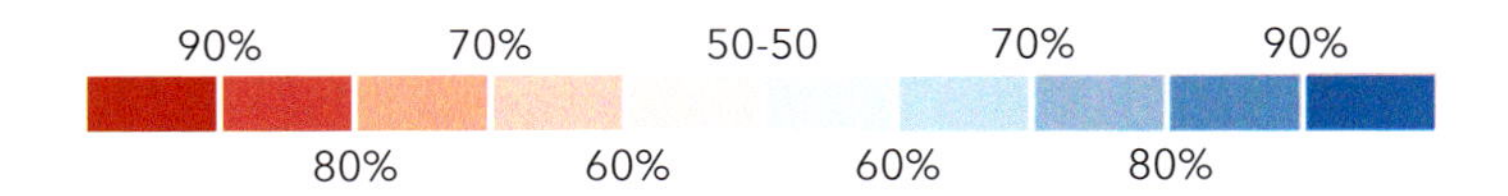

Um estado ou município pode ficar mais ou menos próximo de um desses extremos indicados na régua.

Não é demais enfatizar que onde as pessoas são mais pobres a sociedade é mais dependente do governo e, como consequência, a maioria dos eleitores vota no PT. Trata-se do padrão da região Nordeste. Por outro lado, onde as pessoas são de classe média, a sociedade é menos dependente do governo e a maioria acaba votando no PSDB. Como foi visto, esse é o padrão paulista de comportamento eleitoral.

Para cada grande região do Brasil – Sul, Sudeste, Nordeste, Centro-Oeste e Norte –, serão apresentados dois mapas.

O primeiro deles, em gradações de cor ocre, traz a proporção de pessoas que no Censo de 2010 tinham um rendimento mensal de até R$ 510. O ano do Censo está exatamente no meio das eleições presidenciais de 2006, 2010 e 2014, nas quais vigorou a segmentação: PT, Nordeste e pobres de um lado, e PSDB, São Paulo e classe média de outro. Na legenda do gráfico, há a indicação da média para o Brasil: 27,5%. Assim, municípios com a cor mais clara do que a cor da média são municípios com uma população com renda mais elevada do que a média do Brasil, ao passo que municípios com a cor mais escura são mais pobres do que a média do país.

O segundo mapa apresenta a média dos resultados eleitorais em segundo turno para essas três eleições. Na legenda é indicada a média de votos do PT nos três segundos turnos: 56,2%. Assim, cores mais escuras do que a indicada por esse ponto apontam uma votação do PT acima da média, e cores mais claras, abaixo da média.

O mapa com as médias dos resultados eleitorais tem o mérito de evitar redundâncias. Como mostram os mapas do segundo turno da eleição presidencial de 2006 a 2014 (p. 20), há muita semelhança no padrão de votação das três eleições. Assim, se tivéssemos aqui três mapas em vez de um, seria adicionada pouca informação nova para nossa análise.

Nos segundos turnos das eleições de 2006, 2010 e 2014, o PSDB derrotou o PT nos três estados da região Sul. O mapa de renda da região revela a predominância de uma renda nominal por município mais elevada do que a média brasileira. Não surpreende, portanto, a força relativa do PSDB.

Na região Sul, o PSDB é mais forte na Serra Gaúcha, no Vale do Itajaí, em Santa Catarina, e no norte do Paraná, cujas cidades polo são Londrina e Maringá. Essas regiões têm renda mais elevada, como pode ser notado no mapa em ocre.

Não custa lembrar que o Paraná era parte da província de São Paulo até o Brasil Império. Curitiba se tornou cidade em função de uma lei provincial

Região Sul

Proporção de pessoas acima de 10 anos
com rendimento nominal mensal de até R$ 510,00

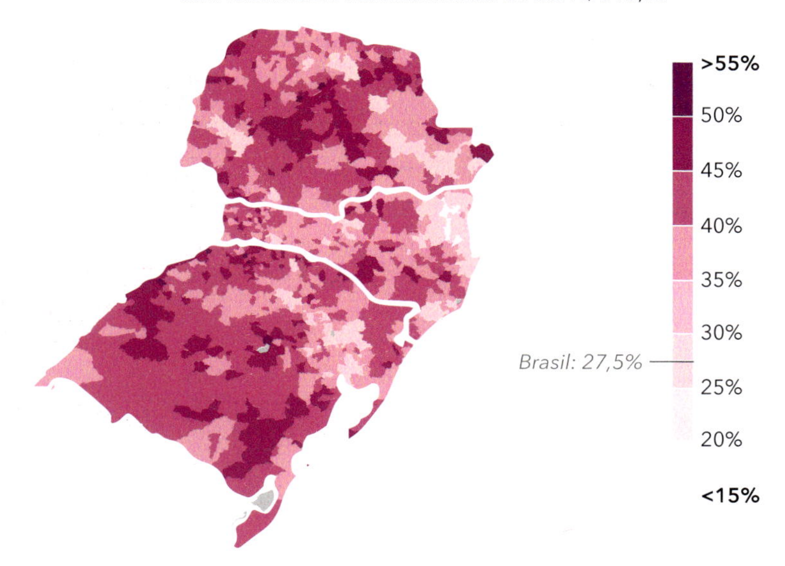

Média dos resultados eleitorais, 2006-2014

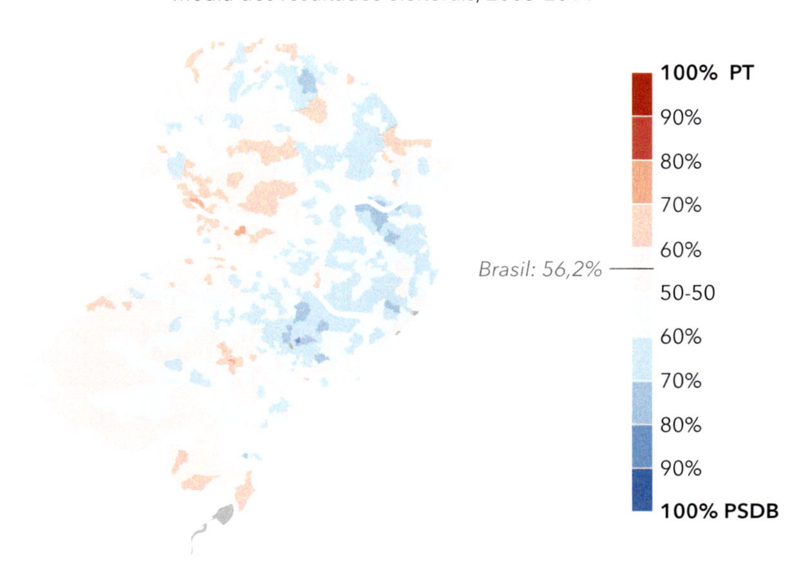

paulista. A região só foi estabelecida como província autônoma em 1853, por dom Pedro II. O histórico social e econômico do Paraná acabou por aproximá-lo eleitoralmente de São Paulo. Mais dinamismo econômico combinado com nível escolar mais elevado resultou em uma população de renda mais elevada. Nesse cenário, o PSDB leva vantagem em relação ao PT.

É curioso notar que a simples visualização dos mapas da região Sul e do estado de São Paulo indica se tratar de regiões semelhantes quanto à renda média da população e ao padrão de votação. Não há como deixar de mencionar que o estado de São Paulo era parte da região Sul. Isso ocorreu a partir de 1913, a primeira divisão regional oficial do Brasil, e durou até 1969. Somente em 1970 é que a região Sudeste assumiu a configuração que vigora até hoje. Ora, a região Sul com São Paulo era muito mais homogênea do que a atual região Sudeste, que coloca juntos Minas Gerais e o estado dos bandeirantes.

Minas Gerais é a porta de entrada do Nordeste. Na realidade, trata-se de um estado eleitoralmente dividido: quanto mais próximo de São Paulo, mais forte é o PSDB, e quanto mais próximo do Nordeste, mais forte é a votação presidencial do PT.

Em todas as três eleições presidenciais que formam o cerne de nossa análise, o PSDB derrotou o PT em São Paulo e o PT derrotou o PSDB em Minas Gerais e no Rio de Janeiro. A exceção é o pequenino Espírito Santo, onde o PT venceu em 2006, mas foi derrotado nas duas eleições subsequentes.

O norte de Minas se destaca como a região mais pobre do estado e também aquela que confere a maior vantagem eleitoral para o PT. Trata-se da região de *Grande sertão: veredas*, de Guimarães Rosa e seu famoso personagem, Riobaldo. A região do Grande Sertão tem as dimensões do Reino Unido e inclui municípios de Minas Gerais e da Bahia, da região Nordeste. São áreas formalmente separadas pelas fronteiras de estados e grandes regiões, mas são contíguas em nível baixo de renda e padrão de votação favorável ao PT.

Região Sudeste

Proporção de pessoas acima de 10 anos
com rendimento nominal mensal de até R$ 510,00

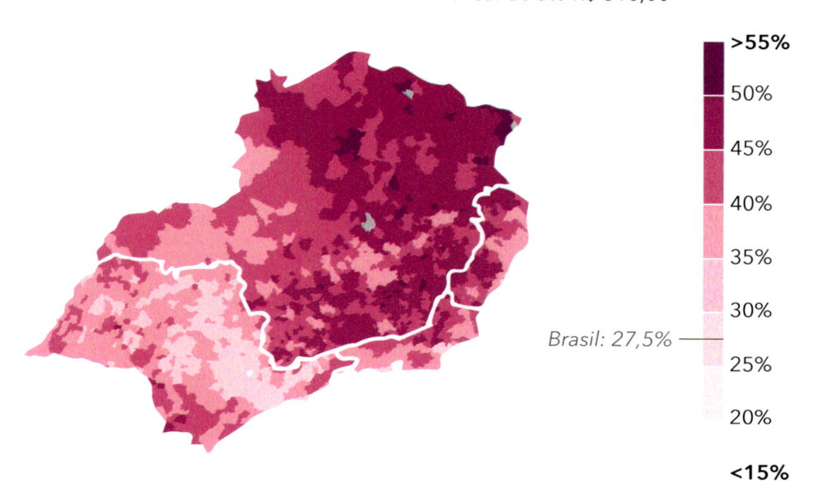

Média dos resultados eleitorais, 2006–2014

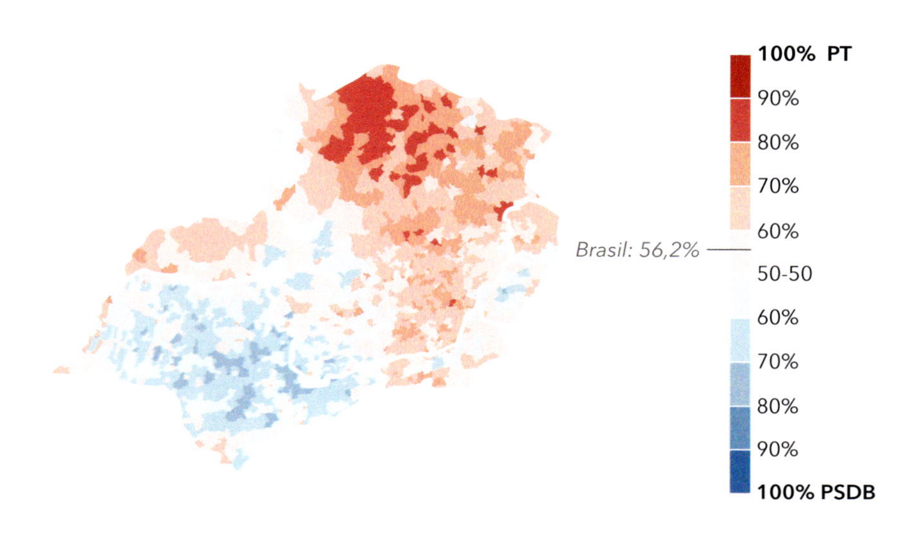

O Nordeste, ao contrário do Sudeste, se destaca por sua homogeneidade: de um modo geral, é uma grande área ocre-escuro no que diz respeito à renda e vermelha no que tange ao voto.

Outra maneira de sublinhar essa homogeneidade é lembrar que o candidato do PT, em todas as três eleições, venceu nos nove estados nordestinos. Caso houvesse qualquer heterogeneidade, o PT teria perdido em ao menos um estado em pelo menos uma eleição. Isso parece indicar que, comparando-se com a região Sul ou o estado de São Paulo, é redundante dizer que o "Nordeste pobre" vota no PT. Na realidade, a classe média nordestina vem sendo muito pequena para que o PSDB tivesse chance de derrotar o PT em algum estado da região.

Como mencionado anteriormente, os eleitorados do Nordeste e do estado de São Paulo se equivalem em número, sendo o Nordeste um pouco maior, com 27% de eleitores. O Sudeste inteiro tem 43% do eleitorado do país. Não custa lembrar que os três estados mais populosos, São Paulo, Minas Gerais e Rio de Janeiro, aí estão localizados.

As regiões Sul, Sudeste e Nordeste, juntas, totalizam 85% do eleitorado brasileiro. O Sul tem a mesma proporção de eleitores, 15%, que as regiões Norte, com 8%, e Centro-Oeste, 7%, somadas.

Uma das coisas que se destacam e que pode ser enganadora quanto à região Norte é o azul peessedebista, que ocupa a maior parte do território do Pará. A população do Pará se concentra no nordeste do estado, onde fica a capital, Belém, assim como Ananindeua, Castanhal, Abaetuba, Cametá, Marituba, Bragança e Barcarena, algumas das cidades com maior densidade populacional do estado. A coloração ocre-escuro que representa a renda mais baixa fica exatamente onde estão essas cidades. Aí também está o vermelho que representa a vantagem do PT sobre o PSDB em eleições presidenciais.

O estado do Amazonas tem a sua população bem mais concentrada do que a do Pará. Manaus e sua região metropolitana representam mais

Região Nordeste

Proporção de pessoas acima de 10 anos
com rendimento nominal mensal de até R$ 510,00

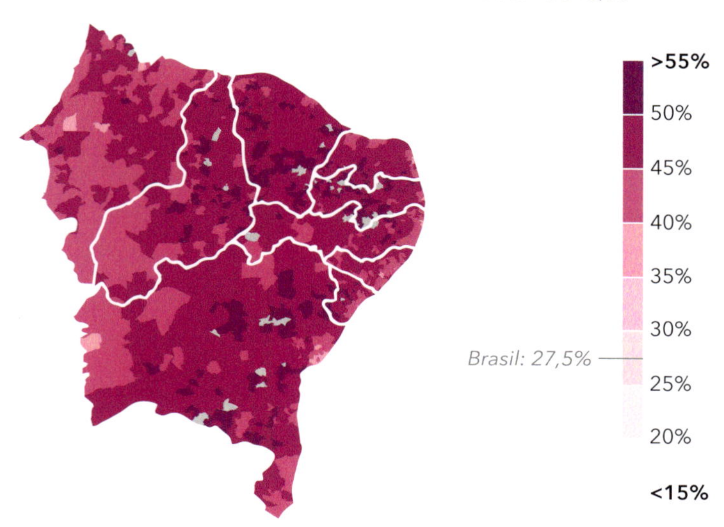

Média dos resultados eleitorais, 2006-2014

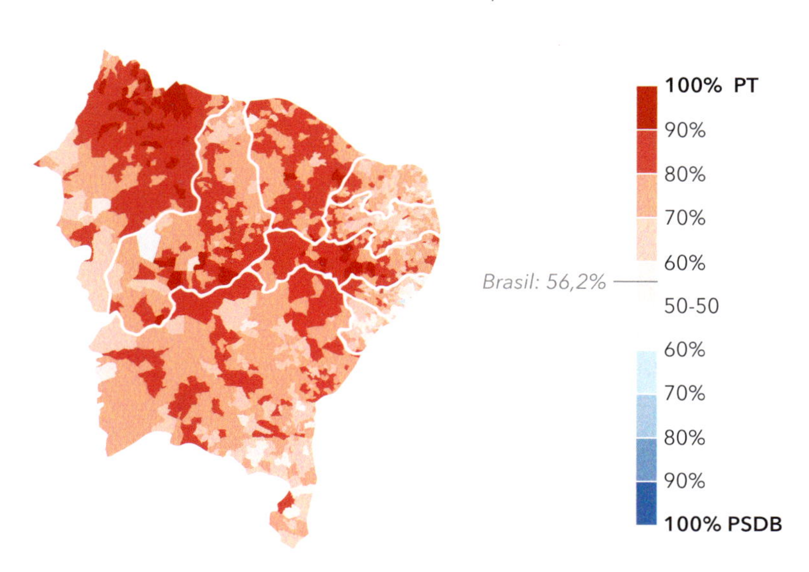

da metade do estado. Também aqui a pobreza urbana condiciona a vantagem que o PT tem sobre o PSDB.

Aliás, a região Norte vem se dividindo quanto à preferência pelos dois partidos. Seus dois estados mais populosos, Pará e Amazonas, deram a vitória ao PT nas três eleições analisadas. Tocantins, que tem o quarto maior eleitorado da região, e Amapá, o penúltimo, fizeram o mesmo.

Por outro lado, Roraima sempre deu a vitória ao PSDB, e Acre e Rondônia mudaram de voto. O candidato a presidente do PT venceu nos dois estados em 2006, e nas duas eleições seguintes o PSDB ganhou. Acre, Rondônia, Espírito Santo e Goiás, no Centro-Oeste, foram, até agora, os estados que trocaram o PT pelo PSDB nas eleições presidenciais analisadas.

Dois dos três estados do Centro-Oeste, Mato Grosso e Mato Grosso do Sul, deram a vitória ao PSDB nas três eleições. Trata-se de estados referência no agronegócio, são a fronteira agrícola brasileira e que têm uma forte ocupação de migrantes de São Paulo e do Paraná.

A região Centro-Oeste em nada difere das demais regiões no que tange à correlação entre renda e voto. A simples observação dos mapas mostra que onde o ocre é mais claro, representando a renda mais alta, ali também a votação do PSDB é maior. O PT é mais forte em Goiás, particularmente no norte do estado, e no sul do Mato Grosso.

Nas eleições presidenciais de 2010 e 2014, o PSDB venceu na faixa contígua que compreende todos os estados do Sul e do Centro-Oeste, e em São Paulo. Note-se que os mapas de renda e voto dessas regiões representam isso com precisão.

Tendo visto as grandes regiões e os estados mais de perto, utilizando-nos metaforicamente de uma lupa social e política, passamos agora aos mapas eleitorais de algumas grandes capitais de estado.

É importante sublinhar que o que será apresentado está sistematizado de uma maneira única. Os resultados eleitorais e os dados para

Região Norte

Proporção de pessoas acima de 10 anos
com rendimento nominal mensal de até R$ 510,00

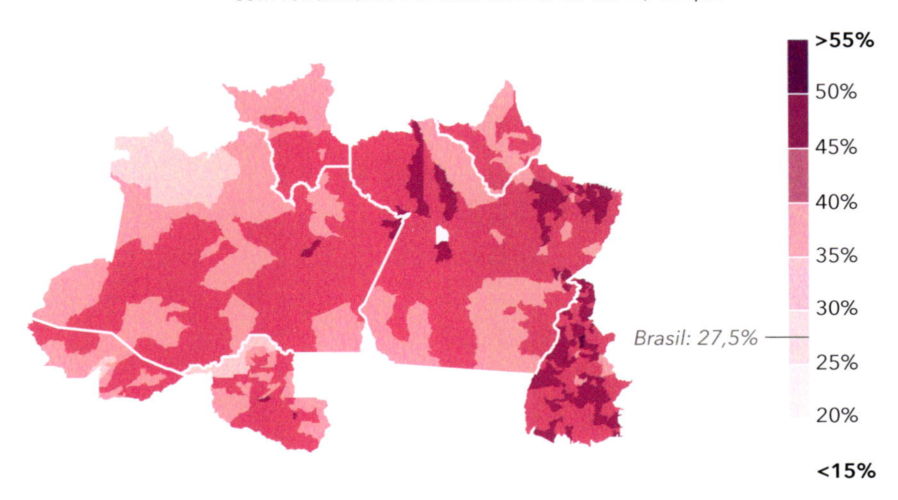

Média dos resultados eleitorais, 2006-2014

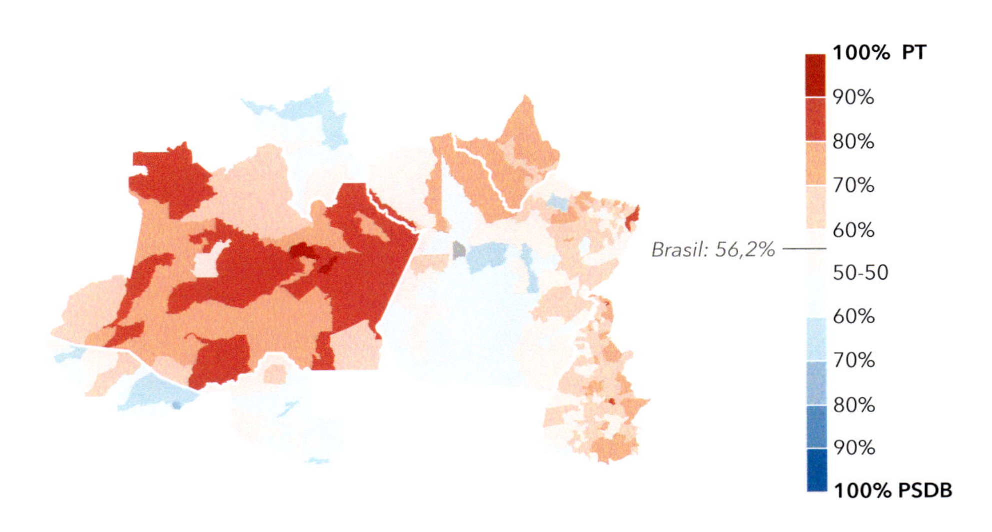

Região Centro-Oeste

Proporção de pessoas acima de 10 anos
com rendimento nominal mensal de até R$ 510,00

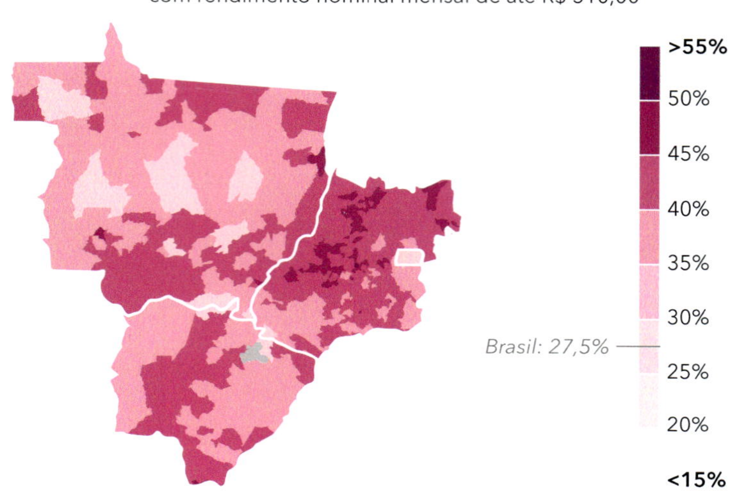

Média dos resultados eleitorais, 2006–2014

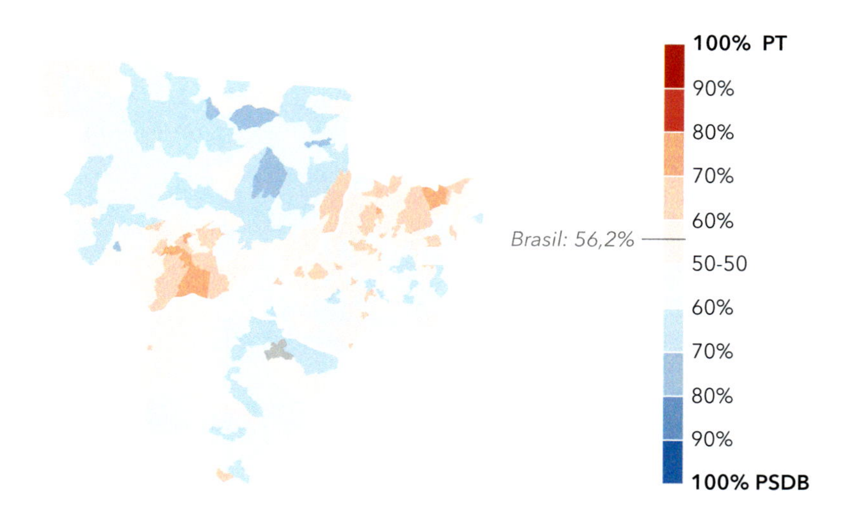

a elaboração dos mapas são públicos; porém, é a primeira vez que foram analisados em sequência, não de três, mas de quatro eleições. Temos agora o segundo turno presidencial de 2002, utilizando-nos de uma mesma escala, aquela já usada em todo o livro no que tange ao Brasil, na qual o vermelho mais escuro indica a votação do PT próxima de 100% e o azul mais escuro indica um sufrágio no PSDB também próximo de 100%.

Na sequência, estão os mapas dos municípios de Belo Horizonte, São Paulo, Rio de Janeiro, Salvador e Fortaleza. Em todos eles, é possível perceber que as regiões mais pobres dão vantagem eleitoral ao PT e as regiões menos pobres dão vitória ao PSDB. Ou seja, as capitais mostram que a mesma segmentação que vigora entre Nordeste e São Paulo está lá, firme e forte.

Essas cidades foram colocadas em sequência porque ilustram a perda de terreno eleitoral do PT a cada eleição. No início da série, em 2002, quando Lula foi eleito pela primeira vez, todas eram mais vermelhas. Em 2014, quando Dilma Rousseff foi reeleita, tanto o vermelho escuro, que caracterizava algumas delas, diminuiu ou até mesmo desapareceu como as partes azuis se tornaram geograficamente mais amplas e mais escuras.

Algo que chama bastante atenção em todas as capitais é que elas anteciparam em pelo menos uma eleição a segmentação que aqui batizamos de "Nordeste, pobres e PT", de um lado, e "São Paulo, classe média e PSDB", de outro.

Em 2002, os mais pobres das capitais votaram no PT, diferentemente da classe média, que votou no PSDB. Isso indica que nas cidades mais importantes de seus respectivos estados os eleitores já eram capazes de identificar nas duas siglas os mais adequados defensores de seus interesses.

Os eleitores das capitais já reconheciam no PT, antes de 2006, o partido que defende uma agenda de centro-esquerda e, no PSDB, um partido que defende uma agenda de centro-direita.

No segundo turno da eleição presidencial de 2014, em Belo Horizonte, o mineiro Aécio Neves derrotou Dilma Rousseff com uma vantagem de quase 30 pontos percentuais. Em São Paulo, a vantagem foi de 27 e, no Rio de Janeiro, a candidata do PT acabou derrotando o candidato do PSDB por uma margem menor do que dois pontos percentuais. Em Salvador, a vitória do PT foi por uma margem de aproximadamente 34 pontos, e em Fortaleza, de 35.

Belo Horizonte, resultados do 2º turno

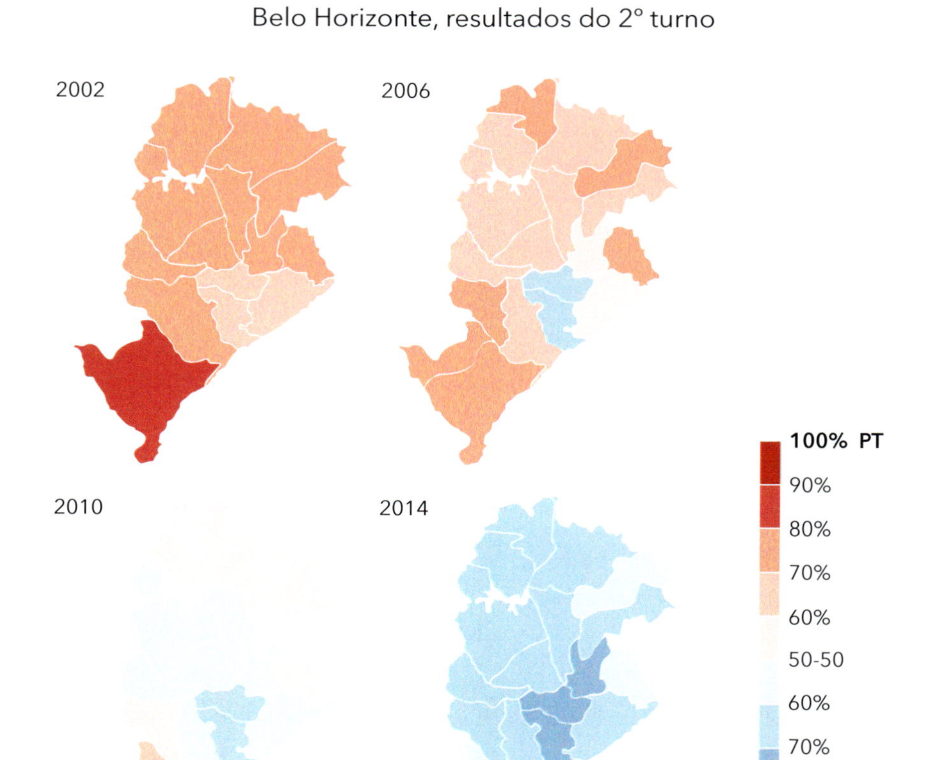

Note-se que na avaliação do padrão de votação das principais capitais, na medida em que se caminha da região Sudeste para a Nordeste, o PSDB perde terreno eleitoral em benefício do PT.

Belo Horizonte era uma cidade inteiramente vermelha em 2002 e se tornou uma cidade totalmente azul em 2014. Tratou-se de um processo lento que preservou as diferenças relativas do voto de região para região.

Os primeiros bairros a darem a vitória ao PSDB, em 2006, foram os mais ricos, tais como Savassi, Santo Antônio e Sion. Na eleição de 2010, os bairros mais distantes do centro, nas divisas com os municípios de Contagem e Ribeirão das Neves, passaram a dar vitória ao candidato do PSDB, que naquele ano foi o paulista José Serra.

Em 2014, o PT foi derrotado em seu último bastião da capital mineira, a região operária do Barreiro, ao sul da cidade. Apesar da derrota petista em todo o município, os diferenciais de voto, mensurados pela proporção de PSDB e PT, foram mantidos. Os bairros cuja população é menos pobre votaram mais no PSDB do que os bairros nos quais a população é mais pobre.

As cidades de São Paulo e do Rio de Janeiro têm várias características em comum, sendo uma delas a periferia populosa e pobre. Em São Paulo, é a Zona Leste, formada por bairros como Guaianases, Cidade Tiradentes, São Mateus e Itaim Paulista, e no Rio tal região é a Zona Oeste, que compreende vários bairros, entre os quais Realengo, Bangu, Campo Grande e Santa Cruz.[1] Nas duas cidades, tais áreas ainda mantiveram na eleição de 2014 a coloração vermelha, que indica a vantagem eleitoral do PT.[2]

Em São Paulo, desde 2002, a área mais rica da cidade, formada por bairros como Moema, Itaim Bibi, Jardins, Higienópolis, Brooklin e Perdizes, já deu vitória ao PSDB no segundo turno, algo que veio a ocorrer na Zona Sul do Rio de Janeiro e na Barra da Tijuca apenas a partir de 2006.

São Paulo, resultados do 2º turno

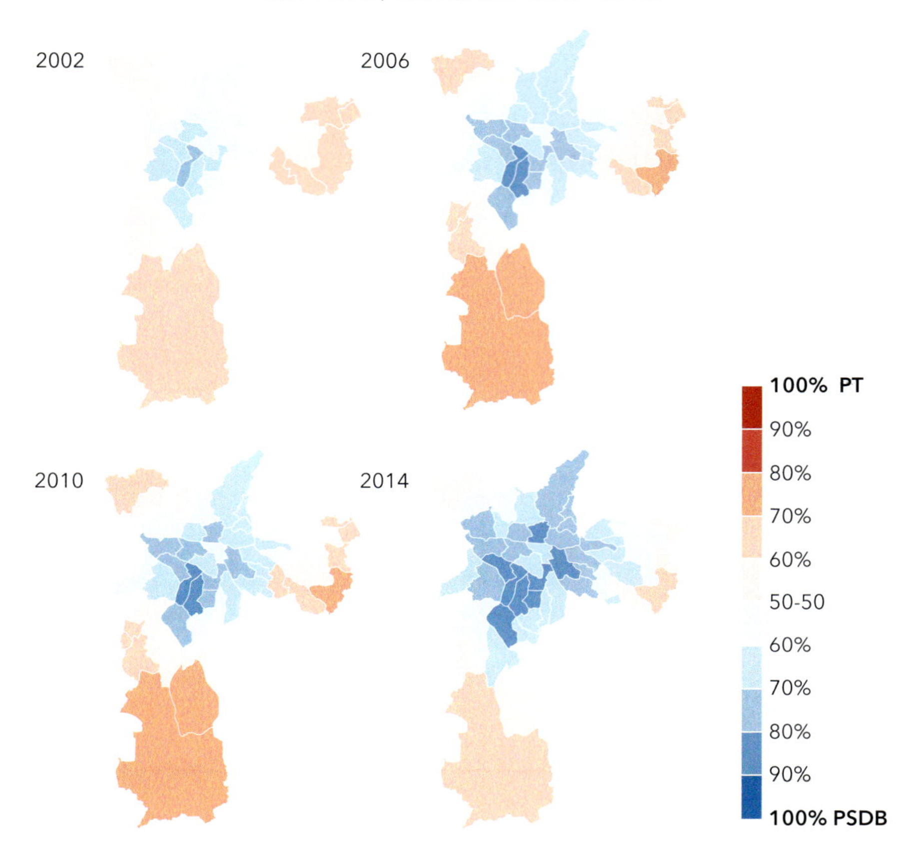

São resultados assim que fazem com que o PSDB tenha o seu principal pilar político, e não somente eleitoral, localizado em São Paulo. Seus políticos estão bem protegidos nessa cidadela.

O aspecto visual dos mapas da cidade do Rio de Janeiro é chocante em função da gradativa perda de votos do PT a cada eleição. Dito em linguagem técnica, a redução do vermelho assim como o crescimento do azul são monotônicos em todas as áreas da cidade.

Em 2002, toda a cidade deu vitória ao PT no segundo turno. Em 2006, o PSDB passou a vencer na Barra da Tijuca, Zona Sul e nos bairros próximos ao centro. Nas duas eleições seguintes, a vantagem do PT diminuiu em toda a cidade, nos bairros que formam os assim chamados subúrbios da Central e da Leopoldina, e também na Zona Oeste, a região mais pobre do município.

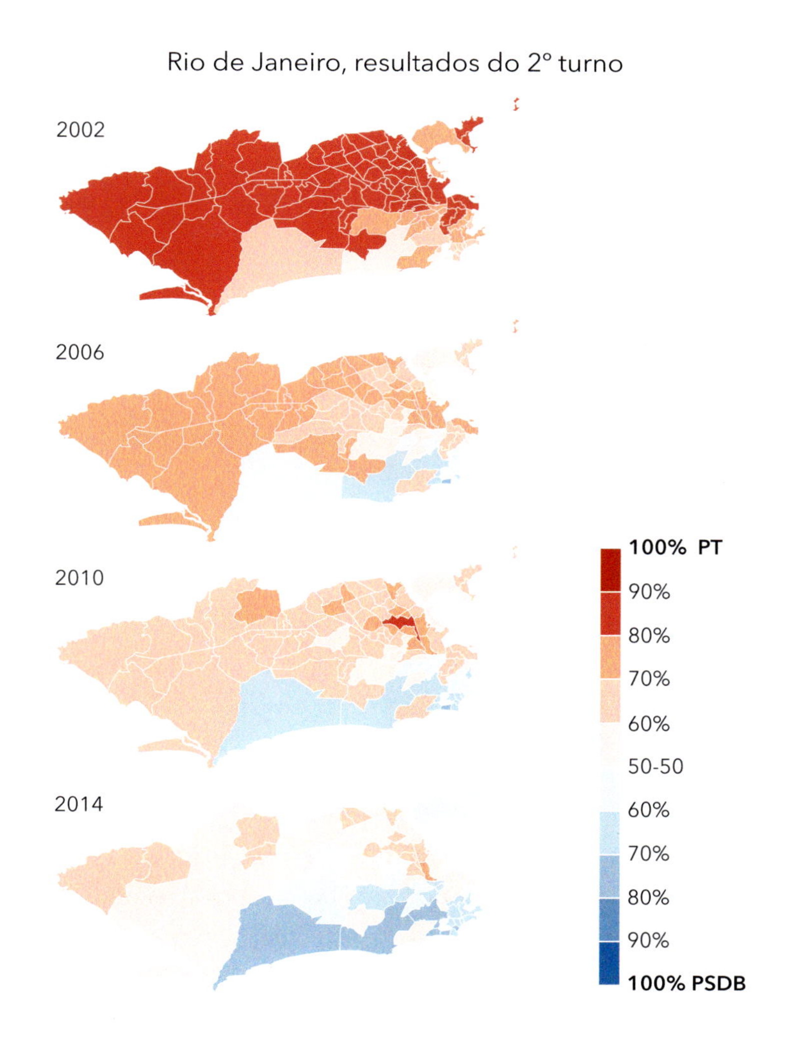

Vale recordar que, na conjuntura de 2002, Lula era oposição a um governo cuja avaliação mensurada pela soma de ótimo e bom estava muito baixa, e na eleição de 2014 o PT já controlava o governo federal havia 12 anos. Para utilizar uma linguagem do mundo político, em 2002, o PT era novidade e esperança, e em 2014 talvez tenha ocorrido a chamada "fadiga de material".

As duas capitais do Nordeste escolhidas por nossa lupa também mostram que os pobres preferem o PT, e a classe média, o PSDB. A questão é que no Nordeste a classe média é muito menor do que em São Paulo, Belo Horizonte ou Porto Alegre.

Salvador, resultados do 2º turno

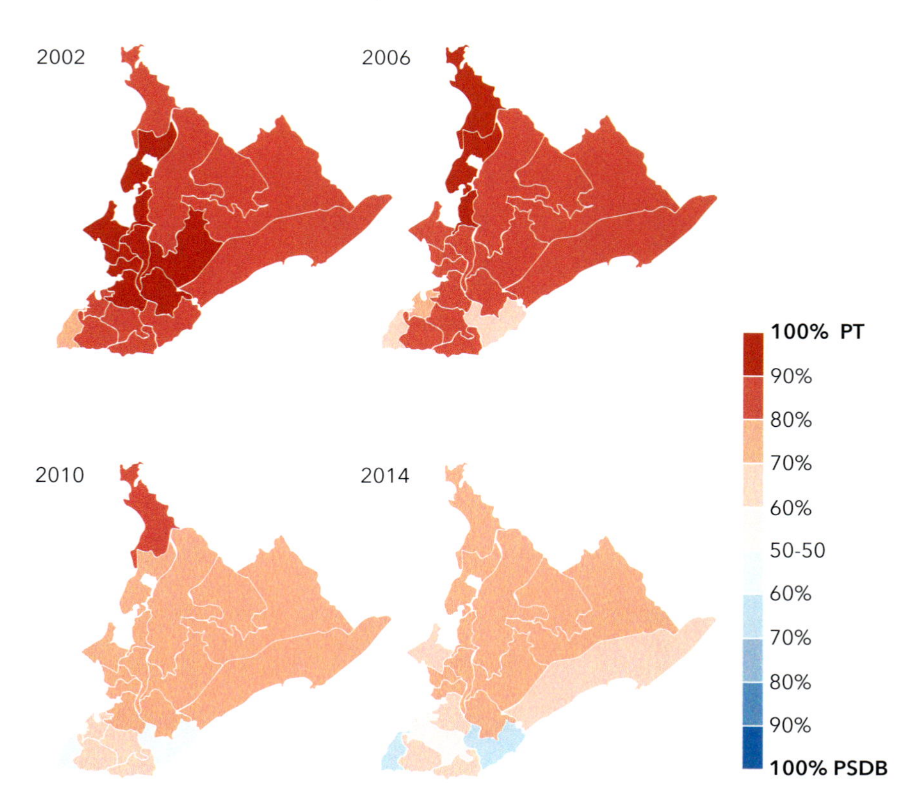

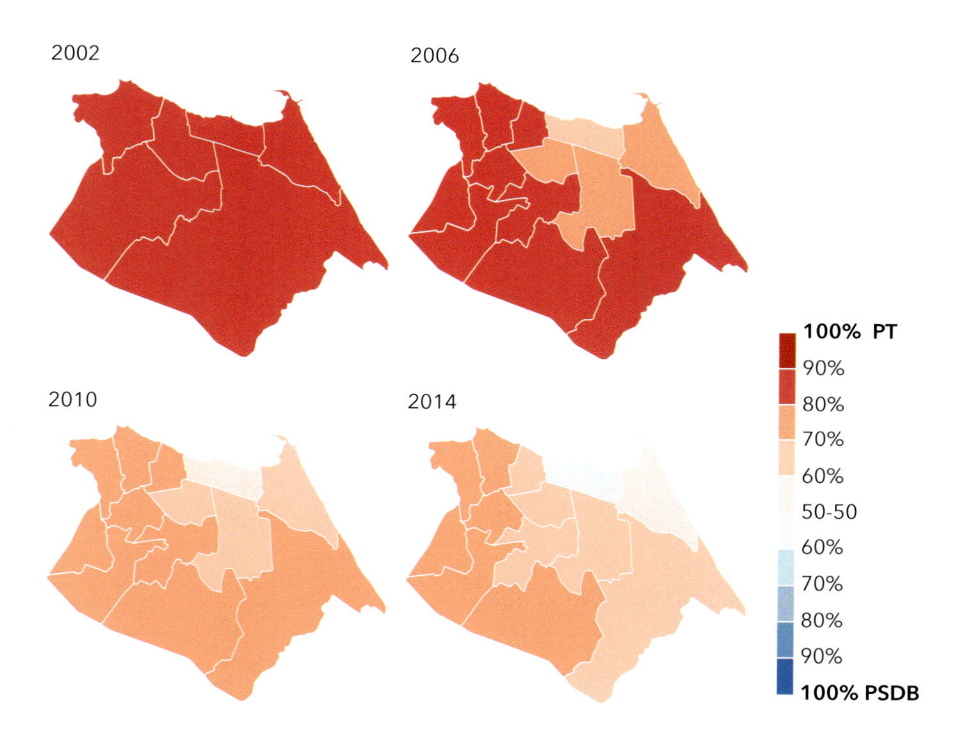

Os vermelhos mais claros no mapa de Salvador, assim como os azuis de 2010 e 2014, indicam os bairros mais ricos da Barra, onde os trios elétricos liderados por Ivete Sangalo e Claudia Leitte todo ano se concentram, e também Graça, Federação e Pituba.

Em Fortaleza, os vermelhos mais claros e os azuis indicam os bairros onde predomina a classe média: a Praia de Iracema, Aldeota, Meireles, Mucuripe, Varjota, Vicente Pinzon, Cocó, Papicu e Praia do Futuro. No extremo oeste da cidade, em vermelho mais escuro, estão os mais pobres, com destaque para a Barra do Ceará e os conjuntos Ceará I e II.

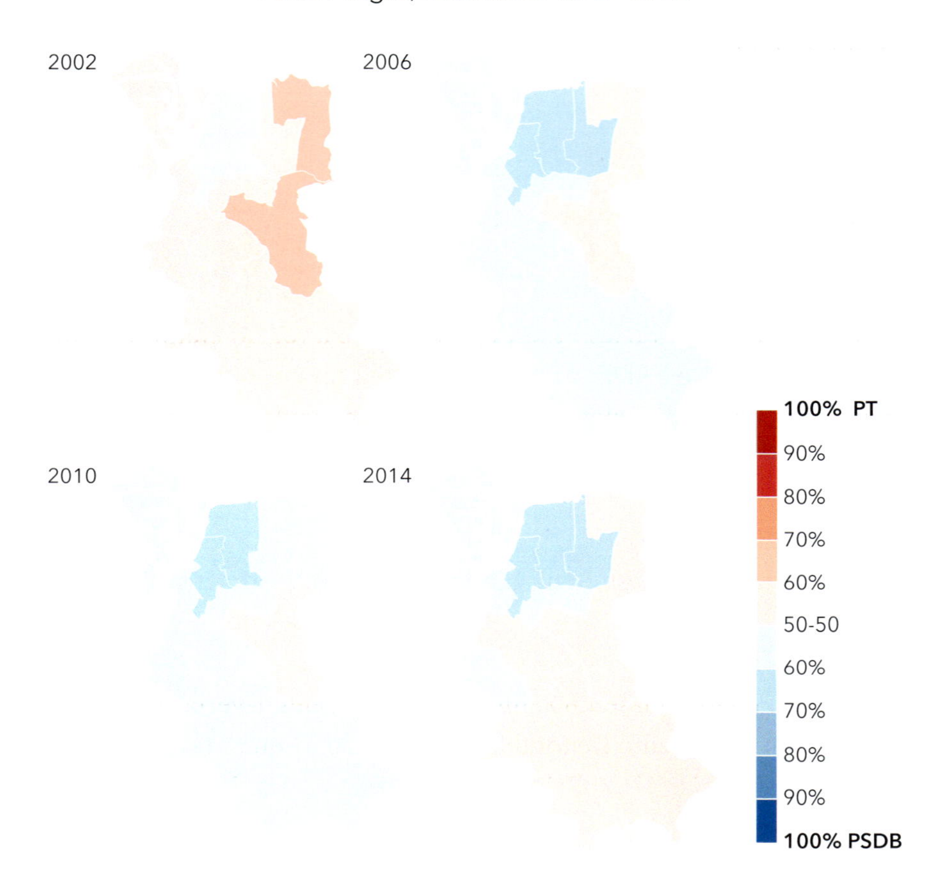

Porto Alegre foi deixada para o final da sequência de capitais porque apresenta uma diferença importante: na eleição de 2014, em vez de o PT perder terreno, conquistou votos que não teve em 2010.

O mapa da capital gaúcha mostra que várias áreas azuis em 2010 ficaram vermelhas em 2014, repetindo algo que acontecera apenas em 2002. No segundo turno de 2010, Dilma Rousseff tinha perdido para José Serra por uma margem de quase 12 pontos percentuais; em 2014,

Aécio Neves abriu sobre Dilma pouco menos de oito pontos na capital do Rio Grande do Sul.

A situação econômica nacional de 2014 era bem pior do que a de 2010, e ainda assim o PT reagiu eleitoralmente. Portanto, se a boa notícia para o PSDB vem dos vários mapas anteriores, que apresentam a queda monotônica dos votos do partido adversário, a boa notícia para o PT vem do mapa de Porto Alegre: é um sinal de que essa queda pode vir a ser interrompida.

Como já vimos várias vezes, o Nordeste é a região eleitoralmente mais árdua para o PSDB. Assim, nossa lupa foi em busca de municípios cujos resultados eleitorais podem ser considerados *outliers*, ou seja, um resultado atípico, uma aberração, um resultado discrepante. Atípico, no Nordeste, portanto, é o PSDB derrotar o PT na eleição presidencial.

Pois bem, o Nordeste tem 1.793 municípios[3] e somente em um o PSDB derrotou o PT nas três eleições presidenciais. Trata-se de São Miguel dos Campos, em Alagoas, localizado a 60 km da capital Maceió.

Ora, em meio a quase 1.800 municípios um deles haveria de apresentar um comportamento eleitoral fora do normal. O que a raridade desse evento revela é algo já explicitado anteriormente: o quão homogênea é a região Nordeste. Nessa parte do Brasil a pobreza, o baixo nível de consumo e as condições de vida muito precárias igualam a todos, deixando pouco espaço para que a proposta mais liberal do PSDB, vis-à-vis o PT, seja aceita com facilidade. Esse é um dos recados dados por São Miguel dos Campos, em Alagoas.[4] Único município da região, dentre 1.793, onde o PSDB venceu em três segundos turnos.

Quando a exigência de vitória do PSDB é relaxada e, em vez de três vitórias em segundo turno, passamos a buscar por lugares onde os tucanos tenham vencido duas vezes, encontramos, obviamente, mais municípios, entre os quais se destacam Campina Grande (PB), Uruçuí (PI), e Vitória da Conquista (BA).

O PSDB no Nordeste: Alagoas

Único município da região, entre 1.793, em que o PSDB venceu em três segundos turnos

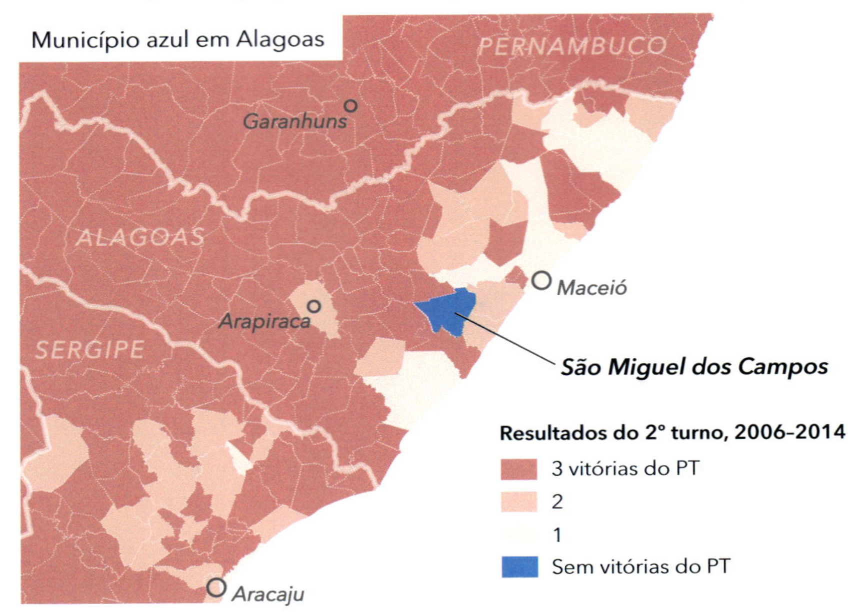

Campina Grande votou vermelho em 2006 e azul em 2010 e 2014. Assim como ocorre com São Miguel dos Campos (AL), a região de Campina Grande é povoada por vários municípios onde a votação média do PT nas últimas três eleições ficou entre 50% e 60%.

É importante destacar que Campina Grande é a segunda cidade mais importante da Paraíba, atrás apenas da capital, João Pessoa, e é a sede de um *cluster* de empresas de desenvolvimento de software. A cidade também é sede de firmas que estão entre as maiores arrecadadoras de ICMS do estado, além de ser considerada uma das capitais do forró e do São João nordestino, o que atrai um enorme contingente de turistas, concorrendo com Caruaru, em Pernambuco, pelo título de maior festa de São João do país.

Uruçuí, na divisa do Piauí com o Maranhão, votou azul em 2006 e em 2010, mas em 2014 deu vitória ao PT. O município se destaca na região por ter se tornado um polo da moderna produção agrícola, com ênfase

O PSDB no Nordeste: Paraíba

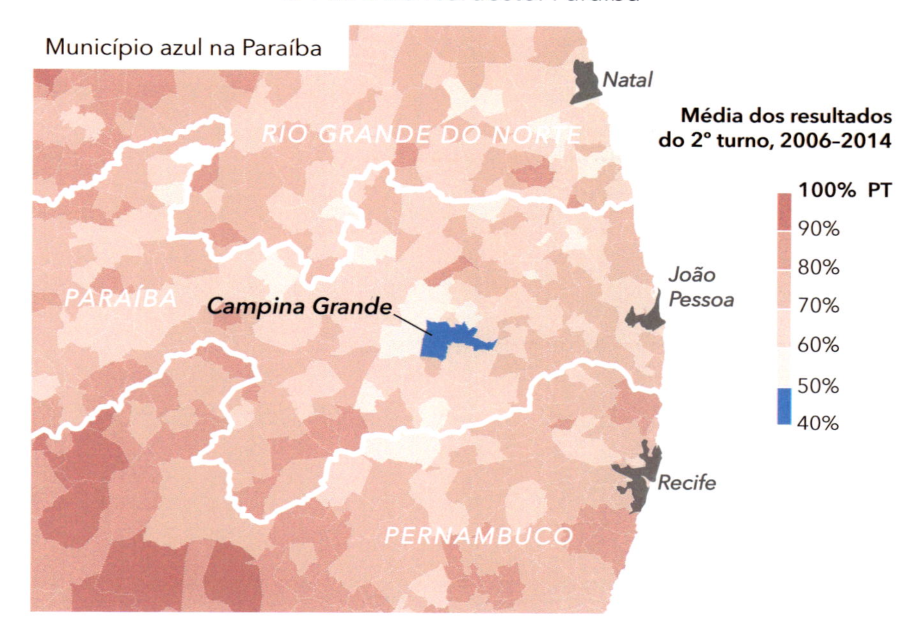

O PSDB no Nordeste: Piauí

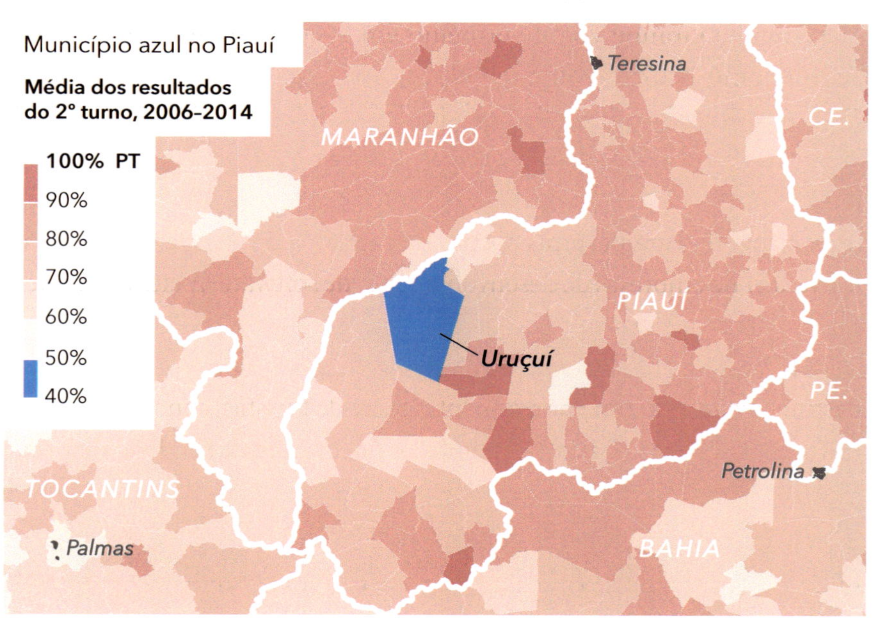

nas culturas da soja, do arroz e do milho, por meio de lavouras mecanizadas e utilização de técnicas avançadas de cultivo e colheita. A inserção do município nesse mundo da produção agrícola ocorreu no mesmo ritmo da atração de migrantes paranaenses, catarinenses e paulistas.

Nos brevíssimos relatos acerca dos contextos social e econômico de Uruçuí e Campina Grande, pode-se notar que os dois municípios ou são um polo econômico regional, ou têm uma estrutura produtiva diferente daquela que predomina na maior parte dos municípios nordestinos. Em São Miguel dos Campos não é diferente, uma vez que é sede da imensa Usina Caeté de açúcar e etanol, do Grupo Carlos Lyra, e é também um polo de produção de cimento. Onde a pobreza é muito grande, poucas grandes firmas podem fazer muita diferença.

Vitória da Conquista (BA) votou vermelho em 2006 e azul nas duas eleições seguintes. Mais uma vez, vemos aqui um município economicamente pujante quando comparado com sua região. Trata-se do terceiro

O PSDB no Nordeste: Bahia

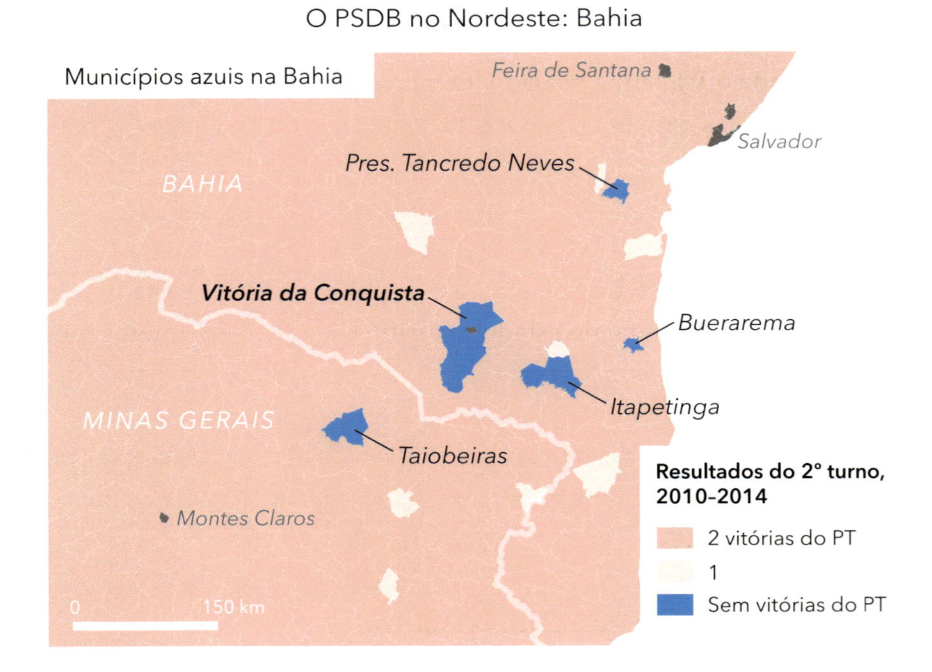

mais populoso município da Bahia e um dos maiores do interior do Nordeste, com 350 mil habitantes. Próximo à divisa com Minas Gerais, é o polo de atração da atividade econômica de dezenas de municípios vizinhos.

Vitória da Conquista congrega muitas atividades econômicas que vão desde a área educacional, na qual estima-se que existam mais de 10 mil estudantes universitários, até o setor moveleiro, passando pela produção de cerâmica, mármore e o cultivo de café, eucalipto e cana-de-açúcar para a produção de etanol.

A arrancada econômica do município resultou em uma melhoria significativa de seu Índice de Desenvolvimento Humano (IDH). Em 1991, Vitória da Conquista ocupava o 30º lugar no ranking baiano do IDH, passando para 16º em 2010. Talvez isso explique por que seus eleitores passaram a dar a vitória ao PSDB nas últimas eleições presidenciais. O município, depois de profundas mudanças em sua estrutura social, deixou-se conquistar pelos tucanos.

É mais difícil achar um município que tenha dado vantagem ao PSDB no Nordeste do que seu contraponto em São Paulo, isto é, um município paulista onde o PT tenha vencido. O mapa mostra a regularidade que enfatizamos: nas regiões mais pobres de São Paulo, o candidato a presidente do PT é mais votado.

Isso pode ser visto em duas áreas específicas: o Pontal do Paranapanema, no extremo oeste de São Paulo, onde fica a tríplice divisa com o Paraná e Mato Grosso do Sul, e o Vale do Ribeira, região cortada pela estrada que liga a capital do estado a Curitiba. Há também muitos municípios vermelhos em pelo menos uma das três eleições presidenciais no entorno de Campinas, Santos e da cidade de São Paulo.

Tais fatos nos levaram a buscar os *outliers* (resultados discrepantes) vermelhos no mar de municípios azuis. Isto é, tentamos achar os municípios vermelhos que fossem os pontos mais isolados no meio de uma multidão de municípios azuis. Dois foram encontrados, pequenos e contíguos: Santa Lúcia e Américo Brasiliense.[5]

O PT em São Paulo

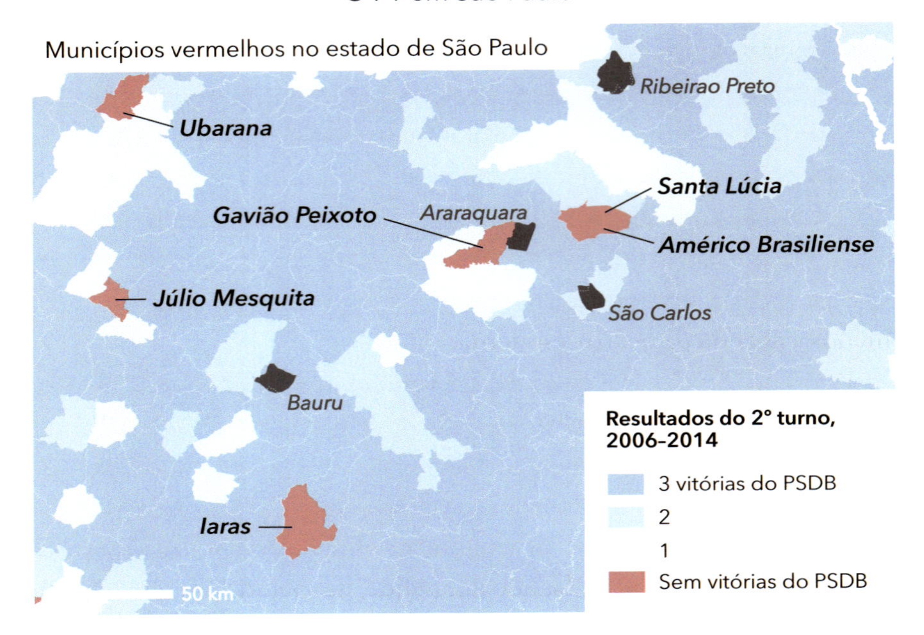

Ambos poderiam ser um só município. São dependentes da agroindústria canavieira e, em menor proporção, do plantio e colheita de laranja. A modernização do cultivo da cana-de-açúcar e da produção de etanol reduziu a empregabilidade da mão de obra desses municípios.

A sazonalidade da colheita da cana atraiu, no passado, muitos migrantes de outros estados, em particular do Nordeste, que acabaram por se radicar na região. Já houve períodos nos quais o crescimento populacional de Américo Brasiliense ocorreu quase exclusivamente por causa do fluxo migratório.

As duas cidades são consideradas, por muitos, cidades-dormitório de uma população que trabalha no setor de serviços do município vizinho de Araraquara, além da já mencionada agroindústria.

Tais municípios são o oposto do que representam São Miguel dos Campos, Campina Grande, Uruçuí e Vitória da Conquista em suas respectivas regiões. Assim, o ambiente social e econômico de Santa Lúcia e Américo Brasiliense condiciona as vitórias do candidato do PT nas eleições presidenciais.

Os casos discrepantes, azuis e vermelhos, servem para compreendermos melhor a segmentação eleitoral do Brasil. Pode-se afirmar que regiões como a Serra Gaúcha, o Vale do Itajaí e o norte do Paraná são conglomerados de cidades como Campina Grande e Vitória da Conquista, locais onde a sociedade, em função de seu dinamismo econômico, depende menos do governo ou do Estado e, portanto, valoriza menos a agenda de centro-esquerda.

Por outro lado, o "Grande sertão: veredas" pode ser visto como um conglomerado de municípios como Santa Lúcia e Américo Brasiliense, com uma economia pouco dinâmica resultando em uma sociedade que majoritariamente rejeita a agenda mais liberal do PSDB, a qual defende menos interferência estatal na economia e em políticas sociais.

Muitos devem estar pensando agora que, na medida em que o Brasil enriquecer e os municípios se tornarem mais ricos e dinâmicos, o PT, no limite, deixará de existir. Vale lembrar que em 2006 o candidato do PT ganhou em Vitória da Conquista, o que não voltou a acontecer em 2010 e 2014. Esse pensamento será objeto do próximo capítulo. Para isso, recorreremos à análise do padrão de votação de países bem mais ricos que o Brasil.

5 Do Brasil de Primeiro Mundo

AO ABORDAR OS RESULTADOS ELEITORAIS NACIONAIS de outros países, o objetivo central não é entender o que lá acontece, mas sim compreender melhor o Brasil.

A política comparada ajuda a lançar luz sobre quem somos, nossas diferenças e semelhanças. Permite-nos escapar do provincianismo no qual tão facilmente incorremos em função de nossas dimensões continentais. Assim, neste capítulo, você terá a oportunidade de ver a representação cartográfica de 25 eleições nacionais em seis países.

Os mapas eleitorais[1] de Espanha, Alemanha, França, Itália, Reino Unido e Estados Unidos mostram que as regiões mais pobres votam regularmente nos partidos de centro-esquerda e as regiões menos pobres votam regularmente nos partidos de centro-direita.[2] O enriquecimento dos países não acaba com seus respectivos "PTs".

Veremos também que, para contrariar aqueles que acham que lá fora é sempre melhor do que no Brasil, no que tange aos padrões de votação nacional somos idênticos aos países mais desenvolvidos do mundo. No voto nacional, o Brasil é um país de Primeiro Mundo.

Lições dos países que admiramos e consideramos melhores do que o Brasil[3]

Todos os países: há muitas semelhanças com o Brasil no que diz respeito ao voto.
Espanha: há uma região que cumpre o mesmo papel que o Nordeste brasileiro.
Alemanha: há uma região que cumpre o mesmo papel que o estado de São Paulo.
França: mostra que as divisões sociais, e seu condicionamento sobre o voto, demoram muito a mudar, caso mudem.
Itália: revela que, mesmo com a confusão de siglas e com a Operação Mãos Limpas, há o pilar eleitoral e político da centro-esquerda e o da centro-direita.
Inglaterra: mostra que o Brasil é anglo-saxão do ponto de vista da eleição nacional, o bem-estar econômico é preponderante, "it is the economy, stupid".
Estados Unidos: confirmam a Inglaterra e revelam que mesmo no país mais rico e desenvolvido do mundo a segmentação do voto de acordo com a renda permanece, ou seja, isso pode vir a ser muito duradouro no Brasil.

Uma conclusão importante da análise dos padrões de votação de outros países tem a ver com a permanência da divisão entre esquerda e direita. Há no Brasil aqueles que são de direita, mas não são pluralistas. Assim, eles imaginam o dia em que não haverá mais o PT ou mesmo um equivalente do PT. É possível que esse dia nunca chegue.

O pensamento não pluralista crê que se o Brasil enriquecer e a renda per capita dos pobres aumentar de maneira contínua e significativa, eles deixarão de votar em um partido de centro-esquerda. Acredita-se que todas as regiões do país, depois desse processo de enriquecimento, se tornarão muito semelhantes a São Paulo.

O que este capítulo mostrará é que mesmo em países muito mais ricos que o Brasil, e também muito mais igualitários, há a divisão eleitoral esquerda/direita, na qual os relativamente mais pobres votam em partidos de centro-esquerda e os relativamente menos pobres votam em partidos de centro-direita.

O aumento da escolarização da população tem com frequência o duplo efeito de gerar mais renda, individual e nacional, e diminuir as distâncias sociais e de renda entre pobres e não pobres. Porém, sempre haverá essa distinção e, consequentemente, partidos de centro-esquerda e de centro-direita.

A grande diferença entre o Brasil e os países mais desenvolvidos é a agenda de seus partidos políticos. Nos países assim chamados de Primeiro Mundo, os temas e demandas são diferentes. Pode-se afirmar que o aumento da escolaridade e da renda da sociedade leva todas as forças políticas a caminhar para a direita. Ou seja, o "PT" e o "PSDB" de cada país acabam por ter propostas mais à direita do que o "nosso" PT e o "nosso" PSDB.

Porém, o objetivo aqui não é comparar as agendas das agremiações políticas de diferentes países. Desejamos apenas sublinhar que a divisão esquerda/direita é universal e bastante resistente ao tempo.

Outro argumento que aparece no debate público no Brasil tem a ver com a divisão entre "nós e eles". Alguns afirmam que Lula e o PT dividiram o Brasil e fomentaram o ódio de classe. O que a análise de outros países mostra é que a divisão de classe, quando se trata do voto, é generalizada. Assim, se há ódio de classe no Brasil, há também em todos os países, e cada um deles provavelmente teve o seu próprio Lula em algum momento da história.

Não creio, todavia, ser essa a maneira mais analítica de abordar os acontecimentos e a interação entre estrutura social e voto. É mais simples e profícuo imaginar, como já sugerido anteriormente neste livro, que os atores políticos aproveitam oportunidades do mercado eleitoral da mesma maneira que as empresas aproveitam oportunidades do mercado de consumo, o que independe de época ou de país.

Assim, a partir de 2003, quando exercia seu primeiro mandato, Lula agiu racionalmente ao identificar e adotar políticas públicas para atender o mercado eleitoral dos pobres.

É claro que, na prática, não se trata apenas de uma decisão racional e instrumental. Os atores políticos têm suas respectivas formações, suas respectivas ideologias e seus respectivos interesses. Lula teve formação sindical, dentro de uma ideologia de esquerda, e sempre portou os interesses de sua classe social de origem.

No governo, ele e o PT zelaram por atender aos mais pobres, seja por meio de políticas públicas, cujo símbolo maior foi a expansão do Bolsa Família, seja por meio da simbologia e da comunicação. Os mais pobres reconheceram o esforço do primeiro governo Lula e retribuíram com votos, resultando na segmentação eleitoral que passou a existir a partir de 2006. Por outro lado, os menos pobres também reconheceram o esforço do PT e passaram a votar em maior proporção no PSDB.

É possível que a percepção que alguns tenham de que Lula gerou ódio de classe tenha a ver com a nossa estrutura social. Sabe-se que o Brasil é um dos países mais desiguais do mundo. Talvez graças a isso haja a visão de que, ao defender a melhoria de vida dos mais pobres e dar prioridade a políticas que os atendam, esteja-se fomentando o ódio entre classes. Se for isso mesmo, não há nada que possa ser feito para mitigar tal visão enquanto houver essa oportunidade de mercado eleitoral a ser aproveitada e mantida.

Aliás, vale registrar a ressalva de que os países ricos são mais igualitários do que o Brasil, e que, assim, as condições de vida dos mais pobres não os diferenciam tanto dos menos pobres ou dos mais ricos. Por exemplo, nos países cujos mapas eleitorais estão neste capítulo, as residências não têm as carências existentes no Brasil quanto ao abastecimento por rede geral de água, serviços de saneamento e de recolhimento de lixo. Ainda assim, é possível encontrar a segmentação do voto por classe social e sua superposição com regiões geográficas.

Percepções à parte, vale repetir que o padrão de votação do Brasil em eleições nacionais é idêntico ao de diversos países pelos quais os brasileiros nutrem grande estima e consideração. Os mapas das eleições espanholas, por exemplo, são claros quanto a isso.

Antes, contudo, de analisar os mapas eleitorais dos países, vale a pena ver como a alternância entre esquerda e direita, com os mesmos partidos se revezando no poder, é longeva. A segmentação eleitoral originalmente identificada por Lipset e Rokkan é o que assegura que isso ocorra.

Após o fim da longa ditadura de Francisco Franco, a Espanha passou a ser governada ou pelo PSOE, ou pelo PP. Já se vão quarenta anos de revezamento entre governo e principal partido de oposição. A Aliança Popular (AP), que chegou a ser governo e depois oposição por um curto período, foi o partido que deu origem ao PP, ou seja, este é continuidade daquele. Tal alternância só foi possível por causa do padrão de votação do eleitorado espanhol devidamente mediado por seu sistema eleitoral, como de resto acontece em qualquer país.

Espanha: 41 anos de alternância entre governo e oposição

Período	Partido do chefe de governo	Principal partido de oposição
1977 a 1982	AP	PSOE
1982 a 1996	PSOE	AP/PP
1996 a 2004	PP	PSOE
2004 a 2011	PSOE	PP
2011-	PP	PSOE

O duopólio que ocorre na Espanha se repete na Alemanha: são 69 anos de alternância no poder (e como principal partido de oposição) entre a democracia cristã e o SPD. A Alemanha do pós-Segunda Guerra foi governada por primeiros-ministros que tiveram seus nomes consagrados pela história, entre os quais Konrad Adenauer, fundador da República Federal da Alemanha; Willy Brandt, que levou a cabo uma política externa de distensão em relação à antiga Alemanha Oriental e seus vizinhos do então bloco comunista; e Helmut Kohl, líder da reunificação do país. Todos eles devem seu período no poder à votação que seus partidos tiveram e às regras de conversão de votos em cadeiras.

No longo período Merkel iniciado em 2005, o SPD já integrou – e passou a integrar novamente em 2018 – a coalizão de governo, mas isto não invalida o argumento principal do duopólio e da alternância entre centro-esquerda e centro-direita no poder.

Alemanha: 69 anos de alternância entre governo e oposição

Período	Partido do chefe de governo	Principal partido de oposição
1949 a 1969	CDU/CSU	SPD
1969 a 1982	SPD	CDU/CSU
1982 a 1998	CDU/CSU	SPD
1998 a 2005	SPD	CDU/CSU
2005-	CDU/CSU	SPD

Já a avaliação do duopólio na França tem de passar pelo nevoeiro provocado por várias mudanças de nomes de partidos. Ultrapassada a nebulosidade, pode-se considerar que há os socialistas de um lado e os republicanos de outro.

Os republicanos são também conhecidos como gaullistas, em uma referência ao líder que fundou a Quinta República Francesa, Charles de Gaulle. Sua presidência, primeiro pela UNR e depois pela UDR (uma simples troca de nome), durou de 1959 a 1969, sucedida pela de Georges Pompidou, do mesmo partido.

Pompidou tinha sido primeiro-ministro durante a presidência de Charles de Gaulle. Seu sucessor, Valéry Giscard d'Estaing, tinha sido ministro da Fazenda de De Gaulle e do próprio Pompidou, e foi presidente pelo RI e depois pelo PR (sua nova denominação). Jacques Chirac foi presidente pelo RPR e depois pela UMP (outra simples troca de nome), e Nicolas Sarkozy foi da UMP. A UMP também é tributária da tradição gaullista.

Do lado da centro-esquerda, durante a Quinta República, tem-se apenas o Partido Socialista, com dois François na presidência da França, Mitterrand e Hollande.

França: 59 anos de alternância na presidência

Período	Partido do presidente
1959 a 1974	UNR e UDR
1974 a 1981	RI e PR
1981 a 1995	PS
1995 a 2012	RPR e UMP
2012 a 2017	PS
2017 -	REM

Na Assembleia Nacional da Quinta República, seguindo-se o padrão da presidência, a maioria ou foi a bancada dos gaullistas, ou dos socialistas. Além disso, quando um lado era majoritário o outro se tornava o maior partido de oposição. A grande exceção ao revezamento entre gaullistas e socialistas foi a vitória de Emmanuel Macron em 2017 (algo que será abordado em breve).

A Itália de antes da Operação Mãos Limpas, entre 1946 e 1991, foi um samba de uma nota só. Todos os primeiros-ministros foram da Democracia Cristã (DC), e o Partido Comunista Italiano (PCI) foi sempre o principal partido de oposição.

Itália: 45 anos de mesmo governo e mesma oposição

Período	Partido do chefe de governo	Principal partido de oposição
1946 a 1991	Democracia Cristã	PCI

O predomínio da DC no período teve dois breves intervalos: um entre 1981 e 1982, quando o primeiro-ministro foi do Partido Republicano Italiano; e outro entre 1983 e 1987, quando Bettino Craxi governou a Itália pelo Partido Socialista. Nos dois casos, o governo só obteve maioria graças ao apoio da DC.

Nesse longo período, os dois nomes de maior destaque da Democracia Cristã foram Aldo Moro e Giulio Andreotti, ao passo que seus equivalentes no PCI foram Palmiro Togliatti e Enrico Berlinguer.

A partir de meados dos anos 1990, após a destruição do antigo sistema partidário pela Operação Mãos Limpas, as agremiações italianas mudaram de nome várias vezes, e foram protagonistas de fusões, incorporações e cisões. Em que pese a confusão provocada pelas inúmeras mudanças, é possível identificar os maiores grupos políticos de representação: do lado da centro-direita, a Forza Itália de Berlusconi e a Liga Norte; do lado da centro-esquerda, A Oliveira (L'Ulivo) e o Partido Democrático (PD).[4]

Também nesse caso é possível reconhecer o padrão de votação existente em todos os países analisados, com as devidas ressalvas que serão feitas adiante.

O que a França e a Itália têm de nebuloso na identificação dos partidos de esquerda e direita, o Reino Unido e os Estados Unidos têm de clareza. Os britânicos votam desde 1922, fazendo com que o Partido Trabalhista e o Partido Conservador se alternem no poder. Como obviamente acontece em nações bipartidárias – nesse caso, resultado do sistema eleitoral utilizado em ambos os países –, quando um é o governo, resta ao outro o papel de oposição. Como sempre, não basta a conversão de votos em governo realizada pela regra eleitoral, é preciso também que os eleitores votem sempre em tais partidos. Nos Estados Unidos, o Partido Democrata é o portador da agenda de esquerda, e o Partido Republicano, de direita.

De volta à Espanha, agora aos seus mapas eleitorais, e considerando que as regiões mais ricas mensuradas pelo PIB per capita são o País Basco e Navarra, ao norte, e Madri no centro, é possível notar que essas áreas têm a tendência de votar no Partido Popular (PP), indicado pela cor azul. Por outro lado, o vermelho do Partido Socialista Operário Espanhol (PSOE) predomina nas regiões mais pobres, como a Andaluzia ao sul, Estremadura e Múrcia, contíguas à Andaluzia, e Astúrias ao norte.

As exceções surgem para confirmar a regra, como é o caso da rica região da Catalunha, no nordeste do país, que vota preferencialmente na centro-esquerda.[5]

Eleições gerais na Espanha (2004-2016)

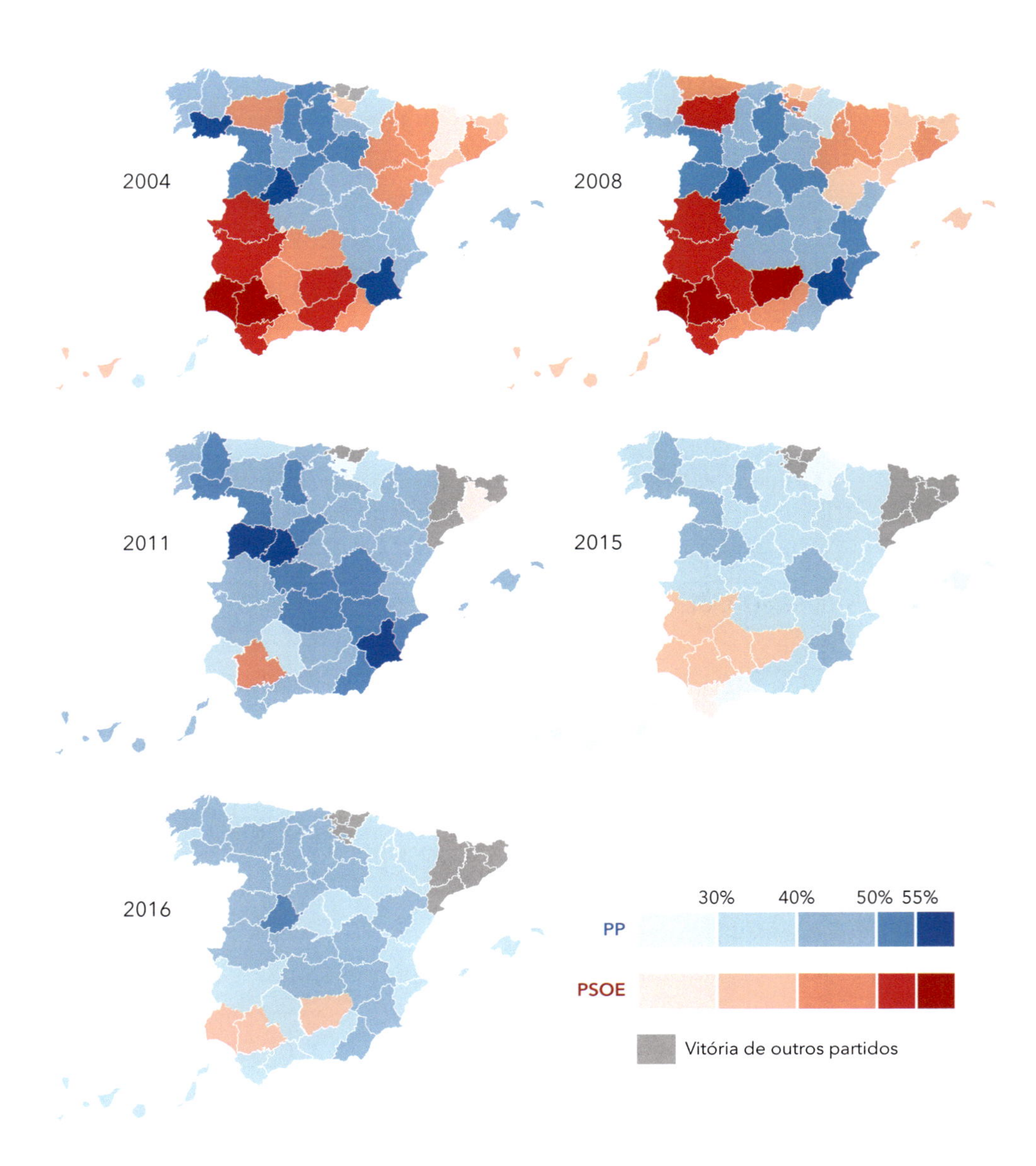

Para os eleitores catalães, a questão regional tem um peso maior no voto do que a questão do bem-estar econômico. Obviamente fenômenos dessa natureza podem interferir na interação entre renda e voto, mitigando-a.

Há um fenômeno eleitoral espanhol que ajuda bastante a entender o Brasil. Trata-se do padrão de voto dos eleitores andaluzes. Formam a Andaluzia, entre outras províncias, Sevilha, Granada, Córdoba, Málaga e Cádiz. É a região mais populosa da Espanha, e também a que tem um dos piores PIB per capita, sendo mais elevado apenas, segundo algumas medições, do que o das regiões de Estremadura e Mellila. A Andaluzia é o equivalente funcional espanhol ao Nordeste brasileiro.

Um traço cultural importante é a existência de uma festa semelhante ao carnaval. A Andaluzia para na Semana Santa. Sua população se mobiliza para uma grande festividade de vários dias, confecciona roupas especiais, mobiliza-se em grupos e organizações que se dedicam especialmente à festa. A população vai às ruas em desfiles que param as cidades e são cercados por multidões de locais e turistas que ocupam bares e restaurantes.

Em que pese a motivação religiosa da festa, ela se tornou eminentemente secular. A Espanha não é mais, hoje, um país que frequente regularmente a igreja. A Semana Santa andaluz e o carnaval nordestino são festas e celebrações que têm o mesmo estilo.

Alexis de Tocqueville, o genial pensador liberal francês, na terceira parte do livro dois de *A democracia na América*,[6] compara as comemorações em países aristocráticos e democráticos.[7] Segundo ele, em sociedades aristocráticas, como são a Andaluzia e o Nordeste, o povo se entrega a "diversões ingênuas, turbulentas e grosseiras", e é abandonado "de bom grado aos impulsos de uma alegria tumultuosa e barulhenta que o arranca de golpe à contemplação de suas misérias [...] violentamente tirados de si mesmos".

Ainda segundo Tocqueville, em sociedades democráticas, como São Paulo e a Baviera, as pessoas "preferem os divertimentos graves e silenciosos que parecem negócios", pois vão "para o interior de sua casa para beber. Esses homens gozam, ao mesmo tempo, de dois prazeres: pensam em seu negócio e se embriagam suavemente em família". Não há, no estado de São Paulo ou na Baviera, festas como a Semana Santa andaluz ou o carnaval nordestino.

Carnaval no Nordeste ou Semana Santa na Andaluzia?

Passando pela sociedade e voltando para a política, a Junta de Andalucia é o nome em espanhol para o governo regional. Foi criada em 1981. Desde então, o Palácio de San Telmo, sede da Junta, foi ocupado somente por políticos do Partido Socialista Operário Espanhol (PSOE), equivalente funcional espanhol ao PT.[8]

Presidente da Junta de Andalucia	Período	Partido
Rafael Escuerdo Rodríguez	1982-84	PSOE
José Rodríguez de la Borbolla	1984-90	PSOE
Manuel Chaves González	1990-2009	PSOE
Gaspar Carlos Zarrías Arévalo	2009	PSOE
José Antonio Martínez	2009-13	PSOE
Susana Díaz Pacheco	2013-	PSOE

A percepção da população local é de que a Andaluzia melhorou muito depois que passou a ser governada pelo PSOE. Antes predominava o analfabetismo e o subdesenvolvimento. Depois, as cidades e províncias se desenvolveram em função da adoção de políticas sociais e do investimento em infraestrutura. Um dos símbolos do avanço da região foi a realização da Expo 92 em Sevilha.

Uma frase do mais longevo líder regional, Manuel Chaves González, sintetiza as transformações positivas pelas quais a Andaluzia passou e que são atribuídas aos governos do PSOE: "A Andaluzia era uma casa abandonada durante o franquismo até que chegou o PSOE e fez as coisas andarem. Isto muitos aqui jamais esquecem."[9]

Em que pesem as acusações de corrupção, clientelismo e paternalismo que recaem sobre o PSOE da Andaluzia, o partido de centro-esquerda permanece o mais forte da região.

Esta afirmação sobre o Nordeste brasileiro muito se assemelha ao que declarou Manuel Chaves sobre a Andaluzia: "O Nordeste foi atrasado enquanto os governantes ignoraram a região e o seu povo. A partir das políticas de desenvolvimento, com distribuição de renda e o combate às desigualdades sociais e regionais implementadas pelos governos Lula e Dilma, a região tornou-se o exemplo mais vibrante do novo Brasil que estamos construindo."[10]

Saindo da Península Ibérica em direção à rica Alemanha, também é possível encontrar a relação entre renda e voto.

Entre as áreas mais pobres, temos, ao norte, junto à fronteira com a Polônia, a região de Brandemburgo, que circunda a capital, Berlim; a Alta Saxônia, contígua e localizada a sudoeste do estado de Brandemburgo; a Turíngia, contígua e a sudoeste da Alta Saxônia; a Baixa Saxônia, região em torno da cidade-estado de Bremen; e o estado de Eslésvico-Holsácia, localizado ao norte, junto à Dinamarca. Em todas essas áreas, predomina o vermelho do Partido Social-Democrata alemão (SPD) quando ele é o vitorioso, ou o azul da centro-direita, claro, quando o SDP é derrotado.[11]

Por outro lado, nas áreas mais ricas do território germânico, o azul da democracia cristã, CDU e CSU, é dominante: na Baviera, no sudeste junto às fronteiras com a Áustria e a República Tcheca; no estado de Baden-Wurttemberg, entre a Baviera e a França; a Renânia do Norte-Vestfália, onde ficam as cidades de Dusseldorf, Colônia, Dortmund e Essen; e, por fim, o estado de Hesse, na região central do país, cuja principal cidade é Frankfurt.

A Alemanha é tão útil para entendermos o Brasil como a Espanha, pois, se existe no mundo uma região que seja o equivalente funcional de São Paulo, ela é a Baviera, e é nessa região que o azul, que representa a força do "PSDB local", é sempre mais escuro.

Esse Bundesland alemão tem a maior renda per capita do país, e fica atrás somente das cidades-estados de Hamburgo e Bremen. Considerando-se o PIB bruto, a Baviera ficaria em torno da 20ª posição se fosse um país, e perto da 10ª posição em PIB per capita.

Alemanha

Resultados das eleições federais

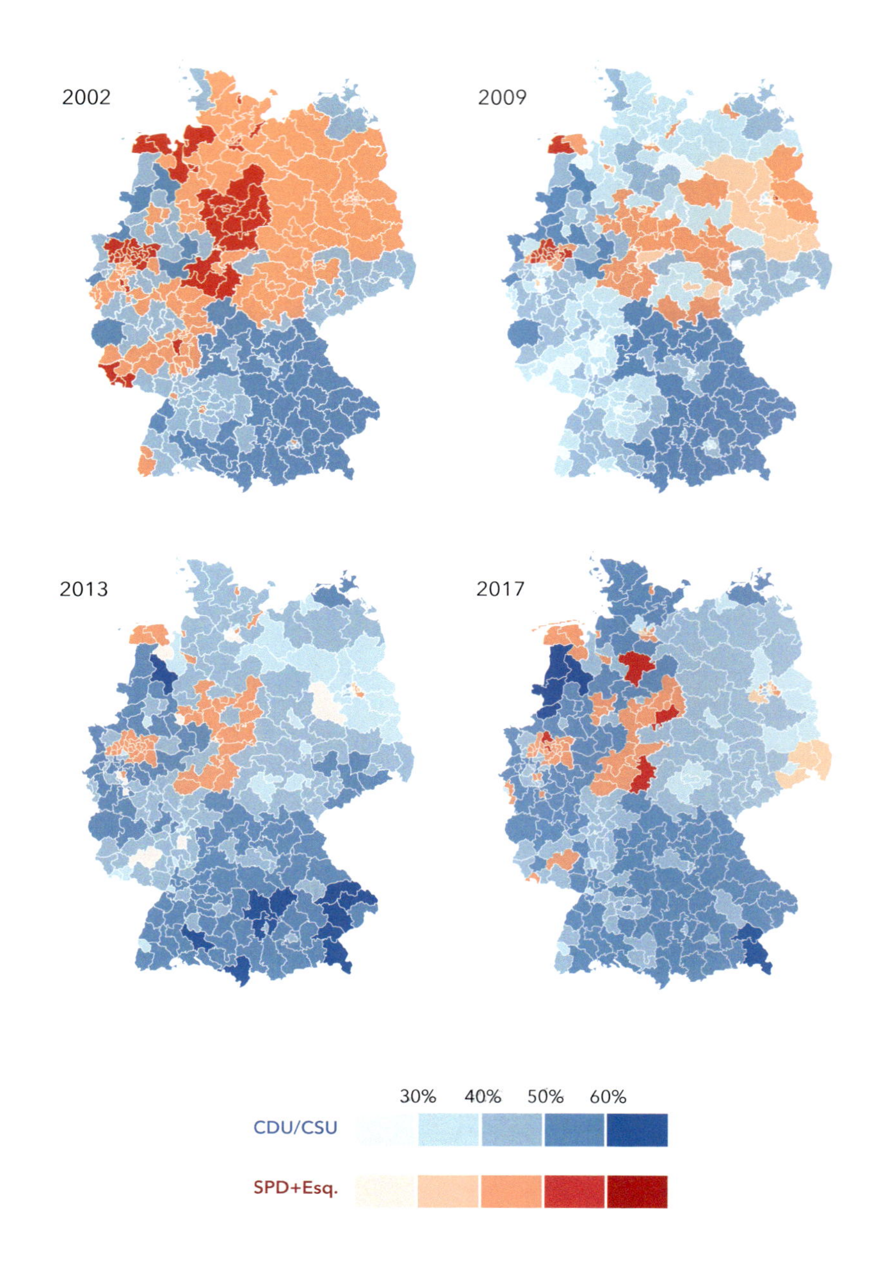

O estado dos bávaros é a sede de vários *clusters* econômicos, entre os quais os setores automotivo, de mecatrônica, de engenharia mecânica, de construção civil, de engenharia elétrica, e também os de eletrônica e de tecnologia da informação. Várias grandes empresas têm a sua direção central na Baviera: BMW, Siemens, Audi, Allianz, Puma e Adidas.

Porém, nem sempre a Baviera foi assim.

Franz Josef Strauss e Hanns Seidel, que se afastou precocemente da política em função de um acidente, foram os dois políticos da União Social Cristã (CSU) responsáveis pela modernização da Baviera.

Ministros-presidentes da Baviera	Período	Partido
Hanns Seidel	1957-60	CSU
Hans Ehard	1960-62	CSU
Alfons Goppel	1962-78	CSU
Franz Josef Strauss	1978-88	CSU
Max Streibl	1988-93	CSU
Edmund Stoiber	1993-2007	CSU
Gunther Beckstein	2007-2008	CSU
Horst Seehofer	2008-	CSU

A política alemã tem uma particularidade que merece destaque, a aliança permanente entre dois partidos gêmeos que ocupam a centro-direita: a CSU, que atua exclusivamente na Baviera, e a União Democrática Cristã (CDU), que existe nas demais regiões do país. Há uma divisão regional da representação política, ainda que os dois partidos compartilhem do mesmo ideário e da mesma agenda.

Em 1950, o PIB per capita da Baviera era 85% daquele da então Alemanha Ocidental. Em 1980, já tinha alcançado a marca de 95%. Utilizando esse mesmo indicador para comparar a Baviera com a região mais rica do país, a Renânia do Norte-Vestfália, onde ficam Colônia e Dusseldorf, ele saltou de apenas 72% em 1950 para 90% em 1970.[12]

Strauss e Seidel atuaram em conjunto para tornar a CSU o partido de centro-direita mais importante da Baviera. Além disso, quando Strauss se tornou ministro da Defesa, direcionou vultosos recursos do orçamento público federal para a sua região, com a finalidade de fomentar a modernização da indústria local.

Os detalhes de todo o processo que levou a Baviera a se tornar a região preferida dos setores mais modernos da economia alemã, assim como os pormenores da atuação política de Strauss e Seidel, que não dizem respeito aos nossos objetivos aqui, podem ser encontrados no magistral livro de Mark Milosch.[13]

A modernização da Baviera, vale o parêntese, ocorreu de maneira concomitante ao boom econômico que mudou a face da Áustria e do norte da Itália, tornando toda essa região próspera e com a preferência eleitoral recaindo em partidos de centro-direita.

O que vimos nesta seção revela a importância dos líderes políticos e o impacto de sua atuação e das políticas públicas adotadas. A Andaluzia se tornou grata à liderança de Manuel Chaves, o qual, na visão dos locais, retirara o povo da miséria levando ao domínio do PSOE na região até hoje. O mesmo aconteceu no Nordeste em relação a Lula e ao PT, como pudemos ver nos mapas eleitorais das eleições presidenciais.

O caso da Baviera é idêntico. Modificam-se os nomes próprios da região, do líder, Strauss, e do partido dominante, a CSU. Lá não se tratou de retirar a população da miséria, mas de melhorar de forma rápida a economia local.

Quanto a isso, talvez não seja possível fazer o paralelo com o estado de São Paulo, mas vale, em todo caso, o fato de tanto São Paulo como a Baviera serem as regiões industriais mais modernas de seus respectivos países. As duas são também as mais prósperas quando o PIB per capita é utilizado como indicador. Não surpreende, portanto, o predomínio eleitoral do partido de centro-direita em cada local, o PSDB em São Paulo e a CSU na Baviera.

São Paulo é a Baviera brasileira, e a Baviera é a São Paulo alemã.

Baviera e São Paulo: negócios e negócios

Sede da BMW em Munique e do Bradesco em Osasco (SP).

Sede da Allianz em Munique e do Itaú em São Paulo.

Patrocínios da Allianz e do Itaú em seus respectivos estados-sede.

A essa altura é impossível deixar de invocar o antológico poema do grego Constantino Kaváfis, "À espera dos bárbaros", devidamente parafraseado:

O que esperamos na ágora reunidos?

É que os paulistas chegam hoje.

Por que tanta apatia na assembleia?
Os deputados não legislam mais?

É que os paulistas chegam hoje
Que leis hão de fazer os deputados?
Os paulistas que chegam as farão.

Por que o governador se ergueu tão cedo
e de vestimentas solenes se assentou
em seu trono, à porta magna da cidade?

É que os paulistas chegam hoje.
O nosso governador conta saudar o chefe deles. Tem pronto para dar-lhe um pergaminho no qual estão escritos muitos nomes e títulos.

[...]

Por que subitamente esta inquietude?
(Que seriedade nas fisionomias!)
Por que tão rápido as ruas se esvaziam
e todos voltam para casa preocupados?

Porque é já noite, os paulistas não vêm
e gente recém-chegada das fronteiras
diz que não há mais paulistas.

Sem paulistas o que será de nós?
Ah!, eles eram uma solução.

A identidade de cada povo, nação ou região é construída graças à diferença e à alteridade. Se não há bárbaros, também não há romanos. Se não há bávaros, não há andaluzes. Se não há paulistas, não há nordestinos, e vice-versa.

Last, but not least, se não há PSDB, não há PT (ah, e vice-versa também).

Não existe identidade de grupo sem que exista outro grupo diferente que vem a ser objeto de confronto, comparação, disputa e adversidade. São Paulo e Nordeste sempre existirão, no Brasil e fora dele. Assim como PT e PSDB.

No caso francês, até antes da eleição de 2017, a identidade dos gaullistas, com suas inúmeras siglas partidárias, vinha sendo construída em relação ao Partido Socialista, e vice-versa. Na geografia do voto, a centro-direita vem sendo sistematicamente mais bem votada em regiões mais ricas do país, como a Ilha de França, área que circunda Paris, e as regiões de Provença-Alpes-Costa Azul, no sul na divisa com a Itália, e o País do Loire, ao sul da Bretanha.

Os socialistas, por sua vez, são sistematicamente mais bem votados em áreas mais pobres, como a Bretanha, no noroeste do país, os Altos da França, no nordeste, junto à fronteira com a Bélgica, e na região de Limousin.

O modelo analítico aqui utilizado, baseado na tradição iniciada por Lipset e Rokkan, prevê várias divisões sociais que tenham impacto no voto. No caso brasileiro, o peso da divisão entre mais pobres e menos pobres é maior do que, por exemplo, em países como a França e a Itália. Na Europa, as clivagens religiosas sempre tiveram um peso, no passado, que no Brasil não conhecemos. Não custa lembrar que inúmeros grandes partidos políticos europeus se denominavam, e o fazem até hoje, democracia cristã. Não se trata de um nome vazio, mas de uma denominação que representa uma agenda política.

No caso da França, e também da Itália, como veremos, o peso da divisão de classe foi mitigado pelas diferenças de religiosidade da população.

A relação sempre foi clara: quanto mais alguém frequenta a igreja, maiores as chances de que vote em partidos de centro-direita; quanto mais "irreligiosa" uma pessoa, maior a probabilidade de que vote em partidos de centro-esquerda.

Apenas a título de ilustração, há outras divisões para além de renda e religião que têm impacto sobre a política, como é o caso da Bélgica, um país socialmente organizado a partir de dois pilares linguísticos (e culturais) diferentes. No norte, em Flandres, fala-se o neerlandês, e no sul, na Valônia, a língua predominante é o francês.

O fato de outras divisões sociais que não sejam a de renda terem impacto sobre o voto não invalida o nosso argumento central, o de que características socioeconômicas condicionam o voto quando adequadamente mobilizadas pelos políticos.

No Brasil, o PT, por meio de Lula, mobilizou a divisão entre pobres e não pobres. Nos países da Europa isso também foi realizado, mas, em alguns casos, como na França e na Itália, a mobilização da divisão religiosa também foi utilizada pelos políticos.

As divisões sociais, a mobilização que os políticos realizam a partir delas e seu consequente impacto eleitoral têm grande durabilidade no tempo. Todavia, não são imutáveis. O voto de classe, a divisão entre pobres e não pobres, assim como as divisões religiosas, já vem perdendo importância na Europa faz tempo. Esse processo vem sendo lento e incremental.

Acredita-se que o resultado da eleição presidencial francesa de 2017, com Emmanuel Macron e Marine Le Pen no segundo turno, tenha sido um reflexo de tais mudanças. Os dois deslocaram gaullistas e socialistas. É possível avaliar o resultado dessa eleição levando-se em consideração a mudança das divisões sociais na França (é o que fazemos no último capítulo). Porém, pode-se também trabalhar com a hipótese de que o resultado tenha sido em grande parte condicionado pela conjuntura. Na eleição parlamentar de 1993, o Partido Socialista foi dizimado em função da fadiga de material: François Mitterrand já era presidente havia doze anos, o país estava em crise e inúmeros escândalos de corrupção envolviam o partido.[14] Depois disso, graças também a seu eleitorado tradicional, os socialistas voltaram à presidência com François Hollande.

As divisões sociais organizam a disputa eleitoral a longo prazo, ao passo que a conjuntura política afeta de maneira pontual cada eleição. Não sabemos ainda se o que ocorreu na França é resultado de uma influência conjuntural, ou se a estrutura social do país mudou a ponto de reconfigurar no longo prazo a disputa eleitoral.

Note-se que o mapa francês de 2017 é o único mapa eleitoral de todo o livro cujas cores não são azul e vermelho. O objetivo foi chamar atenção para o fato de que Emmanuel Macron e Marine Le Pen representaram coisas bem diferentes do que se vira até então.

Ainda assim, os dados da última eleição presidencial francesa mostram que os eleitores que tradicionalmente votavam nos socialistas ficaram com Macron no segundo turno para vetar a extrema direita representada pela Frente Nacional. Por outro lado, regiões antes caracterizadas pelo voto azul dos republicanos franceses deram vitória a Marine Le Pen.

A Itália é mais um exemplo de como a sociedade condiciona a política e interage com ela. Também lá a divisão entre o voto de esquerda e o de direita segue um padrão que tem relação com a renda e a posição dos indivíduos no mercado de trabalho. Contudo, a influência do catolicismo torna o padrão de voto da Itália diferente dos demais países.

A história política da Itália do pós-Segunda Guerra, do ponto de vista do sistema partidário, se divide em dois períodos: antes e depois da Operação Mãos Limpas. Antes dela, até o início dos anos 1990, o quadro partidário se estruturou em torno da disputa entre Democracia Cristã (DC) e Partido Comunista Italiano (PCI). Depois dela, as siglas mudaram, à direita encontrando-se a Força Itália e a Liga Norte como

França

Resultados do 2º turno da eleição presidencial

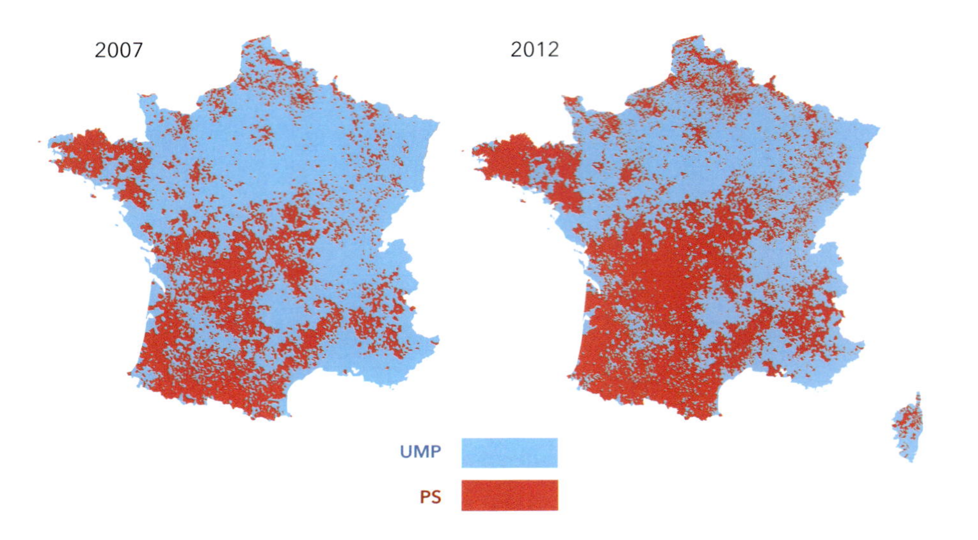

Resultados do 2º turno da eleição presidencial de 2017

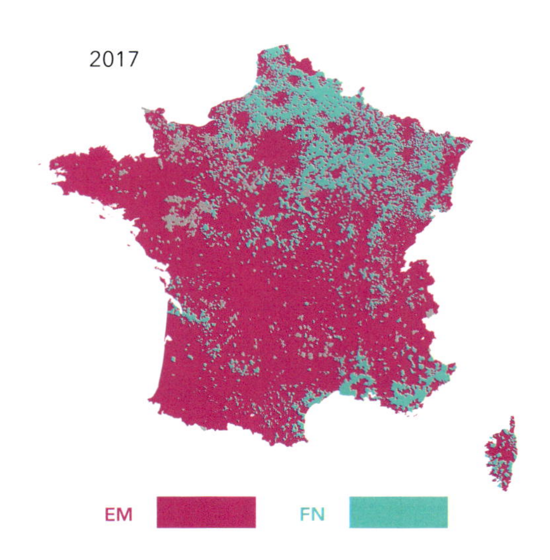

principais agremiações, e à esquerda, entre outros, A Oliveira (L'Ulivo) e o Partido Democrático (PD).

Do ponto de vista da renda média da população e do PIB per capita, a Itália se divide entre norte e sul. Quanto mais ao norte, mais rica é a população; quanto mais ao sul, mais pobre ela é. Sendo assim, o esperado seria que o PCI, enquanto existiu, tivesse sido mais votado no sul pobre do que a DC. Como sabemos, não foi isso que ocorreu.

A DC sempre derrotou o PCI no norte e no sul da Itália, ao passo que o PCI foi mais forte eleitoralmente na região que ficou conhecida, justamente por conta de seu padrão de votação, como o "cinturão vermelho": Emília-Romanha, Toscana, Úmbria, Marcas e também no triângulo industrial formado por Turim, Milão e Gênova.

O PCI foi durante toda a sua existência uma espécie de PT limitado a vencer eleitoralmente apenas no ABC paulista, o antigo cinturão vermelho de São Paulo. Por outro lado, a Democracia Cristã foi a soma de PSDB e do antigo PFL, o primeiro por vencer sempre no norte, a São Paulo da Itália, e o segundo por vencer sempre no sul, o equivalente funcional do Nordeste brasileiro.

Isso foi possível graças à mobilização da divisão religiosa. Como a Itália, no passado, foi um país fortemente católico, o Vaticano se alinhou à DC para conter o PCI. Esse alinhamento remonta ao papado de Pio XII, que rejeitava fortemente a proximidade do PCI com a antiga União Soviética.

A religiosidade do eleitorado pobre do sul da Itália foi, portanto, fator-chave para que o PCI não conseguisse fazer naquele país o que o PT fez no Nordeste do Brasil. Os movimentos e as organizações católicas da Itália sempre emprestaram sua capacidade de mobilização para a DC.

A força da Democracia Cristã derivava de seu discurso e de sua postura anticomunista, somada ao apoio das associações religiosas e ao padrão clientelista de relacionamento com o eleitorado pobre do sul do país. Não é mera coincidência com o que fazia o PFL em termos de patronagem quando dominava os estados nordestinos. A política tem padrões.

O PCI foi extinto no início de 1991, antes, portanto, da Operação Mãos Limpas. A extinção do partido foi resultado do fim do comunismo. Como ocorre com as identidades políticas, a DC existia em função do PCI, e vice-versa. O fim do partido de Palmiro Togliatti fez com que o discurso anticomunista da DC perdesse a razão de ser. A pá de cal na existência da DC foi a Operação Mãos Limpas, marcando o fim da Primeira República italiana.

Itália

Resultado das eleições gerais (1987)

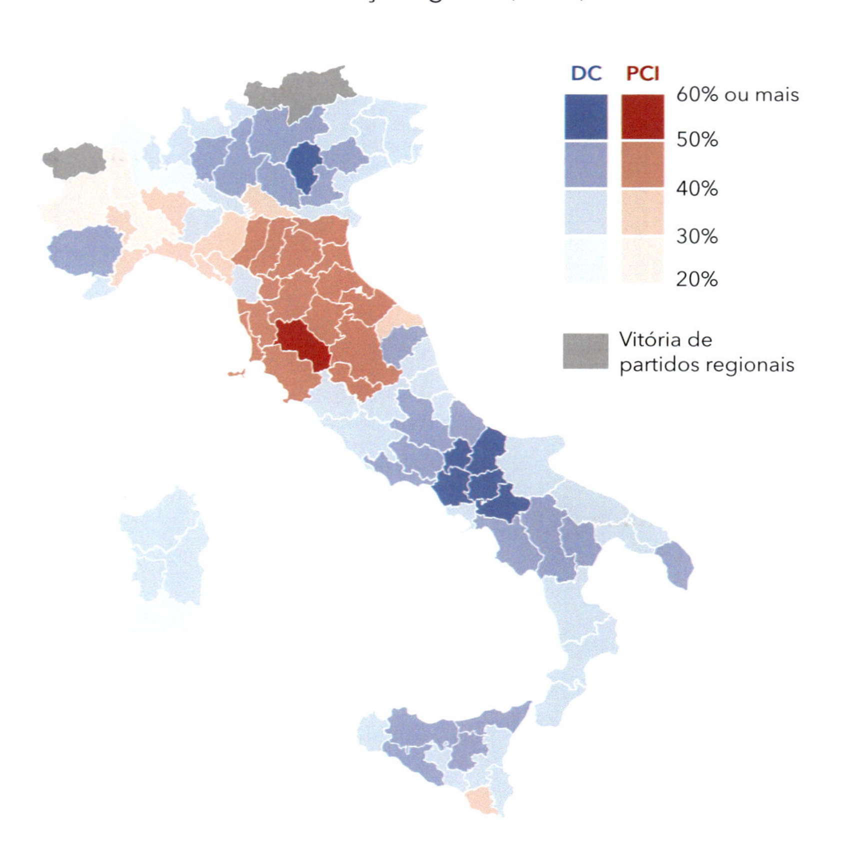

Itália

Resultado das eleições gerais

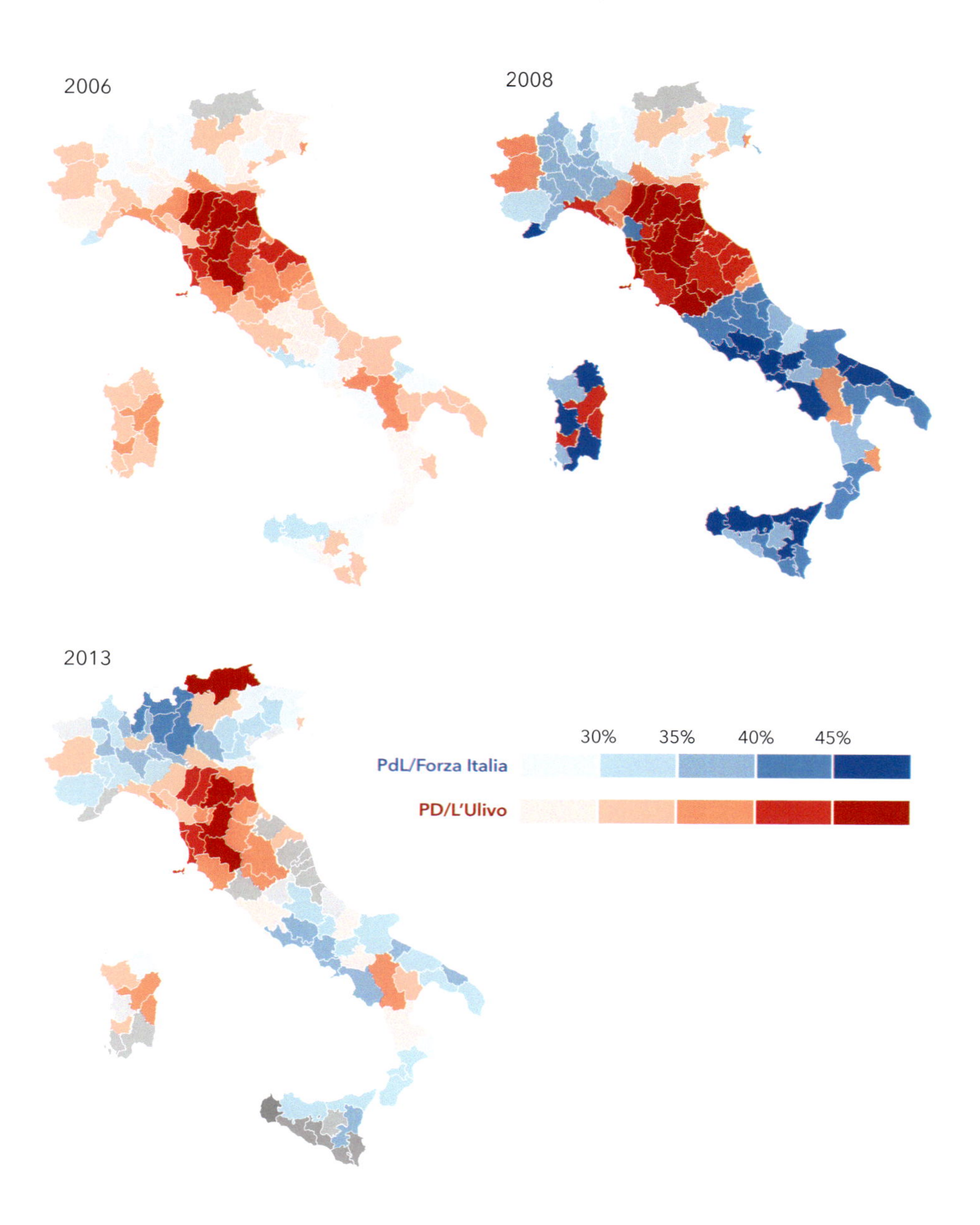

Os novos partidos, as agremiações, as alianças ou os blocos políticos da Itália, pós-domínio da DC, podem ser divididos entre centro-esquerda e centro-direita. E mais uma vez observa-se a divisão social do voto – os menos pobres votando na Força Itália e na Liga Norte, e os mais pobres, no PD e na Oliveira. Agora, porém, não se tratando mais de PCI e de sua imagem anticlerical, e sem um partido cristão como adversário, a esquerda italiana vem conseguindo vencer nas regiões mais pobres do país.[15]

Como se vê, em que pese a desestruturação do sistema partidário italiano provocado pela Operação Mãos Limpas, ainda assim a disputa política entre centro-esquerda e centro-direita continuou existindo, assim como seus respectivos eleitorados preferenciais.

O Partido Comunista Italiano foi o que teve mais sucesso eleitoral entre todos os partidos comunistas europeus. Os seus congêneres na França e na Alemanha sempre foram eleitoralmente bem mais fracos do que o Partido Socialista Francês e o SPD alemão.

Na Espanha pobre e religiosa da Andaluzia, ao menos nos primórdios do domínio do PSOE, a centro-esquerda talvez só tenha sido capaz de transformar a região em uma cidadela porque não se denominava comunista, evitando cair na armadilha do voto religioso.

Se há um caso no qual o voto é associado às condições materiais de vida, sem interferência de temas outros como a religião, é o do Reino Unido, mais especificamente da Inglaterra.

Uma das coisas que chocam de maneira positiva o visitante da capital do Reino Unido é a possibilidade de se aproximar da residência do primeiro-ministro, a Downing Street 10. No passado, antes das ameaças terroristas, era possível uma proximidade ainda maior.

São poucos os que sabem que na Downing Street 11, a porta vizinha à do primeiro-ministro, reside o ministro da Fazenda, o Chancellor of the Exchequer.[16] O simbolismo diz tudo. Tanto o primeiro-ministro como aquele que controla a economia são vizinhos. Nos séculos XVIII

Resultados das eleições gerais do Reino Unido (exceto Inglaterra)

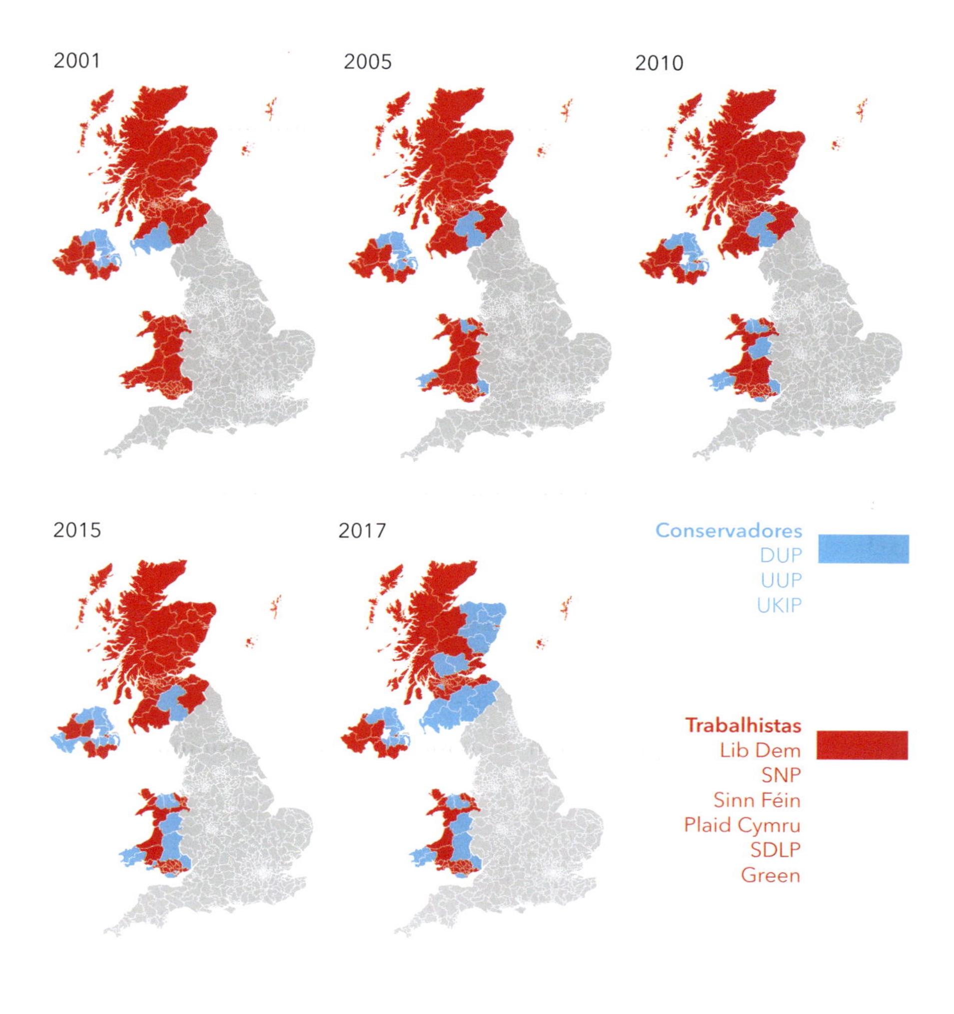

e XIX era comum que o primeiro-ministro acumulasse o cargo de ministro da Fazenda. O último a fazer isso foi Stanley Baldwin, em 1923.

De lá para cá, quinze diferentes parlamentares foram os chefes do governo do Reino Unido, e seis foram antes disso ministros da Fazenda: Winston Churchill, Neville Chamberlain, Harold Macmillan, James Callaghan, John Major e, mais recentemente, Gordon Brown.

No Reino Unido, cuidar da economia qualifica para cuidar de todo o governo. Isso está expresso nos mapas eleitorais do país, ficando mais claro quando se vê também o mapa inglês do Índice de Pobreza Multidimensional (IPM), um correlato do Índice de Desenvolvimento Humano (IDH) da ONU.[17]

Os mapas das eleições britânicas mostram as colunas vertebrais dos partidos Conservador e Trabalhista.[18] A concentração de votos nas duas agremiações é imensa. Há dois exemplos paradigmáticos que ilustram uma das colunas vertebrais, a Trabalhista, no País de Gales e na Escócia.

Em Gales, desde 1922, a grande maioria dos parlamentares eleitos é trabalhista. Isso está representado pelo vermelho na parte esquerda do mapa. Já são 25 eleições nas quais Gales assegura de 20 a 34 cadeiras parlamentares para o partido de centro-esquerda.

Na Escócia, ocorreu algo semelhante. De 1959 até 2010, o Partido Trabalhista teve como pior desempenho a obtenção de 38 cadeiras em um total de 71, justamente em 1959. O predomínio foi constante. Porém, nas últimas duas eleições, os trabalhistas foram dizimados da região pelo Partido Nacional Escocês, com sua proposta de independência. Uma coisa, todavia, permanece: os conservadores têm grande dificuldade de ser bem votados em solo escocês.

No caso da avaliação dos mapas britânicos, vale direcionar os esforços para os resultados das eleições inglesas comparando-os com o Índice de Pobreza Multidimensional (IPM) daquele país.

No mapa do IPM, quanto mais escuro for o vermelho, maior é a privação das pessoas naquela região. No mapa eleitoral, o vermelho indica, na grande maioria dos casos, a vitória do candidato trabalhista no distrito eleitoral. Fica bastante evidente que a maior força eleitoral dos trabalhistas caminha junto com a maior privação relativa.

Pode-se afirmar justamente o oposto para a votação do Partido Conservador. Os azuis mais escuros representam as regiões com menor privação ou mais abastadas. É justamente em tais regiões que os conservadores elegem seus deputados.

Esses dois mapas ingleses a seguir, se postos lado a lado, revelam o mesmo que os mapas das eleições presidenciais brasileiras em segundo turno ao lado do mapa de dimensão de renda do IDH.

Inglaterra

Índice de Pobreza Multidimensional (IPM), 2015

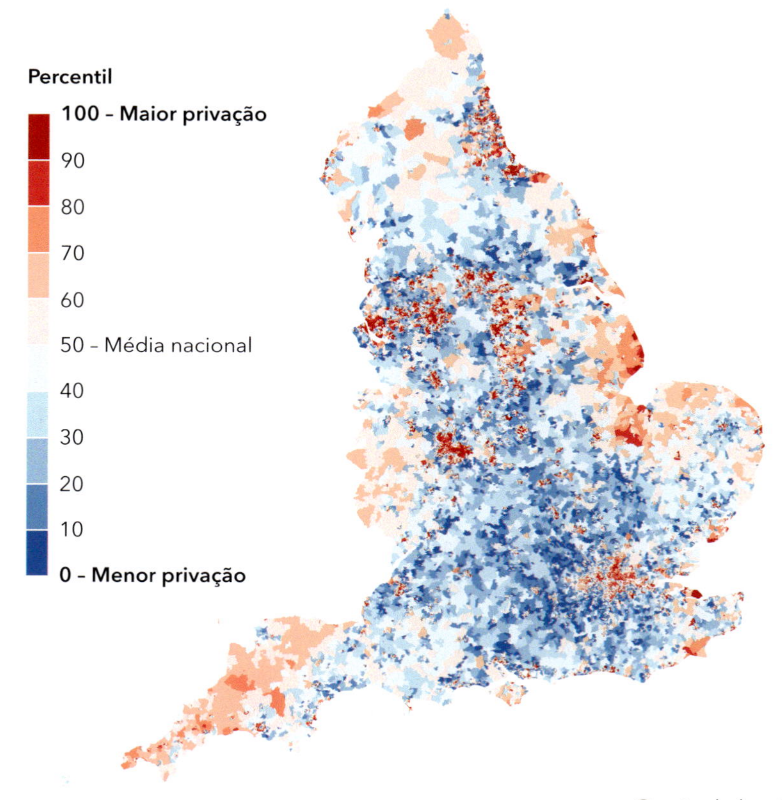

Inglaterra

Resultados das eleições gerais[19]

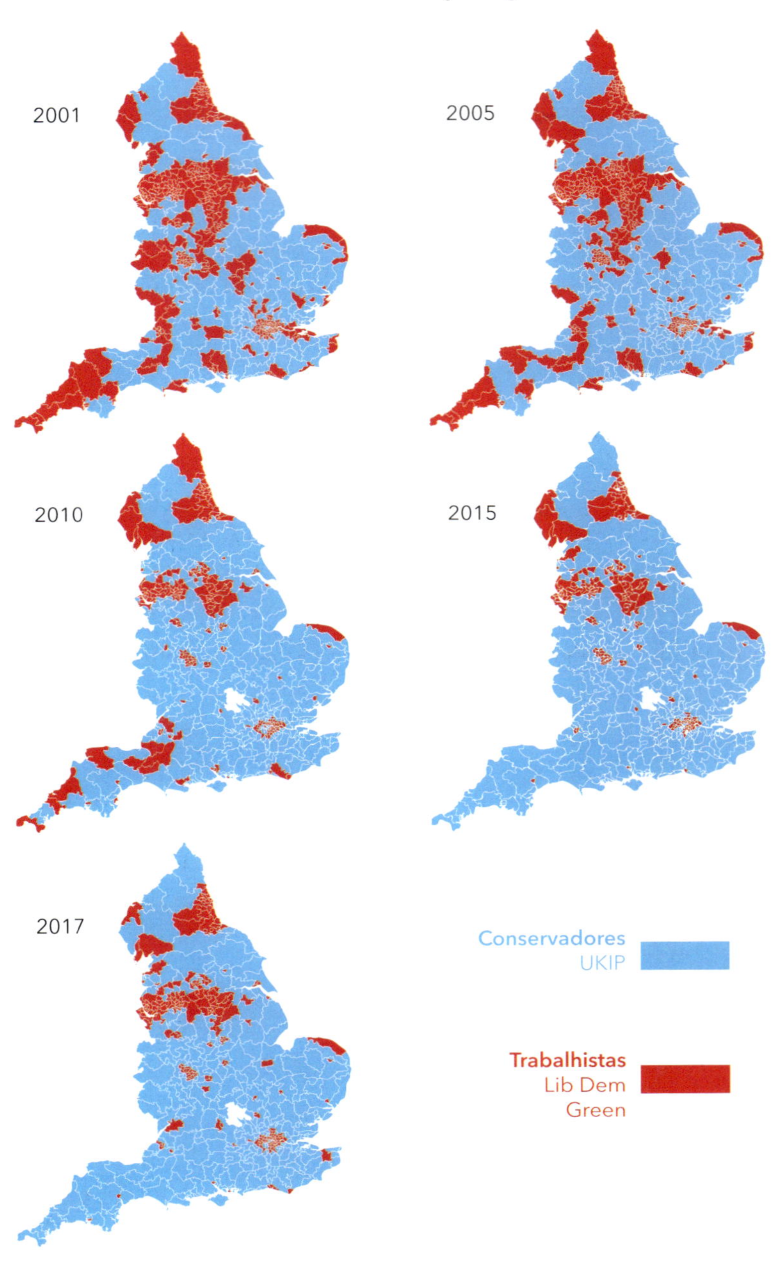

O caso de Londres, mais especificamente da Grande Londres, assemelha-se muito às cidades brasileiras aqui apresentadas. As regiões azuis centrais são as áreas mais ricas, e bairros como Chelsea e Fulham sempre elegem deputados conservadores. Porém, na medida em que se caminha para a periferia da cidade, os trabalhistas se saem vitoriosos. É o que ocorre em Newham e Hackney, bairros com grandes populações de negros, asiáticos e brancos não britânicos.

Quando se sai da cidade em direção às extremidades da Grande Londres, encontram-se os subúrbios mais ricos, com população menos densa, sendo a maioria da população de britânicos brancos.

Nessas regiões, os conservadores vencem todas as eleições. Tais áreas, sempre em azul, são: no sudeste, o rico bairro de Bromley; no nordeste, o bairro de Havering; e, no oeste, Hillingdon, onde fica o aeroporto de Heathrow.

Ainda que o PIB per capita médio da Grande Londres seja mais elevado do que o de várias outras regiões do Reino Unido, o voto trabalhista é obtido junto aos eleitores que têm um nível de privação, mensurado pelo IPM, mais baixo quando comparado com os demais habitantes da Grande Londres. As grandes cidades concentram, com frequência, pessoas de renda baixa e que vivem em condições de vida adversas. Os partidos de centro-esquerda mobilizam preferencialmente esse eleitorado.[20]

O mapa do Índice de Pobreza Multidimensional da Grande Londres, com o vermelho mais escuro representando mais privação, e o azul mais escuro, menor privação, mostra a relação existente entre as condições de vida e o voto.

A regularidade regional do voto também pode ser vista nos Estados Unidos. No caso desse país, as cores são trocadas: o partido de centro-direita, o Republicano, é representado pelo vermelho, e o de centro-esquerda, o Democrata, pelo azul.

A regularidade da distribuição espacial do voto por condado é impressionante. Em quatro eleições – de 2004 a 2016 –, as áreas azuis

Londres

Resultados das eleições gerais

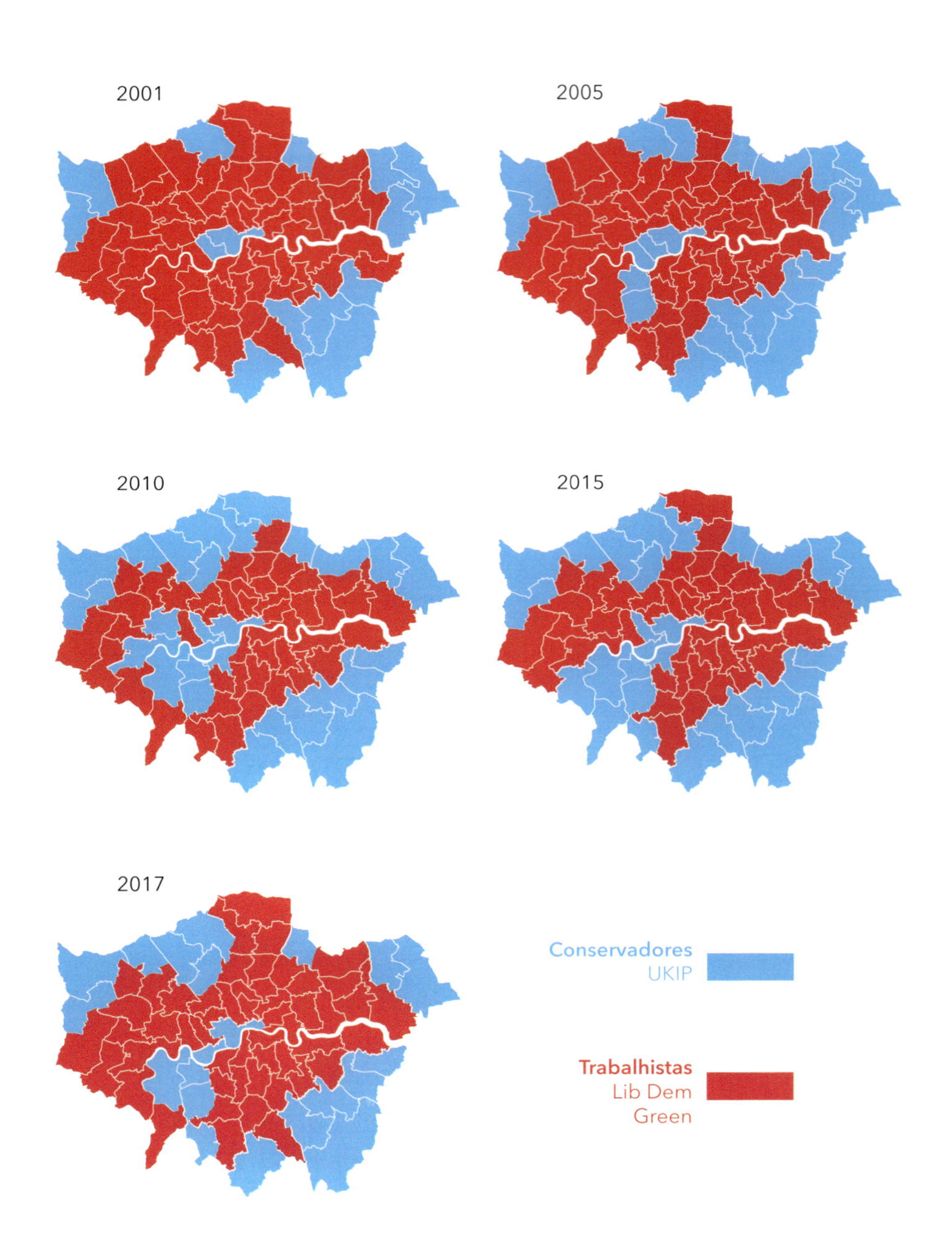

Londres

Índice de Pobreza Multidimensional (IPM), 2015

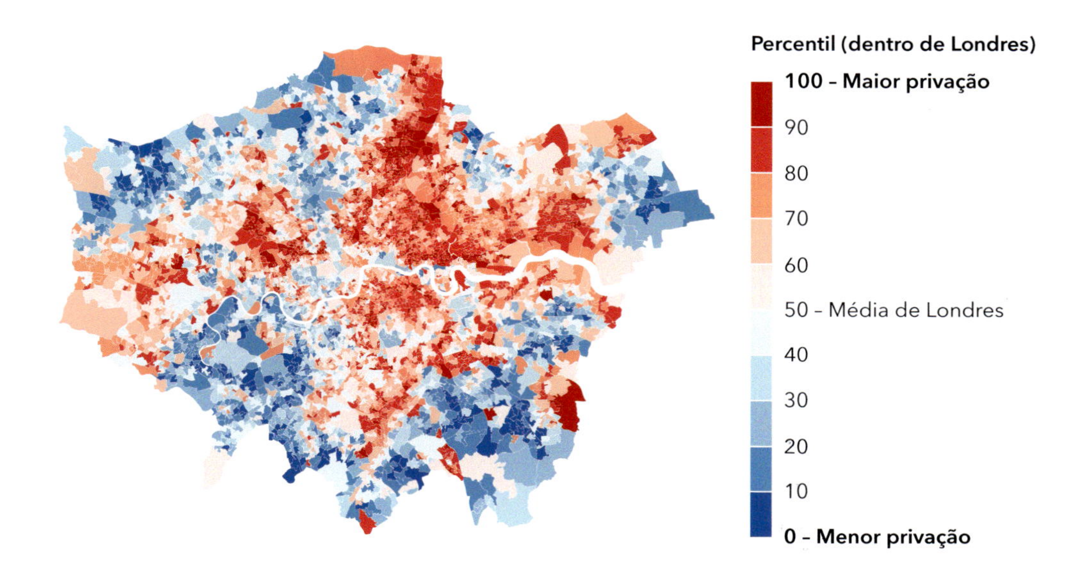

são mais ou menos as mesmas, e as áreas vermelhas, também. A maior extensão territorial ocupada pelo vermelho não deve nos enganar: a densidade demográfica em tais áreas é bem menor do que nas áreas azuis.

A título de exemplo, cumpre destacar que os Democratas venceram sempre no litoral da Califórnia, no nordeste do país e no sul da Flórida. São todas regiões com grande densidade demográfica, com cidades que concentram populações cuja privação, se mensurada à maneira dos ingleses, tenderia a indicar uma situação abaixo da média do país.

Tomemos os exemplos das assim chamadas *inner cities*, as áreas centrais das cidades, um eufemismo, usado com frequência nos Estados Unidos para se referir a regiões muito populosas, densas, ocupadas por pessoas de baixa renda. O azul do sul da Flórida representa, entre outras áreas, as *inner cities* de cidades como Miami.

Para deixar mais clara esta relação, seguem dois mapas de Miami. Um apresenta o resultado da eleição para governador de 2010, cuja distribuição de votos é muito semelhante aos da eleição presidencial, com a vantagem, para efeito de representação geográfica, de obtermos com facilidade os resultados para cada setor censitário (*census tract*). Colocando os mapas lado a lado, vemos que quanto mais escuro o tom de azul, maior foi o voto nos democratas, enquanto o tom de vermelho mais intenso indica maior votação nos republicanos. É possível notar que a força democrata coincide com os setores censitários nos quais a pobreza é mais elevada (regiões de azul mais escuro).

O oposto das *inner cities* são os subúrbios com suas casas espalhadas, cercadas de gramado e com piscina privativa. Tais subúrbios são os cenários típicos dos filmes de Hollywood, tão típicos que qualquer brasileiro que visite os Estados Unidos pela primeira vez não estranha em nada a paisagem.

Quanto mais chique o subúrbio, maior a probabilidade que os republicanos sejam os mais votados e que, portanto, a coloração do mapa seja vermelha.

No caso norte-americano, há pesquisas de boca de urna para várias eleições presidenciais, realizadas, portanto, junto aos eleitores no dia da votação. Todas revelam a relação entre o nível de renda e o voto: os mais pobres votando em maior proporção nos candidatos democratas, e os mais ricos nos candidatos republicanos.[21]

Note-se que isso ocorre até hoje nos Estados Unidos, um país cujo PIB bruto e per capita, entre outros indicadores de desenvolvimento, é muito mais elevado do que o brasileiro. Assim, não é exagero imaginar que esse tipo de segmentação do voto venha a ser muito duradouro no Brasil.

Estados Unidos

Resultados das eleições presidenciais

2004 – Kerry vs. **Bush**

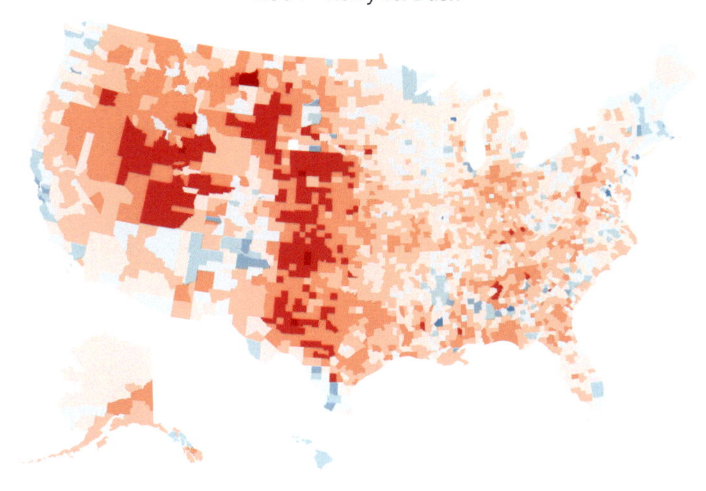

2008 – **Obama** vs. McCain

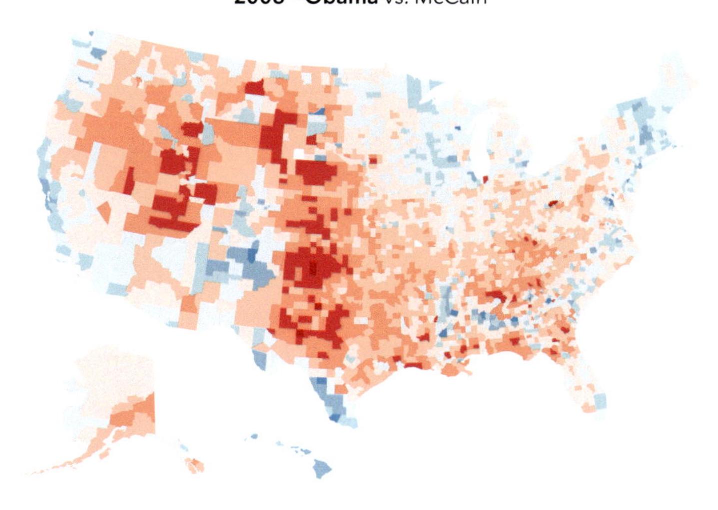

2012 – **Obama** vs. Romney

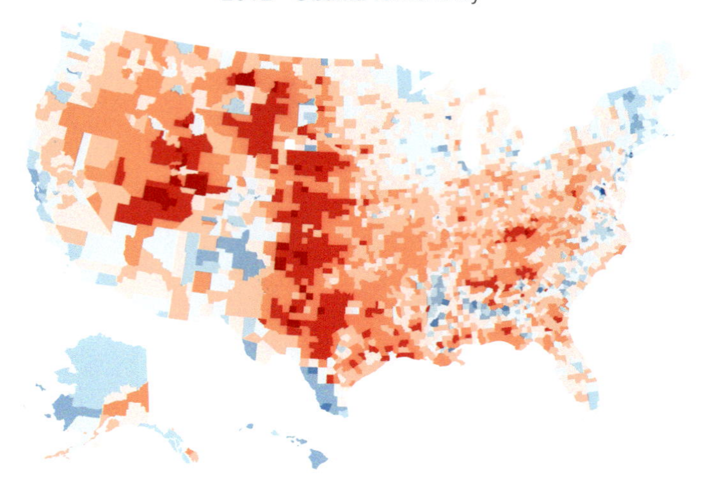

2016 – Clinton vs. **Trump**

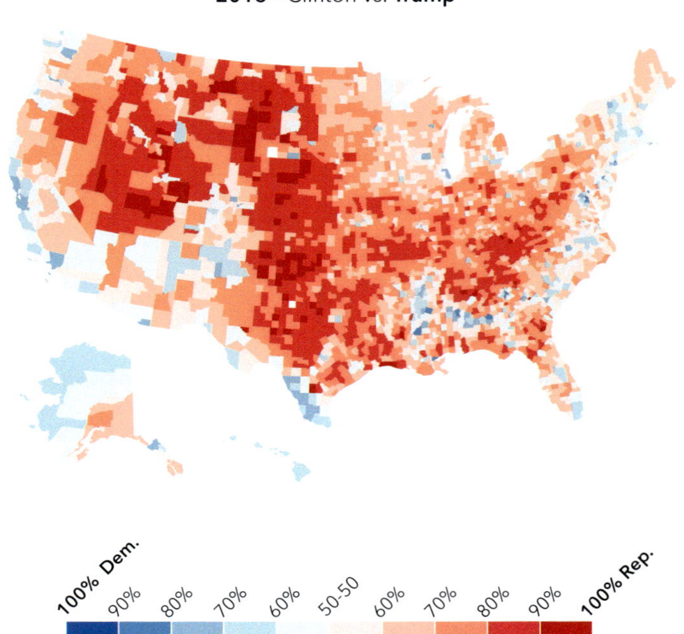

Miami, Flórida

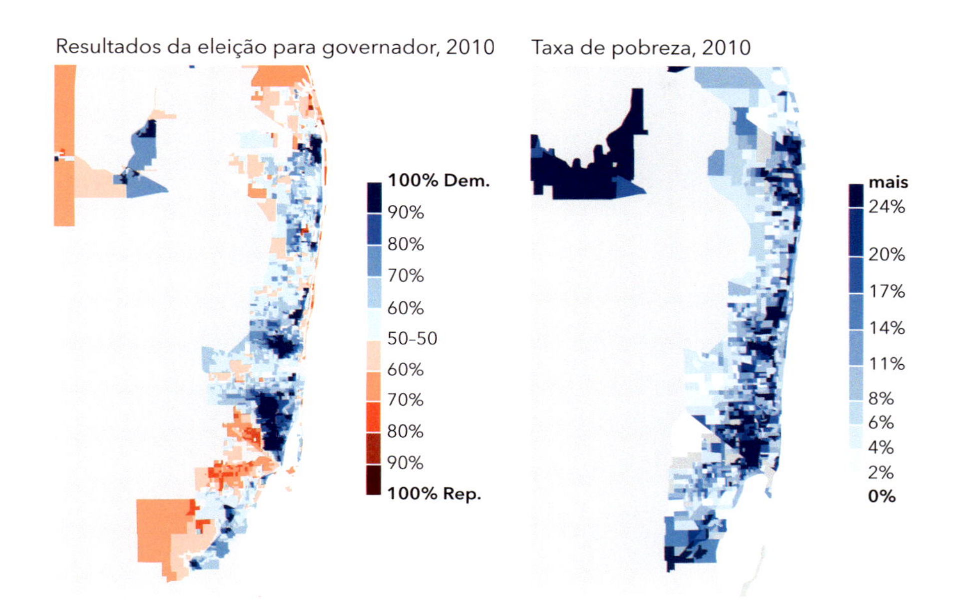

A mobilização do tema econômico no Brasil

Uma das principais lições da análise dos resultados eleitorais de outros países é que fica explícito como o tema do bem-estar econômico é importante no Brasil. Não há no país influência eleitoral tão profunda da religião, da cor de pele ou de identidades regionais – ao menos tais questões não influenciam com o grande peso que tem a divisão social pela renda e pelas condições de vida.

A segmentação eleitoral que passou a viger a partir de 2006 foi resultado, como visto anteriormente, do primeiro governo de Luiz Inácio Lula da Silva.

Lula se notabilizou em sua trajetória política por ser um político muito moderado, capaz de se compor com diferentes forças políticas e sociais sem dificuldade, e também por ser vocalizador, com frequência, de um discurso que pode ser considerado pequeno-burguês, uma vez que o foco é no aumento do consumo dos mais pobres.

São muitos os discursos e falas de Lula dizendo que o que ele mais queria era que o pobre pudesse ter o seu carrinho, fazer um churrasco para a família no final de semana e ter acesso a bens e serviços que somente o aumento da renda possibilitaria.

O Bolsa Família é um programa de transferência de renda, de aumento, ainda que pequeno, da renda dos mais pobres. A ampliação da oferta de vagas no ensino superior, na comunicação de Lula e do PT, está conectada com as portas que a educação abre para o mundo do consumo. Não faltam exemplos de que a melhoria da renda da população mais pobre foi o samba de uma nota só utilizado por Lula para mobilizar e segmentar o eleitorado brasileiro.

Nunca houve ênfase em discursos sobre costumes, algo que tradicionalmente mobiliza a segmentação social de religiosos vis-à-vis não religiosos, cor ou raça, ou qualquer outro tema com a mesma força que foi dada ao consumo.

Políticas públicas, com certeza, foram adotadas para atender públicos específicos, como é o caso das políticas de cotas. Mesmo nesse caso, a embalagem da comunicação passou pelo aumento de renda e da capacidade de consumir: os não brancos deveriam ter acesso às mesmas coisas que os brancos já tinham por conta de sua renda média mais elevada.

Lula é um produto do Brasil, resultado da mentalidade predominante no país. O brasileiro valoriza a melhoria de vida e não confere peso equivalente a outras divisões sociais para além daquelas definidas pela renda. Lula foi nascido e criado nesse ambiente, e nada mais fez do que expressar isso, daí a forte votação que o PT obteve em três eleições consecutivas no Nordeste e, consequentemente, a forte votação do PSDB nas mesmas eleições em São Paulo.

Os pilares da centro-esquerda e da centro-direita

Foi possível ver que, desde que existe a democracia caracterizada pelo sufrágio universal,[22] qualquer que seja o sistema eleitoral para a eleição de deputados, proporcional ou majoritário (distrital);[23] qualquer que seja o sistema de governo, presidencial ou parlamentar, eleições em dois turnos ou em turno único, intermediada por colégio eleitoral ou com voto direto no candidato; qualquer que seja a época, pré ou pós-Operação Mãos Limpas, ou outro fato político de grande impacto, tem havido sempre a disputa entre centro-esquerda e centro-direita.

Essa disputa tem como pilares básicos dois eleitorados: os mais pobres, que, ao defender seus interesses e professar suas crenças (ideologia), sustentam a centro-esquerda, e os menos pobres, que fazem o mesmo ao votar na centro-direita. Esses pilares, salvo melhor juízo, sempre estiveram lá. Ninguém sabe, todavia, por quanto tempo mais irão permanecer. O que sabemos é que características assim não desaparecem da noite para o dia.

No passado, a disputa entre esquerda e direita poderia estar mais arraigada, mais enraizada em classes sociais. O operário fabril que votava no Partido Comunista Italiano e apoiava Lula nos anos 1980 é um caso clássico disso. Esse operário, no entanto, já não existe mais.

Existem, contudo, aqueles que são mais pobres e os que são menos pobres ou de classe média. Esses grupos têm interesses divergentes acerca de políticas sociais, políticas de transferência de renda ou de redução de impostos. Divergem, muitas vezes, até mesmo na importância que conferem ao combate ao desemprego, de um lado, e à inflação de outro. Os mapas eleitorais acabam por evidenciar o resultado final de tais divergências.

6 Da previsão do resultado eleitoral de 2018

HÁ DUAS PERGUNTAS CRUCIAIS para a previsão de resultados de eleições presidenciais no Brasil:

- Os pobres do Nordeste votarão no candidato do PT?
- A classe média de São Paulo votará no candidato do PSDB?

Este livro sugere a resposta "sim" para ambas as perguntas e, consequentemente, indica a disputa de um segundo turno entre PT e PSDB.[1]

Porém, sabemos que as predições não são determinísticas, mas sim probabilísticas, ainda mais se tratando de fenômenos sociais e políticos.

Embora seja elevada a probabilidade da resposta "sim" para as duas perguntas, há também chances para a resposta "não" para uma delas ou para ambas.

Ciro Gomes e Marina Silva, nas respectivas eleições de 2002 e 2014, foram os candidatos que até hoje, durante a corrida eleitoral, estiveram mais próximos de impedir que a dupla PT e PSDB detivesse o monopólio do favoritismo presidencial.[2]

O caso de Ciro é diferente do de Marina porque em 2002 não estava estabelecida a segmentação eleitoral abordada por este livro. Ainda assim, a trajetória de ambos em suas campanhas guarda várias semelhanças:

- Ciro e Marina representavam a terceira via;
- Ciro e Marina disputavam a sua segunda eleição presidencial;
- Os dois vinham de estados pequenos e distantes do centro de poder nacional;[3]
- Na análise das pesquisas de opinião, era possível notar que os dois atraíam votos tanto de quem avaliava o governo bem quanto de quem o avaliava mal. Ou seja, os dois não eram claramente segmentados quanto ao atributo governo × oposição.

Uma semelhança tão importante quanto essas foi a trajetória de ambos na pesquisa de intenção de voto:[4]

- Ciro subiu nas intenções de voto no primeiro turno, mas não ultrapassou Lula, o líder nas pesquisas;
- Marina subiu nas intenções de voto no primeiro turno, mas não ultrapassou Dilma Rousseff (fora da margem de erro), a líder nas pesquisas;
- Ciro ultrapassou Lula nas intenções de voto de segundo turno (em simulações de voto feitas durante o primeiro turno);
- Marina ultrapassou Dilma nas intenções de voto de segundo turno (em simulações de voto feitas durante o primeiro turno);

No final, ambos caíram e não foram para o segundo turno.

Ciro foi o quarto mais votado, com quase 12% dos votos, e Marina foi a terceira mais votada, com pouco mais de 21% dos votos válidos.

Eleição presidencial (2002): Intenção de voto em primeiro turno

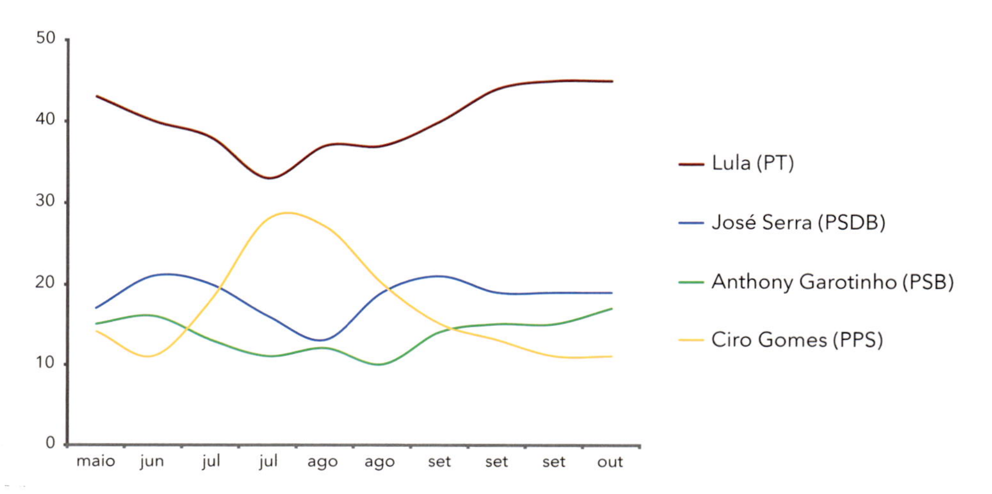

Eleição presidencial (2002): Intenção de voto em segundo turno

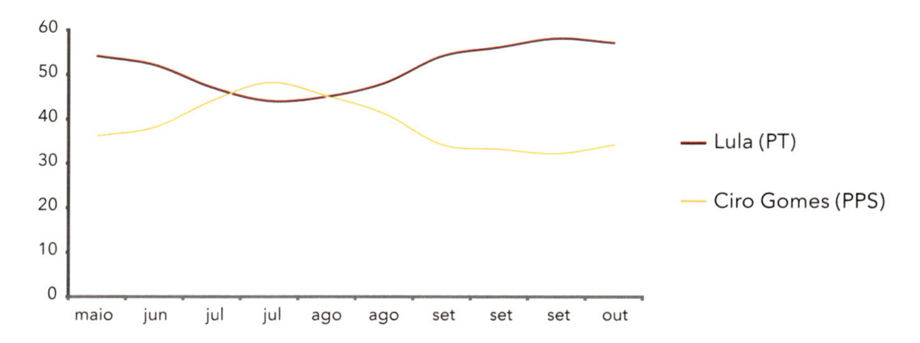

Eleição presidencial (2014): Intenção de voto em primeiro turno

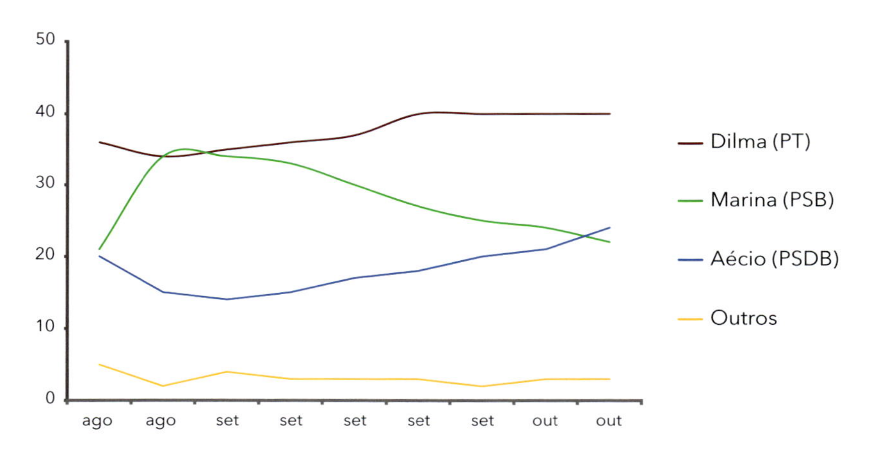

Eleição presidencial (2014): Intenção de voto em segundo turno

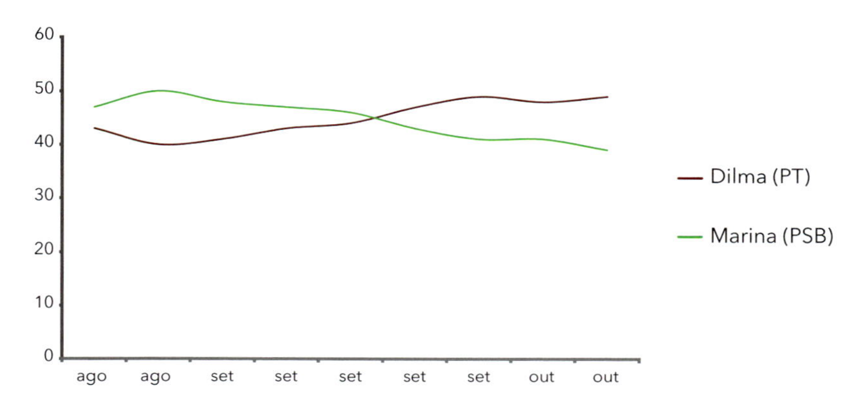

Ciro e Marina tiveram de enfrentar os ativos de PT e PSDB, e não resistiram. Tais ativos já estavam presentes antes da segmentação eleitoral que passou a vigorar a partir de 2006:

- Máquina partidária;
- Apoio de opinião pública traduzido pelas pesquisas em fatia do eleitorado que tem simpatia pelo partido;
- Formulação e massa crítica em termos de políticas públicas;
- Ideologia, discurso e linha de comunicação relativamente clara e de fácil compreensão pelos eleitores;
- Líderes que eram porta-vozes do partido.

Em determinados ativos, um ou outro partido é mais ou menos forte. Porém, os dois partidos, PT e PSDB, são detentores dessas fortalezas, muito mais do que qualquer outra agremiação política no Brasil.

Do ponto de vista legal, o presidente da República é comandante em chefe das forças armadas. Os grandes líderes partidários são "divulgadores em chefe" de suas mensagens.

Foi por isso que Bill Clinton fez o famoso discurso de Oklahoma City em 1995 por conta do luto nacional resultado do ato terrorista perpetrado por Timothy McVeigh.

Foi por isso que George W. Bush fez, em Nova York, o famoso discurso do marco zero, em 14 de setembro de 2001, após os atentados terroristas às torres gêmeas, munido apenas de um megafone e abraçado a um bombeiro. Tratava-se, talvez, do maior luto nacional norte-americano até hoje.

Foi por isso que Barack Obama cantou "Amazing Grace" em Charleston, na Carolina do Sul, na cerimônia religiosa em homenagem àqueles assassinados por um supremacista branco. Era outro luto nacional.

Lula vem sendo desde sempre o "divulgador em chefe" da mensagem do PT. No caso do PSDB, em eleições presidenciais, esse divulgador é o seu candidato.

Ciro e Marina não conseguiram enfrentá-los.

Ainda assim, há casos nos quais a terceira via disputa e vence as eleições nacionais. O mais recente e paradigmático é o da vitória de Emmanuel Macron na França, em 2017.

Nesse pleito francês, as repostas às perguntas equivalentes que fizemos para o Brasil no início deste capítulo foram "não":

- Os pobres da Bretanha e de Limousin votarão no candidato do Partido Socialista?
- A classe média do País do Loire votará no candidato dos gaullistas?

O simples fato de isso ter ocorrido na França ilustra o já mencionado caráter não determinístico dos diagnósticos que traçamos. Assim, algo semelhante também poderá ocorrer no Brasil.

Vale lembrar, ainda sobre o caso francês, que a Frente Nacional (FN), cujos maiores expoentes são pai e filha Le Pen, já disputou sete eleições presidenciais, a primeira em 1974, quando obteve somente 0,8% de votos. Jean-Marie Le Pen foi ao segundo turno em 2002. A eleição de 2017 foi a segunda em que a Frente Nacional conseguiu ir para o segundo turno, com pouco mais de 21% para Marine Le Pen. Foram necessários 43 anos de mudanças na estrutura social da França para que isso tenha sido possível.

As mudanças da sociedade francesa foram, em grande medida, resultado da globalização e da formação da Comunidade Europeia, e tiveram como emblema a imigração proveniente das ex-colônias, o crescimento da população muçulmana e a desindustrialização do país.

Várias décadas de transformação acabaram por gerar novas demandas e abriram espaço para o discurso e as propostas da Frente Nacional.

O desempenho eleitoral de Emmanuel Macron é com frequência lembrado em função do segundo turno. Porém, o resultado de primeiro turno não permite afirmar que o partido gaullista, Os Republicanos

(LR), estivesse ou mesmo esteja morto. Pelo contrário: no primeiro turno da eleição presidencial, o seu candidato, François Fillon, obteve 20% dos votos contra 24% de Macron e 21% de Le Pen.

A eleição presidencial na França é "solteira", isto é, vota-se apenas para presidente. Assemelha-se à eleição na qual Fernando Collor de Mello foi eleito presidente do Brasil, em 1989. Nesse caso, é muito mais fácil ter sucesso em tempos de crise; não há necessidade de alianças regionais ou de máquina política robusta. Basta, como fez Collor, uma personalidade carismática e um discurso à la caçador de marajás.

A resposta "não" às duas perguntas sobre a segmentação eleitoral francesa só foi possível depois de quatro décadas com a Frente Nacional disputando as eleições presidenciais, e graças a um resultado relativamente apertado que deu vantagem a Macron e Le Pen sobre Fillon.

Em suma, o que aprendemos com a França é que não é trivial deslocar partidos com pilares sociais que condicionam seu apoio político e eleitoral. Dito isto, retornemos ao Brasil.

Quem disputa uma eleição presidencial no Brasil tem que viajar através de um continente. Aqueles que não entendem a nossa dimensão territorial podem procurar no Google, em imagens, e verão inúmeros mapas com toda a Europa dentro do Brasil.

Assim, quem quiser ser candidato a presidente terá que ser recebido em cada aeroporto de cada capital de estado por uma comitiva que o levará a eventos naquela região. Não se trata de uma tarefa fácil.

A título de curiosidade, a França continental somada à Córsega tem pouco mais de 543 mil quilômetros quadrados, isto é, menos que todo o estado de Minas Gerais. Ou seja, fazer campanha eleitoral na França é praticamente o mesmo que fazer campanha em Minas, e com uma infraestrutura e logística bem melhores.

Ademais, no Brasil, a eleição presidencial não é solteira ao menos desde 1994, e talvez para sempre. Em 2018, os brasileiros terão que votar seis vezes: para presidente, senador (são dois os eleitos por estado), deputado federal, governador e deputado estadual. Isso implica em fazer alianças e acordos, negociar apoios regionais, movimentar a máquina política – algo que não é exigido na eleição presidencial francesa.

Soma-se às nossas dimensões territoriais o fato de sermos o quarto maior eleitorado mundial em comparecimento às urnas. Perdemos apenas para os 550 milhões de eleitores da Índia, os 138 milhões de norte-americanos que foram às urnas em 2016, e os 133 milhões de indonésios que votaram em 2014.

Não custa registrar que o comparecimento eleitoral na França em 2017 foi de 36 milhões de eleitores no primeiro turno e 31 milhões no segundo.

A extensão territorial do Brasil combinada com a quantidade de eleitores cria uma formidável barreira à entrada de qualquer candidato que não seja nem do PT nem do PSDB.

Pode-se até afirmar que entrar na corrida presidencial alguns entram, mas logo sucumbem, como foram os casos de Ciro Gomes e Marina Silva. Isso ocorre por faltar-lhes um eleitorado que lhes sirva de pilar, bem como a estrutura necessária para fazer uma campanha continental.

É fato atestado por pesquisas de opinião, ou seja, por evidências no nível do indivíduo, que nem Ciro nem Marina tinham um eleitorado claro: nem majoritariamente pobre, nem majoritariamente não pobre. O eleitorado de ambos não tinha sido conquistado por um posicionamento claro em torno de uma agenda preferencialmente econômica. Ambos cresceram, portanto, sem base sólida. Por isso, os ataques que sofreram foram suficientes para derrubá-los.

Não creio que o Brasil tenha passado por uma mudança da estrutura social que resulte em temas genuinamente novos nas campanhas que hão de ocorrer. A França dos imigrantes e do euro resultou no desemprego e na questão da proteção do mercado de trabalho para os franceses. Quanto a isso, a Itália da eleição de 2018 parece ser semelhante à França da eleição de 2017. Porém, foram necessários muitos anos para que isso ocorresse. A mudança estrutural resultou em uma mudança na agenda pública, e assim a Frente Nacional da família Le Pen se tornou mais competitiva. Não parece que o mesmo tenha ocorrido no Brasil ao ponto de termos o nosso próprio Le Pen.

O cenário de opinião pública de 2018 combina duas fontes de insatisfação: a derivada da situação econômica e a que tem origem nos escândalos de corrupção. Talvez o país nunca tenha visto a combinação de uma crise econômica das mais agudas – apresentando desemprego elevado e duradouro, e redução da renda real per capita – com o maior escândalo de corrupção de sua história, sintetizado pela Operação Lava Jato.

Tivesse sido apenas crise econômica, a opinião pública teria reagido dizendo: é do jogo. Tivesse sido "apenas" escândalo de corrupção, a população teria feito vista grossa e continuado a desfrutar de seu bem-estar econômico. O problema foi a combinação dos dois fenômenos.

A opinião pública flerta com o cinismo. Ela pensa: "Políticos não podem nem devem roubar; se o fizerem, que pelo menos melhorem nosso bem-estar." O que não é tolerável é vir a público, dia após dia, por anos seguidos, escândalos envolvendo todos os políticos de destaque em denúncias de enriquecimento pessoal ilícito, enquanto o poder de compra da população despenca. A possibilidade de uma ou duas respostas "não" às perguntas que abrem este capítulo tem a ver com tal cenário.

Assim, leitor, você mesmo poderá prever o resultado da eleição. Basta avaliar a seguinte premissa à luz dos mapas deste livro:

> A combinação entre recessão aguda e escândalos de corrupção, os piores da história brasileira, ao colocar no nível mais baixo a credibilidade dos políticos, deslocará PT e/ou PSDB da disputa presidencial.

Chamemo-la pela simpática expressão de "premissa da renovação". Se a premissa for aceita, é preciso lidar com os seus desdobramentos.

Vejamos quais são, no caso de o candidato do PT ser aquele que não disputará o segundo turno.

Será preciso destruir a cidadela petista.

Aplicando-se a "premissa da renovação" ao PT, o eleitorado do Nordeste precisará esquecer todos os benefícios que teve quando o país foi governado por Lula e Dilma. Isso inclui ignorar programas sociais, como o Bolsa Família, Luz para Todos, Prouni e Fies. Esse eleitorado passará a acreditar que, por conta da recessão e dos escândalos de corrupção, o PT, caso retorne ao poder, não fará mais nada de relevante que beneficie a população nordestina. Pensando dessa maneira, o eleitorado irá despejar seus votos em candidatos alternativos, como Ciro Gomes e Marina Silva, que deixem claro ter sensibilidade social. O resultado final disso é que o PT ficará fora do segundo turno após quatro eleições presidenciais consecutivas.

Vejamos agora os desdobramentos da "premissa da renovação" para que o candidato tucano fique fora do segundo turno.

Será preciso invadir a cidadela do PSDB.

A classe média do estado de São Paulo irá ignorar que elegeu governadores do PSDB desde 1994, isto é, por seis vezes consecutivas. Além disso, terá de esquecer que nas últimas três eleições presidenciais o candidato mais votado no estado foi do PSBD: Geraldo Alckmin em 2006, José Serra em 2010 e Aécio Neves em 2014. As políticas públicas do PSDB em São Paulo, como a ênfase na segurança pública e no investimento em infraestrutura, passarão a ser desconsideradas. Em função de tudo isso, a maioria dos 173 prefeitos, 103 vice-prefeitos e 1.034 vereadores do PSDB de São Paulo se recusarão a fazer campanha para o candidato de seu partido.

O resultado será a vitória de um candidato com um perfil semelhante ao de Jair Bolsonaro no estado, deixando de fora do segundo turno o PSDB, depois de duas eleições ganhas em primeiro turno por Fernando Henrique Cardoso e quatro nas quais o partido enfrentou o PT no turno eleitoral final.

Considerações finais

O TÍTULO DESTE LIVRO É *O voto do brasileiro*.

Voto vem do substantivo latino *votum*, que por sua vez vem do verbo *vovere*, que significa prometer. No universo semântico do latim, o voto sempre fez a ligação dos humanos com as divindades, seja como uma oferenda em troca de uma graça, seja uma súplica, uma promessa ou uma consagração.

O seu uso foi sendo ampliado, preservando-se o significado original: desejo. Assim, no casamento se faz uma promessa, um voto, de dedicação e amor. Ano após ano na noite de réveillon transmitimos a nossos amigos e parentes os votos de um feliz ano novo. Quem já visitou a sala de ex-votos da Igreja do Senhor do Bonfim entende perfeitamente o significado original da palavra.

O voto do brasileiro, seu desejo, nas últimas eleições presidenciais foi claro.

Os brasileiros pobres do Nordeste desejaram o partido de centro-esquerda, o PT, em função de sua defesa de mais igualdade. Os brasileiros de classe média de São Paulo desejaram o partido de centro-direita, o

PSDB, em função da prioridade que ele confere à geração de mais eficiência econômica.

Desejo não é vontade, porque, como se diz, vontade dá e passa.

Esses desejos vieram se constituindo ao longo dos anos e se tornaram uma realidade nacional a partir da eleição de 2006. Os brasileiros mantiveram-se firmes e fortes nas duas eleições seguintes, 2010 e 2014.

2018 é ano de renovar, ou não, os desejos.

Não sabemos, portanto, como ficarão os mapas das eleições presidenciais vindouras. Aliás, quanto a isso, vale o parêntese que a cada ano eleitoral este livro poderá ser reeditado com reflexões e dados genuinamente novos.

Espero, prezada leitora e prezado leitor, ter atingido o objetivo deste livro. A minha finalidade era guiá-los de maneira didática por meio de indicadores eleitorais e sociais, relacionando-os, e, graças a isso, ajudá-los a entender melhor o Brasil.

Espero ter mostrado que nossas eleições presidenciais, do ponto de vista do comportamento eleitoral, são bem estruturadas e previsíveis, e em nada devem às eleições nacionais dos países que consideramos exemplo de desenvolvimento. Talvez ao mostrar isso tenha dado a você os instrumentos para entender o que as urnas nos reservam.

Espero também ter sido possível revelar um pouquinho da sociedade brasileira, suas carências e desigualdades, o que alcançamos e o que ainda temos que realizar.

Se depois de ler este livro e analisar seus mapas você tiver compreendido melhor o Brasil, terei alcançado meu objetivo.

Por fim não custa enfatizar que o meu objetivo não era prever quem vencerá as eleições. Tenho certeza que você, querido leitor, poderá fazer isso melhor do que ninguém.

Notas

Capítulo 1: Do voto

1. A fonte de todos os dados eleitorais relativos ao Brasil é o Tribunal Superior Eleitoral (TSE).

2. Sabemos que não ocorre aqui a chamada falácia ecológica, isto é, o problema de afirmar erradamente para o nível desagregado – o voto de cada indivíduo – o mesmo que se afirma para o nível agregado de informação – o resultado eleitoral municipal –, porque há inúmeras pesquisas de opinião que mostram que os mais pobres votam proporcionalmente mais no PT, e os menos pobres, no PSDB.

3. LIPSET, Seymour M.; ROKKAN, Stein. Cleavage structures, party systems, and voter alignments: an introduction. In: ______ (Org.). *Party systems and voter alignments*: cross-national perspectives. Nova York: The Free Press, 1967. p. 1-64.

4. Ver, em especial: BARTOLINI, Stefano; MAIR, Peter. *Identity, competition, and electoral availability*: the stabilization of European electorates – 1885-1985. Cambridge: Cambridge University Press, 1990.

5. Na formulação clássica de Schattschneider, "a organização é a mobilização do viés. Algumas questões são organizadas dentro da política enquanto outras são organizadas fora". SCHATTSCHNEIDER, E. E. *The semisovereign people*: a realist's view of democracy in America. Nova York: Holt, Rinehart and Winston, 1960.

6. O leitor que se interessar pelo assunto pode consultar, por exemplo, as seguintes obras: DALTON, Russell J.; FLANAGAN, Scott E.; BECK, Paul Allen (Org.). *Electoral change in advanced industrial democracies*. Princeton: Princeton University Press, 1984; FRANKLIN, Mark N.; MACKIE, Tom T.; VALEN, Henry et al. *Electoral change*: responses to evolving social and attitudinal structures in Western countries. Cambridge: Cambridge University Press, 1992; KRIESI, Hanspeter; DUYVENDAK, Jan Willem. National cleavage structures. In: ______; KOOPMANS, Ruud; GIUGNI, Marco G. (Org.). *New social movements in Western Europe*: a comparative analysis. Minneapolis: University of Minnesota Press, 1995. p. 3-25; BARTOLINI, Stefano. *The political mobilization of the European left, 1860-1980*: the class cleavage. Cambridge: Cambridge University Press, 2000; KNUTSEN, Oddbjørn. *Social structure and party choice in Western Europe*: a comparative longitudinal study. Basingstoke, England: Palgrave Macmillan, 2004; EVANS, Geoffrey; DE GRAAF, Nan Dirk (Org.). *Political choice matters*: explaining the strength of class and religious cleavages in cross-national perspective. Oxford: Oxford University Press, 2013.

7. Ver a obra de Inglehart. Em especial, INGLEHART, Ronald. *The silent revolution:* Changing values and political styles among western publics. Princeton: Princeton University Press, 1977.

8. Ver DALTON, Russell. *Citizen politics in western democracies.* Chatham: Chatham House, 1988; INGLEHART, Ronald. *Culture shift in advanced industrial societies.* Princeton: Princeton University Press, 1990.

9. Consultar CLARK, Terry N.; LIPSET, Seymour M. 1991. "Are social classes dying?" *International Sociology*, v. 6, n. 4, p. 397-410, 1991.

10. Ver: DALTON; FLANAGAN; BECK, op. cit., p. 455.

11. É importante registrar que existem outras vertentes de análise sobre eleições e partidos políticos, mas que não serão utilizadas nem debatidas neste livro. Por exemplo, a chamada Escola de Columbia enfatiza a importância de se entender a experiência social (*background*) dos eleitores individuais. Ver as seguintes obras: LAZARSFELD, Paul Felix; BERELSON, Bernard; GAUDET, Hazel. *The people's choice:* how the voter makes up his mind in a presidential election. Nova York: Duell, Sloan & Pierce, 1944; BERELSON, Bernard; LAZARSFELD, Paul Felix; MCPHEE, William N. *Voting:* a study of opinion formation in a presidential campaign. Chicago: University of Chicago Press, 1954. Outra vertente de análise surgiu da interação com a economia. A teoria da escolha racional, notadamente pelo trabalho de Downs, vê os atores (políticos e eleitores) como indivíduos racionais. Assim, o eleitor, ao se decidir por um candidato ou partido, estabelece uma ordem de preferência, buscando maximizar o retorno que obterá (renda de utilidade) votando em um partido (candidato) ou outro. Assim, em uma democracia moderna, haveria uma tendência de prevalecerem posições centristas, o que levaria os candidatos e partidos a caminhar nessa direção. Ver: DOWNS, Anthony. *An economic theory of democracy.* Nova York: Harper, 1957.

12. O termo socialização política surgiu no âmbito da Psicologia social, ainda na década de 1950. A referência clássica para o campo da política é o trabalho de Almond e Verba. Ver: ALMOND, Gabriel A.; VERBA, Sidney. *The civic culture:* political attitudes and democracy in five nations. Princeton, Nova Jersey: Princeton University Press, 1963. Ver também: GREENSTEIN, Fred I. Political socialization. In: SILLS, David I. (Ed.). International encyclopedia of the social sciences. Nova York: Macmillan and Free Press, 1968. p. 551-555, v. 14. Para uma apreciação recente, consulte: WASBURN, Philo C.; COVERT, Tawnya J. Adkins. *Making citizens:* political socialization research and beyond. Nova York: Palgrave Macmillan, 2017.

13. "As crianças tendem a se associar com outras crianças de locais sociais similares, cujos pais têm pontos de vista políticos semelhantes aos de seus próprios pais." Ver WASBURN, op. cit., p. 63.

14. A influência familiar sobre os jovens tende a ser mais forte quanto mais homogêneos forem os pontos de vista de seus integrantes. Sobre o assunto, consulte: KENT, Jennings M.; NIEMI, Richard G. *The political character of adolescence.* Princeton: Princeton University Press, 1974. p. 94-271.

15. Para Lipset, em qualquer período e lugar, geralmente é possível localizar a disputa política em um *continuum* esquerda/direita. Segundo ele, o fato único mais impressionante sobre o apoio dos partidos políticos é que, em praticamente todos os países economicamente desenvolvidos, os grupos de baixa renda votam principalmente nos partidos de esquerda, enquanto os grupos de maior renda votam principalmente nos partidos de direita. Ver: LIPSET, Seymour M. *Political man:* the social bases of politics. Nova York: Doubleday & Company Inc, 1960. p. 223-224.

16. Consultar: BOBBIO, Norberto. *Direita e esquerda:* razões e significados de uma distinção política. São Paulo: Editora da Universidade Estadual Paulista, 1995. p. 105. O autor estabeleceu a seguinte diferença entre esquerda e direita. Os primeiros "consideram que os homens são mais iguais do que desiguais". Os segundos "consideram que são mais desiguais do que iguais". Posteriormente, estabeleceu uma segunda dicotomia a partir da postura com relação à liberdade, para diferenciar uma ala moderada de uma extremista. O *continuum* fica assim: na extrema esquerda ficam os movimentos simultaneamente igualitários e autoritários; na centro-esquerda, os igualitários e libertários; na centro-direita, os libertários e inigualitários; na extrema direita, os antiliberais e anti-igualitários. (Ver p. 118-119.) Ronald Inglehart sugere uma abordagem similar. Inglehart afirma que o significado principal da distinção entre esquerda e direita "é se alguém apoia ou se opõe a mudanças sociais em uma direção igualitária". Ver: INGLEHART, op. cit., p. 293.

17. Como observa Aalberg, "igualdade versus liberdade (ou eficiência) constitui o elemento central de dois pontos de vista diversos sobre como as prioridades políticas devem ser decididas e como a distribuição subjacente na sociedade deve ser resolvida". A autora salienta que nas questões econômicas a divergência entre esquerda e direita é mais saliente. Ver: AALBERG, Toril. *Achieving justice*: comparative public opinions on income distribution. Leiden: Brill, 2003. p. 115. Para a direita, a distribuição dos bens na sociedade deve ocorrer através do livre comércio e em ambiente de liberdade para os indivíduos. O mercado livre e competitivo é o meio mais eficiente para que as pessoas possam melhorar suas condições de vida. Assim, o controle político dos processos de distribuição deve ser limitado, e as desigualdades aceitas, notadamente porque a igualdade acaba sendo feita à custa da liberdade individual. Já para a esquerda, a prioridade dada à igualdade expressa o desejo por uma sociedade onde os bens estejam relativamente divididos entre os cidadãos. Argumenta-se que isso promove a solidariedade, uma qualidade tão importante para a interação social que deveria ser protegida, mesmo que as pessoas prefiram padrões de vida mais elevados a uma distribuição mais igualitária dos bens e recursos. Nesse contexto, para a esquerda, uma participação mais ativa e regulatória do Estado é necessária. Aalberg registra que a maioria das democracias ocidentais acaba por encontrar um compromisso entre esses dois valores.

18. Dalton ressalta que, historicamente, os termos esquerda e direita foram mais comumente ligados a posições contrastantes em questões de classe econômica e social. Assim, uma pessoa de esquerda geralmente apoia serviços sociais mais extensos, um papel maior de governo na gestão da economia e políticas que garantam o bem-estar da classe trabalhadora. Já pessoas de direita preferem um governo menor, programas sociais modestos e políticas que defendam os interesses econômicos da classe média ou superior. Ver: DALTON, Russell J. Left-Right Orientations, Context, and Voting Choices. In: DALTON, Russell J.; ANDERSON,

Christopher J. (Eds.). *Citizens, Context and Choice*: How Context Shapes Citizens' Electoral Choices. Oxford: Oxford University Press, 2010. p. 103-125.

19. Knutsen propôs uma régua de orientação materialista da esquerda à direita, contendo quatro conjuntos de oposições: propriedade estatal versus propriedade privada dos meios de produção; um papel forte do governo no planejamento econômico contra um fraco; apoio à redistribuição da riqueza dos mais ricos aos mais pobres versus oposição à ideia; apoio à expansão de programas de assistência social versus resistência. Para o autor, as orientações de valor materialista "esquerda-direita" são características centrais das crenças políticas nas sociedades ocidentais, especialmente as europeias. Ver: KNUTSEN, Oddbjørn. Left-right materalist value orientations. In: DETH, Jan W. van; SCARBROUGH, Elinor (Eds.). *The impact of values*. Oxford: Oxford University Press, 1995. p. 160-196.

20. Observando mais de um século de experiências democráticas, Mair registra que os eleitores estão muito mais dispostos a atravessar os limites que separam partidos políticos individuais, uns dos outros, do que a cruzar as linhas de clivagem. Enquanto partidos podem surgir e desaparecer, "clivagens tendem a persistir". Por isso, são tão importantes. Consulte MAIR, Peter J. Cleavages. In: KATZ, Richard S.; CROTTY, William J. (Eds.). *Handbook of party politics*. Londres: Sage, 2006. p. 375.

21. Para uma explicação detalhada das diferenças entre os partidos em função do sistema de governo, ver: SAMUELS, David Jr.; SHUGART, Matthew S. *Presidents, Parties and Prime-Ministers:* how the separation of powers affects party organization and behavior. Cambridge: Cambridge University Press, 2010.

22. Esta média foi calculada a partir das votações do PSDB no segundo turno das três primeiras eleições nas quais venceu, e no primeiro turno das três eleições mais recentes.

23. Os partidos podem ser estudados sob diferentes ângulos analíticos: o eleitoral, o organizacional e o partido no governo. O PMDB, por exemplo, é um partido fundamental para se entender a dinâmica dos governos no Brasil. PT e PSDB não foram capazes de governar sem o apoio do PMDB. Porém, ele não é parte relevante desta análise porque não disputou até agora nenhum segundo turno de eleição presidencial. Para as diferentes dimensões dos partidos políticos, ver: KEY, J. O. *Politics, parties and pressure groups*. Nova York: Thoma y Crowell Company, 1964.

Capítulo 2: Da renda

1. A dimensão de renda do Índice de Desenvolvimento Humano (IDH) é calculada tendo como base o PIB per capita. Como há diferenças de custo de vida entre os países, para que essa dimensão seja comparável entre nações, a renda medida pelo IDH é em dólar. De toda sorte, isso não faz diferença, uma vez que o nosso objetivo aqui é somente o de comparar os municípios do Brasil. A fonte de dados da dimensão de renda do IDH é o Censo do IBGE de 2010.

2. Utilizo neste livro o conceito de classe de Max Weber.

3. É muito interessante ver uma reunião partidária do PSDB no estado de São Paulo, não estas que a mídia divulga, mas reuniões corriqueiras: as que comparecem são todas pessoas de classe média.

Capítulo 3: Das condições de vida

1. A fonte dos dados de escolaridade é o Censo de 2010 do IBGE.

2. A fonte dos dados de renda mensal é o Censo de 2010 do IBGE.

3. A fonte destes quatro dados é o Censo de 2010 do IBGE.

4. A escala do mapa do acesso à rede de energia elétrica tem 95% como valor mínimo de referência porque, obviamente, se trata de algo que quase todos têm. Contudo, se tivéssemos em seu lugar outros serviços

muito menos disseminados, como acesso à internet em casa, a distribuição das tonalidades das cores no mapa seria idêntica. Praticamente todos os mapas nacionais de acesso a bens e serviços, quaisquer que sejam eles, seguem o mesmo padrão dos mapas deste capítulo.

5. Utilizamos aqui o conceito e a medição de cor de pele (e/ou raça) do IBGE. Nos censos realizados, assim como nas demais pesquisas oficiais que mensuram esse conceito, o principal eixo de classificação, não o único, é "preto", "pardo" e "branco".

Capítulo 4: Da lupa

1. A Zona Oeste do Rio de Janeiro é composta por bairros pobres e também pela Barra da Tijuca, uma área próxima da praia e, por conta disso, ocupada por uma população de classe média e alta.

2. Vale mencionar um livro antigo, de 1988, que trata de um assunto inteiramente diferente de eleição, a epidemia de meningite no início dos anos 1970 no município de São Paulo. A autora mostra que a meningite se dissemina da periferia para o centro, é mais forte nas áreas mais pobres do que nas mais ricas. A correlação entre nível de renda e variáveis políticas e sociais pode ser estendida para a saúde pública. Os mapas de São Paulo que retratam a meningite seriam semelhantes aos mapas eleitorais caso o vermelho representasse mais casos e o azul menos casos da doença. Ver: BARATA, Rita de Cássia Barradas. *Meningite:* uma doença sob censura? São Paulo: Cortez Editora, 1988.

3. A região Nordeste tem mais municípios que os 1.668 do Sudeste, onde se destacam Minas Gerais, com 853 municípios, e São Paulo, com 645. Hoje há 1.794 municípios no Nordeste; Nazária (PI) foi instalado em 2009. Os 1.793 são aqueles para os quais é possível ter dados para as três eleições presidenciais de 2006 a 2014.

4. A tabela abaixo mostra o número de vitórias do PT e do PSDB nos segundos turnos em municípios do Nordeste e de São Paulo nas eleições

presidenciais de 2006, 2010 e 2014. O PT venceu três vezes em 1.704 municípios nordestinos, duas vezes em 65 e uma vez apenas em 23. Por outro lado, o PSDB venceu em dois segundos turnos em 23 municípios, entre os quais Campina Grande (PB), Uruçuí (PI) e Vitória da Conquista (BA), e venceu em um segundo turno em 64 municípios nordestinos. Como sempre, é possível observar o contraste com São Paulo, onde o PSDB foi vitorioso nos três segundos turnos em 374 municípios e o PT conseguiu este feito em apenas 51 municípios paulistas.

	Vitórias do PT em:			**Vitórias do PSDB em:**		
	Um 2º turno	Dois 2ºs turnos	Todos três 2ºs turnos	Um 2º turno	Dois 2ºs turnos	Todos três 2ºs turnos
Nordeste	23	65	1704	64	23	1
São Paulo	96	124	51	124	96	374

5. Ver nota anterior para a quantidade de municípios paulistas onde PSDB e PT venceram em um, dois ou três segundos turnos.

Capítulo 5: Do Brasil de Primeiro Mundo

1. Fonte dos dados dos países:

País	**Unidade territorial do mapa**	**Fonte de dados**	**Acesso pela internet**
Espanha	Províncias	Base de dados eleitoral europeia	<http://www.nsd.uib.no/european_election_database/country/spain>
Alemanha	Distritos eleitorais	Bundeswahlleiter	<www.bundeswahlleiter.de/en/bundestagswahlen/2017/ergebnisse.html>
França	Comunas	Ministério do Interior	<www.data.gouv.fr/fr/posts/les-donnees-des-elections/>
Itália	Províncias	Ministério do Interior	<http://elezionistorico.interno.it/index.php?tpel=C>

País	Unidade territorial do mapa	Fonte de dados	Acesso pela internet
Reino Unido	Distritos eleitorais	Comissão Eleitoral do Reino Unido	<www.electoralcommission.org.uk/our-work/our-research/electoral-data>
Estados Unidos	Condados	US General Services Administration	<github.com/tonmcg/County_Level_Election_Results_12-16> <catalog.data.gov/dataset/2004-presidential-general-election-county-results-direct-download> <catalog.data.gov/dataset/2008-presidential-general-election-county-results-direct-download>

2. Para efeito de evidência empírica no nível do indivíduo, o autor analisou as bases de dados de pesquisas eleitorais acadêmicas depositadas no The Comparative Studies of Electoral Systems (http://www.cses.org/). Utilizando os dados disponíveis mais recentes em novembro de 2017, foram cruzados os decis de renda com o voto em partidos e/ou candidatos de esquerda e direita para Espanha, Alemanha, França, Itália e Estados Unidos. Os dados são inconclusivos porque a "não resposta" é muito elevada para os decis mais baixos de renda. O mesmo foi feito para a autoclassificação em uma tradicional escala esquerda/direita de 1 a 10 para Espanha, Alemanha, França, Itália, Reino Unido e Estados Unidos. Igualmente, os resultados foram inconclusivos em função da elevada "não resposta" para os decis mais baixos de renda.

3. O título do quadro é uma brincadeira com algo que se tornou comum no Brasil: considerá-lo mais atrasado e pior do que vários países do mundo, os mesmos utilizados aqui para a comparação eleitoral. E uma brincadeira com o complexo de vira-latas.

4. A eleição de 2018 na Itália indica que uma dessas forças poderá vir a se fundir ou ser substituída pelo partido denominado Movimento 5 Estrelas, o grande vitorioso da eleição.

5. Mais recentemente, o PSOE perdeu força na Catalunha em benefício do Podemos, o que está representado no mapa pela cor cinza desta região nas três últimas eleições.

6. O título da terceira parte é: "Influência da democracia sobre os costumes propriamente ditos." A passagem na qual aborda os diferentes estilos de festas e de comemorações está no capítulo 15 da terceira parte intitulado "Da gravidade dos americanos e por que não os impede de muitas vezes fazer coisas insensatas".

7. O paralelo feito a partir de Tocqueville é possível desde que consideremos que as regiões aristocráticas são aquelas onde a desigualdade é maior, onde as pessoas são mais diferentes entre si, ao passo que as regiões democráticas são onde as dissemelhanças entre as pessoas são menos acentuadas. TOCQUEVILLE, Alexis de. *A democracia na América*. Belo Horizonte; São Paulo: Ed. Itatiaia; EdUSP, 1977.

8. Portugal tem uma região semelhante à Andaluzia e ao Nordeste, é o Alentejo, região pobre que sempre deu votações majoritárias aos partidos de esquerda.

9. Fonte: <https://ctxt.es/es/20160608/Politica/6634/Andalucia-PSOE-hegemonia-Susana-Diaz-elecciones.htm>.

10. Disponível em: <https://www.facebook.com/Lula/posts/947246608677673>.

11. Na eleição de 2017, A Esquerda (Die Linke, em alemão), um partido mais à esquerda do que o SPD, teve aproximadamente 9% dos votos nacionais. Por isso foi utilizado na elaboração dos mapas e está devidamente referido na legenda.

12. MILOSCH, Mark S. *Modernizing Bavaria:* the politics of Franz Josef Strauss and the CSU, 1949-1969. Nova York: Berghahn Books, 2006.

13. Idem.

14. O Partido Socialista teve 17,61% de votos no primeiro turno das eleições legislativas de 1993. Em 2017, o desempenho foi pior: 7,44%.

15. Essa tendência foi interrompida em 2018, pois o Movimento 5 Estrelas foi o mais votado no sul da Itália (mas não no norte).

16. Em uma tradução literal, o chanceler do Tesouro. Até 1997 era ele quem concentrava as políticas fiscal e monetária. O Banco da Inglaterra só passou a ter a prerrogativa de definir autonomamente a taxa básica de juros da economia no período Tony Blair.

17. O Índice de Pobreza Multidimensional leva em consideração sete dimensões: renda, emprego, condições de saúde e necessidades especiais, educação, barreiras ao acesso à habitação e aos serviços, crime e condições de vida. Detalhes sobre o índice podem ser encontrados em: <https://www.gov.uk/government/publications/english-indices-of-deprivation-2015-technical-report>.

18. Ainda que a votação de outros partidos para além do Conservador e do Trabalhista tenha sido utilizada para a elaboração dos mapas, e que por isto eles estejam mencionados na legenda, a concentração de votos nos dois principais partidos é muito grande.

19. A área branca próxima de Londres nas eleições de 2010, 2015 e 2017 é o distrito eleitoral de Buckingham. Ele é representado pelo presidente da Câmara dos Comuns, o deputado John Bercow. De acordo com a lei, ele não é nem um deputado independente, nem membro de um partido político: pertence à categoria única de "presidente da Câmara". Assim, as eleições no Reino Unido representam esse distrito como sendo "vazio". Isso passou a ocorrer a partir de 2010.

20. O *Financial Times* publicou uma longa análise dos resultados eleitorais britânicos de 2017 na qual mostra que, ainda que tenha diminuído em importância, o voto de classe permanece vivo no Reino Unido, com os mais pobres votando mais nos trabalhistas e os menos pobres nos conservadores. Está disponível em: <https://www.ft.com/content/dac3a3b2-4ad7-11e7-919a-1e14ce4af89b>.

21. A pesquisa de boca de urna publicada pelo *New York Times* na eleição de 2016 – ou seja, uma evidência empírica no nível do indivíduo –, mostrou que, entre os que tinham renda anual menor do que 30 mil dólares, Hillary Clinton teve 53% de votos contra 41% de Trump. Entre aqueles com renda acima de 30 e abaixo de 50 mil por ano, a vantagem da candidata democrata foi de 51% a 42%. Na faixa de renda mais alta, acima de 250 mil dólares por ano, Trump teve 48% contra 46% de Hillary Clinton. A pesquisa completa pode ser encontrada procurando-se no Google por "exit poll nyt" e está em: <https://www.nytimes.com/interactive/2016/11/08/us/politics/election-exit-polls.html>. É possível encontrar os dados que relacionam renda e voto para as eleições presidenciais norte-americanas de 1992, 1996, 2000, 2004 e 2008 em: <https://www.nytimes.com/elections/2008/results/president/national-exit-polls.html>. É possível ver que os mais pobres dão vitória ao candidato democrata e os mais ricos dão vitória ao candidato republicano. Os dados para 2012 podem ser encontrados em: <https://www.nytimes.com/elections/2012/results/president/exit-polls.html>. Eles revelam a mesma regularidade.

22. A disputa entre centro-esquerda e centro-direita, tal como caracterizada neste livro, não existia antes da universalização do voto. A emergência do Partido Trabalhista britânico é o exemplo clássico. A sua entrada em cena como protagonista da disputa eleitoral substituiu a competição intraelites que acontecia antes da ampliação do direito ao voto.

23. O sistema eleitoral britânico nas eleições para o Parlamento, por exemplo, é majoritário (distrital) em um só turno. O francês é majoritário em dois turnos, o alemão é, na verdade, proporcional (com lista fechada) personalizado, tal como os próprios alemães o denominam.

Capítulo 6: Da previsão do resultado eleitoral de 2018

1. Caso isso não aconteça, este livro terá sido ao menos útil para documentar um breve período no qual a nossa disputa eleitoral nacional esteve estruturada como a de um país de Primeiro Mundo.

2. Garotinho em 2002 foi o candidato que, considerando-se o resultado eleitoral, mais próximo ficou do terceiro colocado. Ciro Gomes e Marina Silva foram os que mais se aproximaram, até ultrapassando o primeiro colocado, nas pesquisas de intenção de voto durante o processo eleitoral.

3. O Ceará de Ciro é bem maior do que o Acre de Marina. Porém, quando cada um é comparado com o Brasil como um todo, ambos são pequenos tanto eleitoral quanto economicamente.

4. Fonte dos dados das pesquisas das eleições de 2002 e 2014: Datafolha.

Créditos das fotos

Página 43

Vista aérea da cidade de São Paulo. (Maciej Bledowski/Shutterstock)

Comunidade Solar do Unhão em Salvador, Bahia. (Fred S. Pinheiro/Shutterstock)

Vista aérea da cidade de Ribeirão Preto, São Paulo. (Filipe Frazao/Shutterstock)

Rua com chão de terra batida em Petrolina, Pernambuco. (hecke61/Shutterstock)

Página 85

Carnaval de rua visto de cima em Olinda, Pernambuco. (Adam Gregor/Shutterstock)

Procissão durante a Semana Santa em Málaga, Espanha. (Roel Slootweg/Shutterstock)

Imagem da Virgen del Rocío sendo carregada em uma procissão durante a Semana Santa em Sevilha, Espanha. (KikoStock/Shutterstock)

Foliões vestindo roupas coloridas e adereços em carnaval de rua em Olinda, Pernambuco. (MesquitaFMS/Shutterstock)

Página 91

Sede da BMW em Munique, Alemanha. (meunierd/Shutterstock)

Sede do Bradesco em Osasco, São Paulo. (Andreia Schroeder)

Sede da Allianz em Munique, Alemanha. (servickuz/Shutterstock)

Sede do Itaú em São Paulo. (Andreia Schroeder)

Estádio Allianz Arena em Munique, Alemanha. (footageclips/shutterstock)

Prédio do Centro Cultural Itaú em São Paulo. (Andreia Schroeder)

THE BRAZILIAN PRESIDENTIAL ELECTIONS

Versão para o inglês

English translation

Contents

I kept thinking and began to describe
Everything, everything of value
A blue sky, a Sugarloaf with no crumbs
A cloth of green and yellow
All this is mine!
There's a holiday that's worth a fortune to me
[...]
There's Pernambuco, there's São Paulo and there's Bahia
An harmonious assemblage without equal
There's Pernambuco, there's São Paulo and there's Bahia
An harmonious assemblage without equal

"RECENSEAMENTO" ("CENSUS"), Assis Valente

This book is dedicated to:

My editor, Carlos Andreazza, who showed enormous enthusiasm in our very first conversation about this project. Without his efforts nothing contained in these pages would have proved feasible.

Luciana Villas-Boas, who edited my earlier books *A cabeça do brasileiro* and *A cabeça do eleitor*. She cleared the path for the work that followed.

My friends at *Valor Econômico*, Célia Franco, Cristiano Romero, Maria Cristina Fernandes, Pedro Cafardo, Robinson Borges and Vera Brandimarte, who unfailingly provided the context favorable to free thought, a fundamental prerequisite for the various ideas advanced here.

Friends, acquaintances and clients in the financial market, whose questionings during working sessions, lunches, dinners and happy hours enabled me to develop the ideas contained in this book: Alexandre Bassoli, André Bannwart, André Costa Carvalho, André Lóes, Arthur Carvalho, Bernardo Zerbini, Caio Megale, Carlos Kawall, Carlos Otero, Cassiano Scarpelli, Constantin Jancso, Daniel Lavarda, Daniel Leichsenring, David Becker, David Safra, Dório Ferman, Eduardo Loyo, Elson Yassuda, Estevão Scripilliti, Fernanda Batolla, Fernando Honorato,

Fernando Oliveira, Guilherme Marques, Gustavo Salomão, Iana Ferrão, Ilan Goldfajn, Jayme Srur, José Tovar, Júlio Araújo, Leonardo Fonseca, Luis Stuhlberger, Luiz Cherman, Luiz Chrysostomo, Marcelo Kfoury, Marcelo Toledo, Márcio Appel, Marcos Lisboa, Mário Mesquita, Mauro Bergstein, Nilson Teixeira, Octávio de Barros, Otávio Mendes, Paulo Coutinho, Paulo Galvão, Pedro Jobim, Roberto Campos, Ricardo Reisen, Roberto Padovani, Samuel Pessoa, Solange Srour, Stefanie Birman, Tiago Pessoa and Tony Volpon.

Caio Blinder, Diogo Mainardi, Lucas Mendes and Ricardo Amorim, who kindly invited me to their program, *Manhattan Connection*, on the night of October 26, 2014, following the announcement of the presidential election results. They were responsible for the firsthand divulgement of various maps to be found in this book.

It is fitting to include here a symbolic dedication to the electorates of the Brazilian northeast and São Paulo state. Both fulfill the role of enhancing the proper functioning of Brazilian institutions. While there is no intention to diminish other regions and states of the country, the reader will understand from these pages the reason for this symbolic dedication.

Acknowledgments

I am grateful for the professionalism of Sasha Trubetskoy who, at a distance and communicating with me only by e-mail, very competently drew the maps contained in this book.

Many readers, political scientists and professionals in other disciplines kindly gave of their time to undertake a meticulous reading of this book and offer suggestions for its improvement. They are: André Magalhães Nogueira (who, besides being a careful reader, systematized numerous data, texts and information), Anselmo Takaki, Bruno Pinheiro Reis, Edson Nunes, Fábio Giambiagi, Gabriel Schroeder de Almeida, Guilherme Cunha Costa, Jairo Nicolau, Luís César Faro, Octávio Amorim, Paulo Secches and Ricardo Reisen, all of whom are deserving recipients of my sincere thanks.

As is Thiago Camargo, who inadvertently gave me the idea for this book by presenting me with a study of the electoral geography of the United States.

My thanks to Merval Pereira, Gustavo Villela and his team at Infoglobo, who helped in obtaining the maps for some state capitals; and to

Antônio Carlos Alckmin, who provided the digitalized map of Rio de Janeiro.

I am very grateful to Duda Costa who, with all her patience and competence, was able to deal with my anxiety and the challenge of editing a book like this one. My thanks also go to Thaís Lima and Marlon Magno for their careful revision of the originals.

I thank Andreia Schroeder, wife, friend, companion, woman, who, besides having read and made suggestions concerning the book, provided all the emotional support necessary for writing it. For all this and much more, she is, in large part, the coauthor of this and all the books I have written.

Last but by no means least, my special thanks to Aline Santos, who was and remains my right arm, not merely in the preparation of this book but in various other equally challenging projects.

Foreword

THIS BOOK PRESENTS AN ANALYSIS based on data and the observation of electoral patterns. Such patterns have causes. If the causes persist, the pattern will remain unchanged.

As a result of this, various prognoses are made.

All were ready, "on the record", from the time the originals of this book were sent to Record Publishing House in November of 2017.

Preface

SAMUEL PESSOA

THIS SMALL AND COURAGEOUS BOOK consolidates and systematizes the analysis that Alberto Almeida has been engaged in since 2010 at the least.

Alberto, together with André Singer, was one of the first analysts to notice that, beginning with the presidential election of 2006, a clear pattern of predictable electoral choice emerged in Brazil. As Alberto wrote in an article in the weekend supplement of *Valor Econômico* on May 14, 2010:

> The 2006 election saw the genesis of a new and, in my view, permanent pattern of voting in Brazil. Where society is bigger than the state – in the South, São Paulo, and the entire Midwest, with the exception of the federal capital, of course – the *tucano* candidate won. Where the state is bigger than society, Lula defeated Geraldo: North, Northeast, Rio de Janeiro and Minas Gerais. Of all the regional voting margins between the two candidates in the runoff, the widest occurred in the Northeast: Lula finished with 66.8% of valid votes to Geraldo's 26.1%. In absolute numbers this worked out to a little over 10 million votes out of a total of almost 28 million cast by *nordestinos*.

In this book he explores this phenomenon from numerous angles. He examines several presidential elections in states and state capitals. He demonstrates that the new electoral model – with the Northeast as the citadel of the Workers Party (PT), and the state of São Paulo as the PSDB stronghold – is related to the socioeconomic differences between the regions, not to any PT or PSDB atavism. In other words, homogeneous socioeconomic groups vote in a similar way, as much in the Northeast as in São Paulo.

Alberto demonstrates that this mode of electoral choice is totally unvarying, as the experiences of the mature democracies have proved. He compares our electoral choices to those of Spain, Germany, France, Italy, United Kingdom and the United States. As far as politics goes, we are no longer underdeveloped. The mature democracies also have their Northeast and their state of São Paulo.

This "little" book, huge in the amount of information it contains – Alberto's output has always had this characteristic, an obsession for data – belongs to a tradition of Brazilian political science which, ever since the original works of Argelina Figueiredo and Fernando Limongi in the 1990s, accumulates evidence that the working of our political system is ordered. It is predictable. And is no different to the workings of political systems in the consolidated democracies.

The purpose of the book is to help the reader follow our electoral process away from the noise of commonplace political analyses and the almost weekly fluctuations of electoral polls. And additionally, to provide the reader with information that systematizes our electoral experience – which, at this stage of the game, isn't all that little – and allows us to look at the 2018 contest in the light of our past experiences.

The past is not always a good guide. Very often that "rear light" illuminates what is unimportant. What is already behind us. And does not help us to foresee changes or structural collapse. Alberto's bet is that our regularity will not be threatened in 2018. Outsiders, social networks and ennui with politics will not be enough to alter the pattern of recent elections. And it is for this reason that it has taken a good dose of courage to publish this book.

Alberto is holding his cards close to his chest, but, to me, having read the book, I have reached the conclusion that in 2018 we will see a runoff between Jacques Wagner and Geraldo Alckmin. The wager is mine. The tool is Alberto's.

GOOD READING.

1 The vote

THIS BOOK TELLS THE STORY of the more recent Brazilian presidential elections in a clear, direct way. Reading it enables one to see that:

- Our presidential elections are predictable.
- The PSDB has its citadel: the state of São Paulo.
- The PT also has its citadel: the Northeast region.
- Brazil is identical, in national voting patterns, to countries like Germany, Spain and the United Kingdom.

The following three maps show national voting counts in presidential election runoffs of 2006, 2010 and 2014.[1]

The darker the color red on the map, the closer to 100% is the count for the PT candidate. The darker the color blue, the closer to 100% the count for the PSDB candidate.

The maps show the mosaic of all the municipalities, or voting districts, in Brazil. The voting patterns we see depict the aggregate of all the votes cast in each municipality. It is possible to notice clear voting

Presidential election in Brazil – runoff (2006, 2010 & 2014)

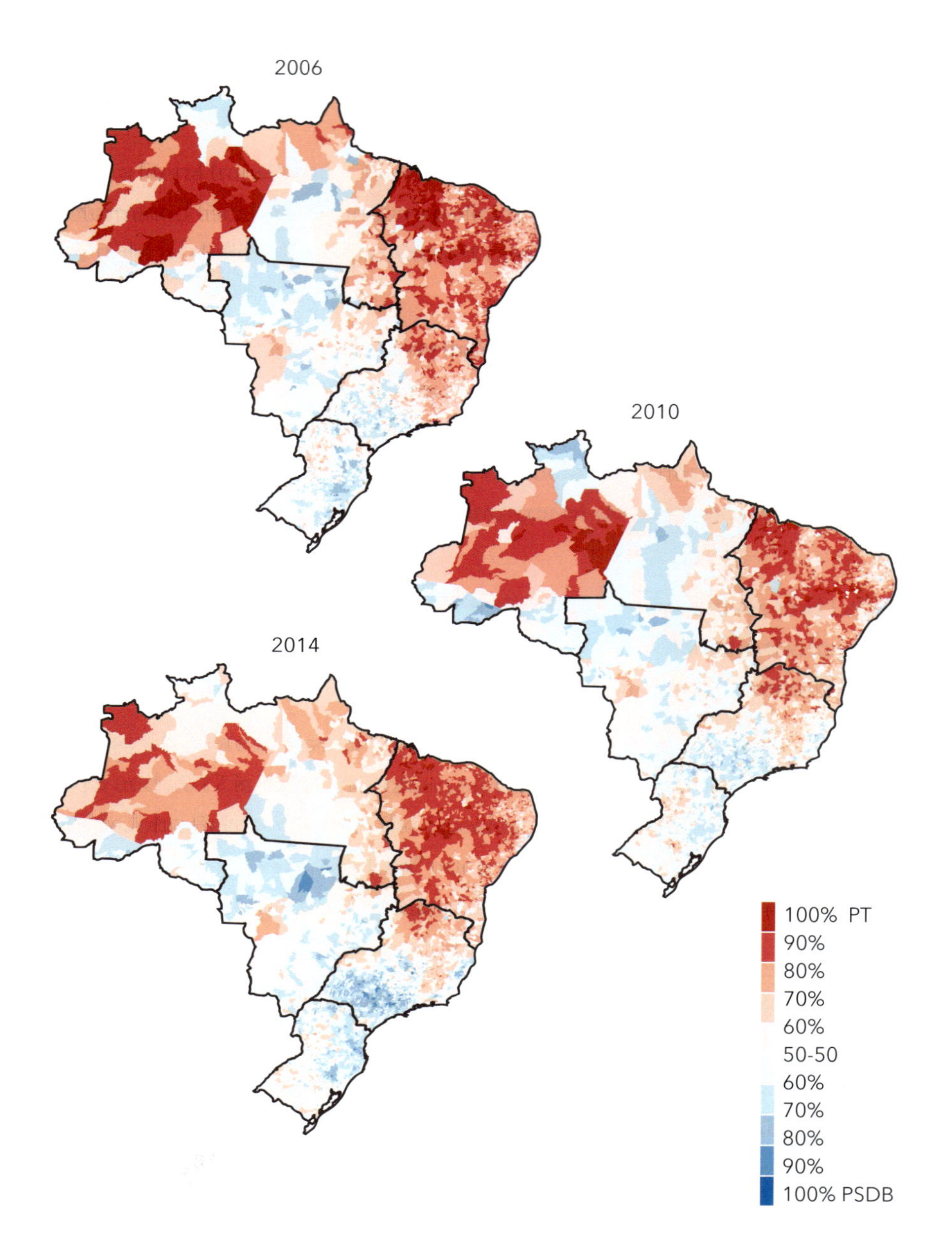

pattern: in the country's poorer voting districts PT candidates attracted the highest number of votes, while in less underprivileged municipalities PSDB candidates garnered the most votes.

We know that lower income constituents voted proportionally more for the PT than for the PSDB, while higher income constituents voted proportionally more for the PSDB than for the PT.[2]

Each of the three elections was very different, but their voting maps are very similar.

In 2006 the PT candidate was Luiz Inácio Lula da Silva. In 2010 and 2014 it was Dilma Rousseff.

In 2006, the PSDB candidate was Geraldo Alckmin; in 2010 it was José Serra, and in 2014 Aécio Neves.

Election results for president of the Republic
(2006, 2010 & 2014)

2006	2010	2014
Lula: 60.83%	Dilma: 56.05%	Dilma: 51.64%
Alckmin: 39.17%	Serra: 43.95%	Aécio: 48.36%

The state of the economy was also very different in each of these electoral years. This is illustrated by the most important macroeconomic indicators: unemployment, inflation, GDP growth, and the basic Selic interest rate.

Macroeconomic indicators

Index / Year	2006	2010	2016
Unemployment	10.4%	9.4%	6.8%
Inflation	3.1%	5.9%	6.4%
GDP growth	4%	7.6%	0.5%
Selic (interest rate)	15.27%	9.82%	10.89%

Source: Credit Suisse, based on IBGE and Central Bank data.

It is clearly evident that, regardless of the electoral year, the candidates involved, the state of the economy, the interest rate, the unemployment rate, greater or lesser economic growth, or the rate of inflation, the Brazilian electorate behaves in an unwaveringly predictable manner. To put it differently, despite all that may be random from one year to another, something systematic occurs in our elections.

These maps, and others to follow, are based on a long tradition of Political Science that goes all the way back to the studies of Seymour Martin Lipset and Stein Rokkan,[3] pioneers in the quantitative analysis of the interaction between the party system and class divisions, regional divisions in the same country, as well as religious, ethnic and linguistic cleavages.

Lipset and Rokkan sought to systematize the structural factors underlying the occidental political system, stemming from two major historical revolutions, the National Revolution and the Industrial Revolution. Each produced social divisions which became associated with political parties and the behavior of voters.

The National Revolution gave rise to two cleavages. The first is the center-periphery conflict, which opposes the national culture to other subordinate or decentralized cultures, such as those of an ethnic, linguistic or religious nature. The second cleavage occurs between the State and the Church. The former seeks to affirm its ascendance as the dominant power; the latter seeks the maintenance of rights and privileges.

The Industrial Revolution generated two other cleavages. The third left the traditional elites and industry in opposition; on the one hand the privileged landowners, and on the other the ascendant bourgeoisie.

Finally, the fourth cleavage opposed capitalists and the workforce. To Lipset and Rokkan, the expansion of voting rights to include all male adult citizens became the key to understanding the political disputes and the party system in the 20th century.

It is important to stress that political cleavages and partisanship are not simply the natural consequences of social stratification.[4] The truth is that such social distinctions turn into political cleavages when they are organized as such.

It is through an historic process of mobilization, politicization and democratization that a political cleavage acquires its distinctive traits and own particular organization. It is this that gives rise to the importance of political parties and electoral processes.[5]

Academic literature that relates social and demographic divisions to the political process, more especially to the parties and the vote, identifying the regularities and transformations, is vast.[6]

It needs to be said that some aspects of the Lipset and Rokkan studies have been questioned. Both understood, for example, that the cleavages they had identified were eventually frozen into place. This would mean that the very same issues that divided politics in 1920 remained present in the 1960s. However, at the very time their work was published, fresh issues had begun to surface that would, in turn, become the objects of political discord over the ensuing decades. Questions like quality of life, environmentalism, gender equality, the rights of minorities and sexual freedom soon began to play important roles in political discourse, comprising what came to be known as post-materialist values.[7]

Some scholars postulate that the importance of cleavages of a social origin is diminishing, substituted by disputes stemming from ideological differences.[8]

On recognizing that changes had occurred in the stratification of society, Clark and Lipset postulated that a process of fragmentation was taking place. As examples of this process they cited the growth of social and cultural factors, the reorganization of politics on the basis of new loyalties, and the fact that social mobility was being determined more by educational rather than familial factors.[9]

These transformations do not signify that the work of Lipset and Rokkan has diminished in relevance. As stated by Dalton, Flanagan and

Beck, the cleavages and models of political coalitions can fluctuate in reaction to contemporaneous events.[10]

Fifty years after its publication, the work of Lipset and Rokkan remains the chief reference source for studies that seek to explain the outcome of elections, on the basis of the aggregate of patterns and results. It is the foundation of the social and electoral maps presented and analyzed in these pages.[11]

Another important aspect in understanding the voter is political socialization.[12] Political socialization varies according to income, location of residence, insertion in the workforce and, very often, religion and religiosity. Religious people, for example, tend to be more conservative than people who are not churchgoers. Besides this, every social grouping has its own specific economic interests.

The interaction between ideology and interests results in support for opposing political forces. All countries, and Brazil is no exception to the rule, have elections that are polarized between center-right and center-left parties. This occurs because both these types of parties count on a solid electoral pillar.

To illustrate this, it is worth pointing out what children and youngsters are likely to hear from their parents and friends in the environments in which they live out their lives.[13]

A child or youngster who lives in the Itaim Bibi neighborhood of São Paulo learns early, in his family or school environments, to reject the PT. From an early age and, frequently, throughout the child's upbringing, it becomes an accepted truth that the PT spends public funds unwisely, channeling the resources into social assistance programs that make beneficiaries perennially dependent on government entitlements.

On the other side are children in the underprivileged municipality of Jaboatão dos Guararapes, a densely populated neighborhood in the Recife metropolitan area, who quickly learn to reject the PSDB in their family and school environments. From a tender age and throughout their upbringing, it becomes an uncontested truth that the PSDB is a party that favors the wealthy and neglects the poor.

Their parents have regularly voted, respectively, for the PSDB in São Paulo and the PT in the Northeast.[14]

All across the globe, in the most consolidated and developed democracies, the less advantaged vote more for center-left parties, while the more privileged invariably cast their votes for center-right parties.[15]

We borrow here a minimalist definition for left and right from Norberto Bobbio.[16] Our focus is economic policy and the reason will become clear in the pages to come. It can be said that the left prioritizes greater equality and the redistribution of income, whereas the right emphasizes the striving for liberty, clearing the path for public policies that result in greater economic efficiency, as in the case of privatizations.[17]

Left and right differ not only regarding objectives and public policies, but also in relation to the communication and symbolism they use.

Center-left parties, for example, customarily talk more about combating unemployment, while center-right parties focus their attention on controlling inflation.

The better educated and, therefore, the more affluent classes are, and see themselves as, more socially influential. They are equipped to survive socially without the help of the public sector.

If they are unemployed they are capable of preparing their own résumés and networking their contacts with access to better quality jobs. They live in more upscale neighborhoods with better public utilities. When stopped by the police for any reason – a typical situation involving contact with public authority – they tend to be treated more civilly. Higher education is a very valuable asset.

Consequently, they feel better represented by a political party that stands for less intervention by the state, a center-right party. After all, it is worth emphasizing, they depend very little on the government for the maintenance and improvement of their well-being. In fact, a considerable part of this group commonly believes that the government hampers their efforts to achieve a better life.

People with a lower level of schooling and, therefore, lower income, are, and see themselves as, more socially vulnerable. They depend on more precarious means to survive socially without some aid from the public sector.

If they are unemployed they lack the adequate educational resources to draw up their own CVs. They also often lack the financial means to pay for public transport to take them to job interviews. They tend to live in less urbanized neighborhoods with access to inferior public utilities. When stopped by the police they are usually treated less respectfully, in a more authoritarian manner. A low level of schooling is a considerable liability.

Consequently, they feel better represented by a political party that espouses greater intervention by the state, a center-left party. They are dependent on the government to maintain and improve their well-being.[18]

Looking at the issue from the supply-side viewpoint, that is, as the political parties see it, the PT belongs to the center-left family and the PSDB to the center-right family, although many of their leaders with origins in the *Partidão*, the old Brazilian Communist Party, dispute that vision.

The cornerstone of the agenda of center-left parties is increased intervention of the state in the economy. State activism is seen as the route to achieving greater income equality.

On the other hand, center-right parties advocate government pullback: fewer regulations and less interference in the economic sphere. This is considered the route to achieving a more efficient economy.[19]

In this sense, left and right will never cease to exist.[20]

The PT belongs to the same family as the following foreign political parties: the Labour Party of the United Kingdom, the Spanish Socialist Workers Party (PSOE), the Democratic Party (PD) of Italy, the Social Democratic Party (SPD) of Germany, and the Democratic Party of the USA.

The PSDB belongs to the same family as the Conservative Party of the UK, the Popular Party (PP) of Spain, the Republican Party in the

United States, the Forza Italia, and the Christian Democrats of Germany, which is split into the CDU and the CSU, the latter being the party which has dominated Bavaria since the end of World War II.

Each of these parties is adapted to local conditions, is the product of the level of development of the respective countries, reflects the concerns and the agenda of each nation, and is conditioned by the workings of local political institutions. This is why they differ in their proposals, discourse, public policies and symbolism. But they all belong to a family of parties in opposition to the other.

With regard to the impact of institutions on the party system, the parallel between Brazilian parties and those of other countries is valid even if we consider what has been pointed out in the academic literature: that in presidential systems parties tend to be more pragmatic, while in parliamentary regimes they are more programmatic.[21] So what we should expect is that the PT and the PSDB be less ideological and more personalist than their counterparts in parliamentary democracies, while maintaining overall alignment with leftist and rightist tenets.

Parties that advocate less State involvement in the economy and greater economic efficiency

Back to the electoral maps of the presidential runoff elections in Brazil (p. 158): Brazil was not always like that.

The division that began to appear in 2006 is not evident in the first round of the 1998 election nor in the 2002 runoff.

It should be remembered that in 1998 the PSDB candidate, Fernando Henrique Cardoso, won more than 50% of the votes in the first round, making a runoff unnecessary.

In 2002 Lula won 61.27% of the votes in the runoff against José Serra, who got 38.73%. In the first round of the 1998 election Lula won 31.91% of the votes, while all the other candidates together won a total of 68.29%.

The shades of grey in the electoral map of 1998 represent the sum of the votes garnered by all parties except the PT. Voting for the PT is shown in the traditional leftist red.

It is noticeable that the party led by Lula, its presidential candidate in 1998, performed very poorly in the Northeast. That performance was repeated in 2002.

Presidential election in Brazil - decided in first round (1998)

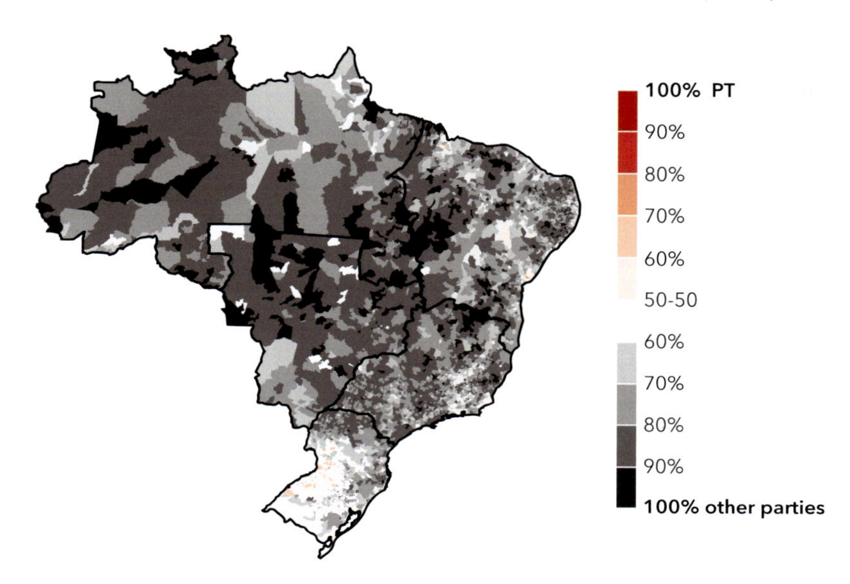

Presidential election in Brazil - runoff (2002)

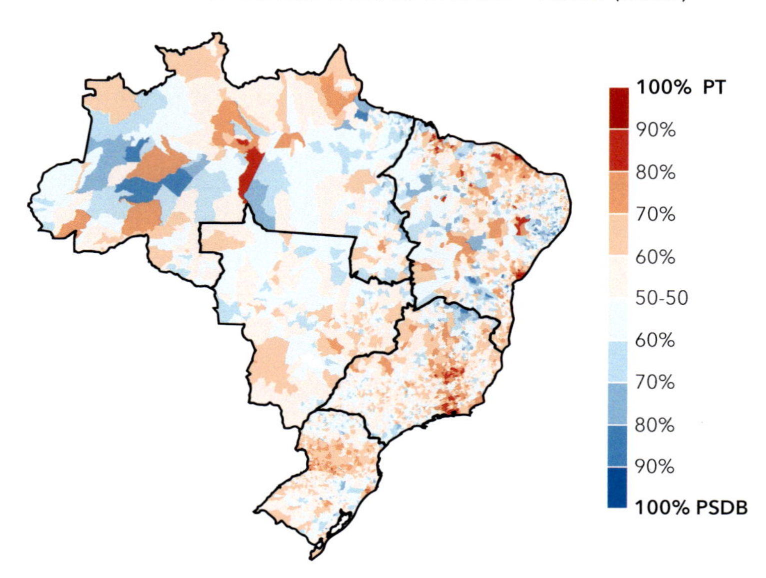

On the other hand, the blue that represents votes cast for the PSDB in 2002 reveals a strong performance by the party in the Northeast region, as well as, for example, in the Amazonas state, a performance that was not repeated in subsequent elections.

It is worth remembering that during the campaign of the first presidential election won by the PSDB in 1994, the party candidate Fernando Henrique Cardoso made a point of depicting his commitment to the Northeast by riding a donkey and lunching on goat's offal, a typical regional dish. (Incidentally, few are aware that FHC had tasted goat's offal during his exile in France, where the delicacy is known as *trip à la mode Caen*.)

The watershed circumstance that separates voting patterns in 1998 and 2002 from those of the three subsequent elections was the first Lula administration.

In the very first PT administration, president Lula and his party clearly signaled their intention to defend the interests of the underprivileged by means of concrete public policies, among which was the flagship *Bolsa Família* (Family Grant) program, as well as through the symbolism utilized by Lula.

The success achieved in the Northeast by the PSDB in prior elections, boosted by the casual folksiness of Fernando Henrique with regard to the local cuisine and chief means of peasant transport, was substituted, starting in 2006, by the enormous electoral difficulty encountered by the PSDB when confronting the PT.

The profound differences between the Northeast and São Paulo, the state in which the PSDB remains strongest, also become evident when the results of state gubernatorial elections are analyzed.

Franco Montoro, elected in 1982, Orestes Quércia em 1986, and Luiz Antônio Fleury Filho, elected in 1990, were the last three governors, all from the PMDB,* who preceded the PSDB dominance in the state of São

---

* PMDB has changed its name on 2018 for Movimento Democrático Brasileiro (MDB).

Paulo. It is worth remembering that the PSDB was founded in June of 1988 (and that Franco Montoro was one of its founders).

Since 1995 only PSDB politicians have governed São Paulo. That makes six successive electoral victories. Their candidates, with a special mention for Geraldo Alckmin, have performed notably, with an average of 56% of the vote, winning the last three elections in the first round.[22]

São Paulo is the largest and most important state of the Federation in various aspects, particularly with regard to some key variables: population and, consequently, the size of the electorate; and wealth, traditionally measured by GDP. São Paulo is the home of the financial market, has the most complex economy, and hosts the headquarters of major domestic and multinational corporations.

Percentage of PSDB vote in São Paulo gubernatorial elections (1994-2014)

Governor elected	Year	Round in which election was won	Percentage of votes
Mário Covas	1994	Runoff	56.12
Mário Covas	1998	Runoff	55.36
Geraldo Alckmin	2002	Runoff	58.64
José Serra	2006	First	57.98
Geraldo Alckmin	2010	First	50.63
Geraldo Alckmin	2014	First	57.31

It is not by mere chance that the PSDB is a party dominated by its *paulista* wing. That being the case, the candidacy of Aécio Neves, a *mineiro* or native of Minas Gerais state, in the presidential elections of 2014, was an exceptional event.

The first Lula administration was responsible for the segmentation of the national electorate along the lines of first world countries. However, precisely because it was a government of the center-left, it did not dent the predominance of the PSDB in São Paulo. The "toucan" citadel (after the bird which is the PSDB symbol) had come, apparently, to stay.

The vote counts of third place candidates in the first rounds of voting shows that they performed well below the levels of the PT and the PSDB. In elections won by the PT, the third place finisher closest to second place was Anthony Garotinho, the PSB candidate, in 2002. His electoral base was the state of Rio de Janeiro, with approximately 10% of the national electorate. Perhaps this is why his was the best third place finish in the first round of recent presidential elections.

First round election results (percentages)

	2002	2006	2010	2014
PT	46.44	48.61	46.91	41.59
PSDB	23.19	41.64	32.61	33.55
Third place candidate	17.86	6.85	19.33	21.32

In 1994 and 1998 Fernando Henrique of the PSDB won in the first round of voting. Even so, the third place candidates, behind Lula, finished far below him. Both Enéas Carneiro of PRONA, in 1994, and Ciro Gomes, then with the PPS finished almost 20 percentage points behind in 1998. This is further evidence of the robustness of the PT and PSDB voting bases.

It should be emphasized that the strength of the PT and the PSDB is being analyzed here because of their respective performances in presidential elections. There are those who believe, perhaps correctly, that our parties are weak from an organizational standpoint, or even incoherent when in power. National electoral strength can live side-by-side with organizational weakness and incoherent government.[23]

Faced with the evidence of the electoral force of the PSDB in São Paulo and the PT in the Northeast, the question may arise concerning the possibility – given the unprecedented crisis in Brazil that combines a stagnant economy and the lost purchasing power of the population with corruption scandals on a scale never seen before – that one of these two parties, or perhaps both, fails to reach the runoff stage of the 2018 election. Yes, this is possible, but it isn't probable, and the question will be examined at the end of the book.

To conclude this chapter, a comparison of first and second round results suggests that the electoral maps of the first round would not be very different to those presented here for the runoff rounds.

In the case of the PT, the largest increase from one round to the next occurred in 2006, when votes for Lula rose by 12.22 percentage points, a growth of 25%. This translates as one voter more for every four that voted for the PT in the first round. In fact, it is known that very few voters change their vote between the first and second rounds.

Difference in vote tallies from first to second round - percentage points (pp)

	PT			PSDB		
	1st round	2nd round	Difference in p.p.	1st round	2nd round	Difference in p.p.
2006	48.61	60.83	12.22	41.64	39.17	-2.47
2010	46.91	56.05	9.14	32.61	43.95	11.34
2014	41.59	51.64	10.05	33.55	48.53	14.98

In that same year, 2006, the proportion of PSDB votes was very similar, which would result in two almost identical maps.

In the 2010 and 2014 elections, the two biggest voting increases from the first to the second round were achieved by the PSDB: 11.34 percentage points in 2010, equivalent to an increase of 35%; and almost 15 p.p. in 2014, which works out to an increase of almost 45%.

In both these elections, since voting for the PT increased proportionally less from one round to the next, the blue colored PSDB mosaic changed less geographically and more in the deepening of the tones of blue, particularly in the state of São Paulo.

The voting maps of first round of voting would, therefore, add little or nothing to the principal analyses of this book; they would just be more of the same if placed alongside the second round electoral maps.

2 Income

THE FIRST LULA ADMINISTRATION, it should be emphasized, segmented the Brazilian electorate in a manner that matches the groupings we are familiar with in the world's major democracies:

- Poorer citizens vote in greater proportion for center-left parties, the ones that prioritize an increased presence of the state in the economy and greater income equality.
- More economically comfortable citizens vote in greater proportion for center-right parties, those that prioritize public policies that reduce state-led regulation of the economy and lead to increased economic efficiency.

Social divisions result in the formation of groupings of voters who become activist supporters of certain public policies and adversaries of other measures.

The major division in the Brazil of today is defined by income.

The poorer a person is the greater the chances he will vote for the PT, and the better off a person is the greater the chances he will vote for the PSDB.

A mere glance at the maps that depict the income dimension of the municipal Human Development Index (HDI)[1] for 2010, and the results of the 2006, 2010 and 2014 elections (p. 158) supports this conclusion.

The income dimension map of the HDI could quite easily be switched for the maps of the 2006, 2010 and 2014 electoral results and it would be hard to tell the difference.

This income differential led Lula to expand the *Bolsa Família* (Family Grant) program during his first mandate, and thereafter flaunted the program as a central pillar of his administration. This maneuver was crucial in consolidating the segmentation of the electorate subsequent to the 2006 election.

Poor voters in the Northeast approve of and support the *Bolsa Família* program. This translates into certain votes for the candidate of the party that promotes this public policy, the PT.

Middle class[2] voters in the state of São Paulo are against the *Bolsa Família*, which means their votes go to the party that does not treat this policy as a priority, the PSDB.[3]

The amount in Brazilian currency (*reais*, R$) allotted to *Bolsa Família* beneficiaries is small when compared to the levels of consumption of the middle and upper classes of major Brazilian cities.

The darker red of the map that represents the per capita *Bolsa Família* spread indicates that each inhabitant of that municipality receives, on average, between 18 to R$ 20 a month from the program. Since the per capita calculation considers the total population of the municipality, including both beneficiaries and non-beneficiaries, the portion of the *Bolsa Família* in the income of the local population represented by the areas in white is derisory.

The darker shade of lilac in the *Bolsa Família* map by domicile indicates that each family receives, on average, from R$ 90 to R$ 100 a month. Here again, the calculation includes beneficiary as well as non-beneficiary families.

The source of the above *Bolsa Família* data is the Ministry for Social and Agrarian Development of the Federal Government.

Income versus election results

Income dimension of the Human Development Index (HDI) in Brazil, by municipality (2010)

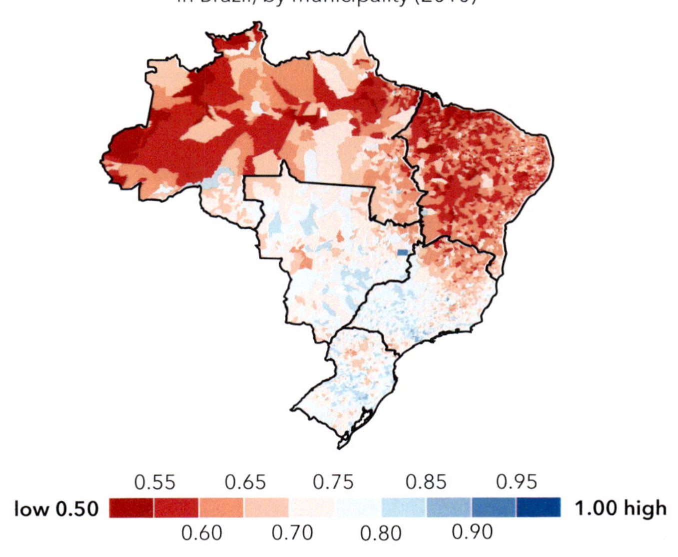

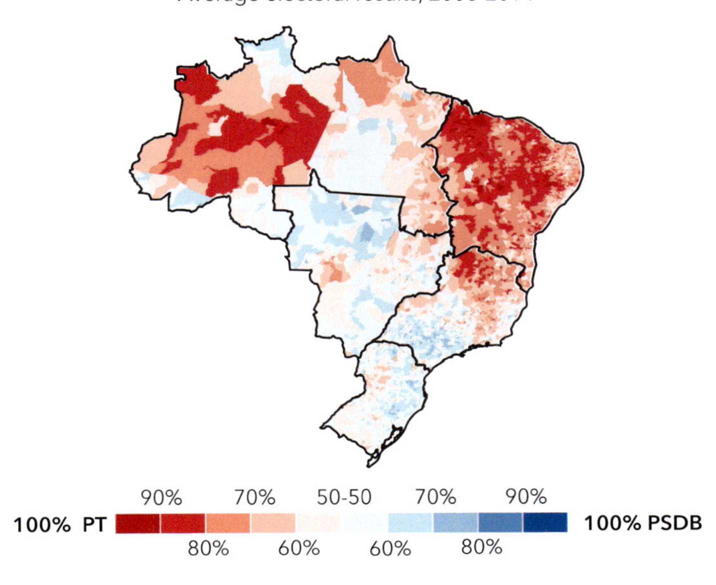

Bolsa Família

Payments per capita (in Brazilian currency) (2010)

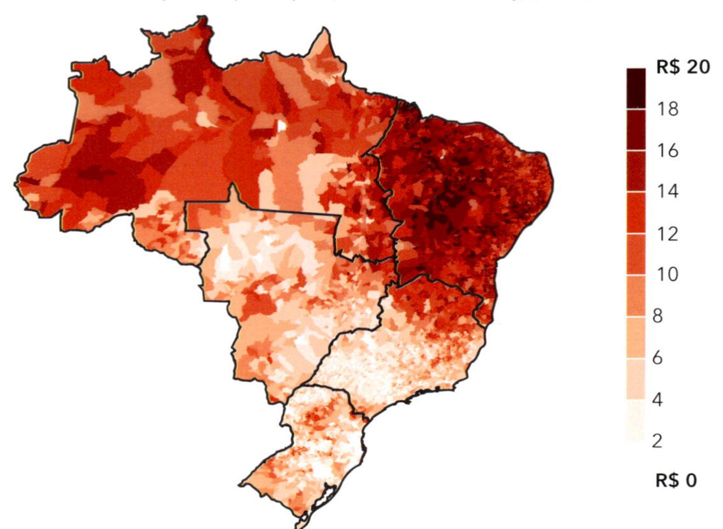

Payments by domicile (in Brazilian currency) (2010)

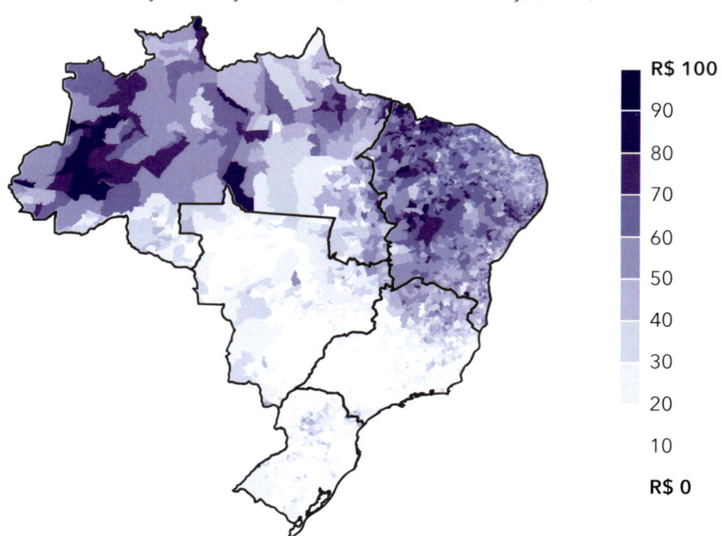

3 Living conditions

THE DIVISION EXISTING BETWEEN the middle class of the state of São Paulo and the poor of the Northeast is very evident.

It is commonly said that São Paulo is another country. For that matter the Northeast is also another country. That is precisely what the maps reveal, from both the electoral and social perspectives.

Curiously, the two regions regularly register almost the same proportion of valid votes in the final results of all presidential elections.

For example, in the 2014 runoff, São Paulo tallied 23% of valid votes nationwide, and the Northeast 27%.

The story is simple and clear. The level of schooling of the population of the Northeast is far lower than that of São Paulo.

The brown of the low level schooling[1] map is far darker in the Northeast than in São Paulo, because it is there that the proportion of those who have concluded their fundamental education is lower. The darker shade tells us that less than 45% of people aged 25 or more have completed their fundamental schooling. This is an extremely low rate of mid level education for an adult population.

Level of schooling

Proportion of individuals aged 25 years or older who have concluded fundamental education (2010)

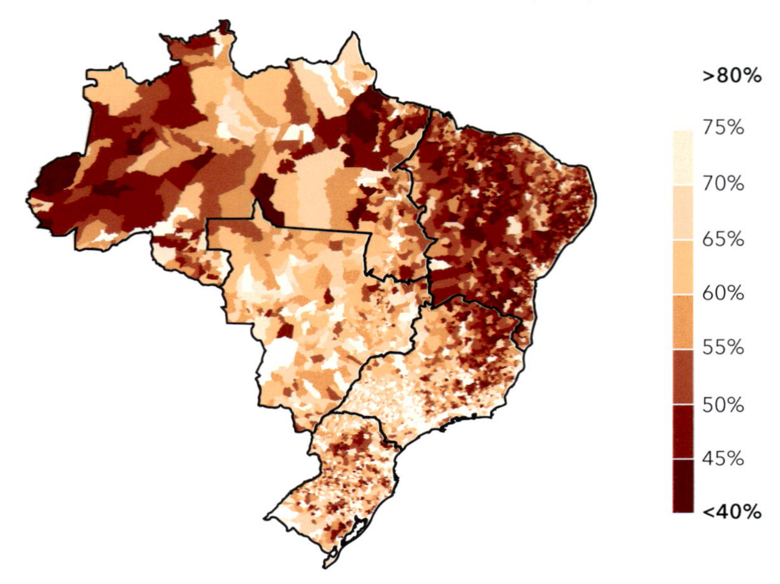

Proportion of individuals aged 25 years or older who are college graduates (2010)

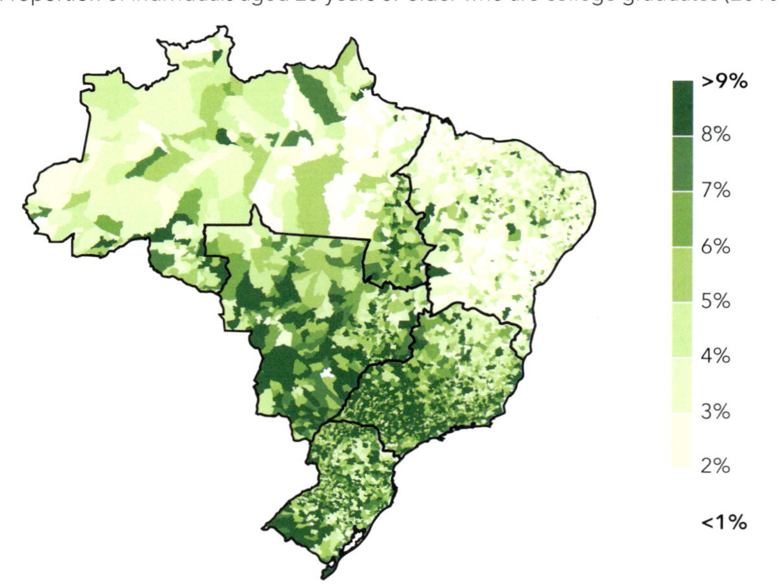

The green of the higher education map – college graduates – is darker in São Paulo, a region with a high proportion, by Brazilian standards, of adults who have earned college degrees. The same map shows a very faint shade of green in the Northeast.

The darker tone of green indicates that from 8% to 9% of people aged 25 or older have completed their higher education. The situation is far worse in the Northeast, where this proportion varies from 1% to 2% in the majority of municipalities.

A consequence of this schooling inequality is that the population of the Northeast is much poorer than that of São Paulo.

The darker tones on the map depicting average monthly income[2], concentrated in the Northeast region, confirm that the proportion of

Income

Proportion of people over 10 years of age with
a nominal monthly income of up to R$ 510 (2010)

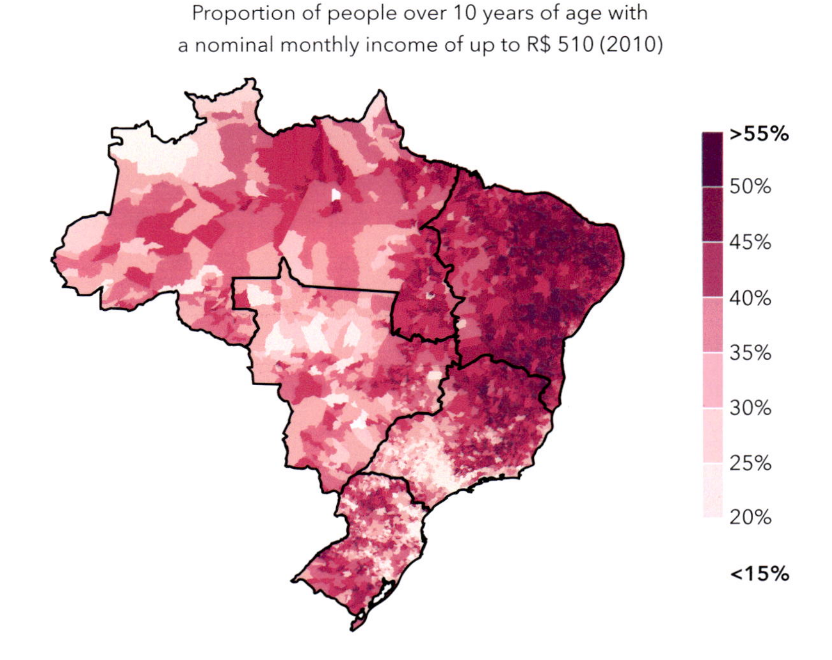

people 10 years of age or older, who earn less than R$ 510 a month, is very high.

Conversely, in the state of São Paulo, the coloring on the map is the faintest in the country.

This being the case, the low average monthly income of the population of the Northeast made it inevitable that a program like *Bolsa Família* would be warmly received and enthusiastically approved. All that was missing was somebody or some political entity to seize the market opportunity.

The regional disparities are not limited to levels of schooling and income.

Basic services and utilities are also distributed unequally. São Paulo has, on average, the best indicators in the country, while the Northeast has the worst. Some important examples:

- the sewage network;
- garbage collection;
- potable water supply;
- the electricity grid.[3]

Although the gradation of colors in the following maps follows a familiar pattern, from lighter to darker tones, it is important to pay special attention to the percentage scales, given that the distribution of electricity, for example, is far more widespread that the supply of potable water.

"A country called São Paulo" can clearly be seen on the map for storm drainage sewers and general sewage systems: the difference between São Paulo and other regions is so great that the dark green coloring in the map ends abruptly at the southwest border of the state.

One of the symbols employed by the federal government to communicate the priority in serving the poor was the program Light for All.[4]

A relatively inexpensive program and thus suited to the government's limited investment capacity.

On the left, middle class São Paulo, top down: state capital and interior.
On the right, the poor Northeast, top down: Salvador and Petrolina.

Other symbols were created, modified and perfected, among them the already mentioned *Bolsa Família*, and, following Lula's first term, programs that facilitated expanded access to higher education, such as FIES and PROUNI.

Housing conditions

Proportion of domiciles served by general sewage or storm sewer systems (2010)

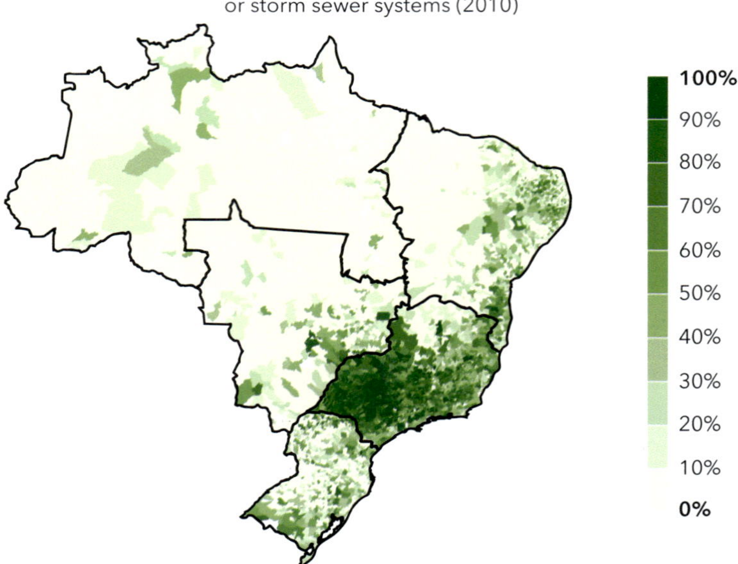

Proportion of domiciles served by municipal garbage collection service (2010)

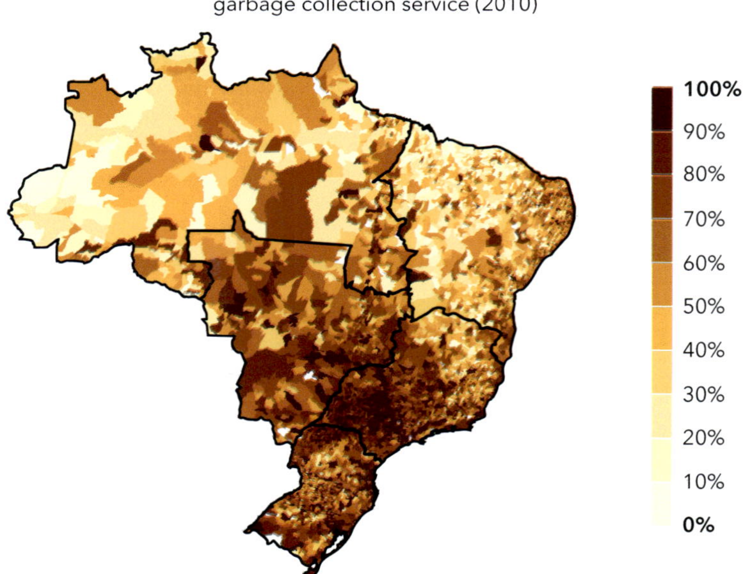

Proportion of domiciles with electricity (2010)

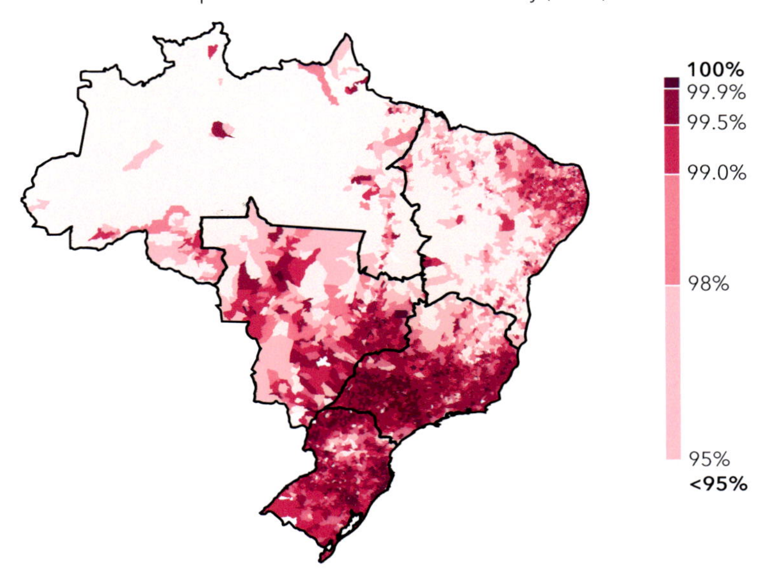

Proportion of domiciles served by potable water supply systems (2010)

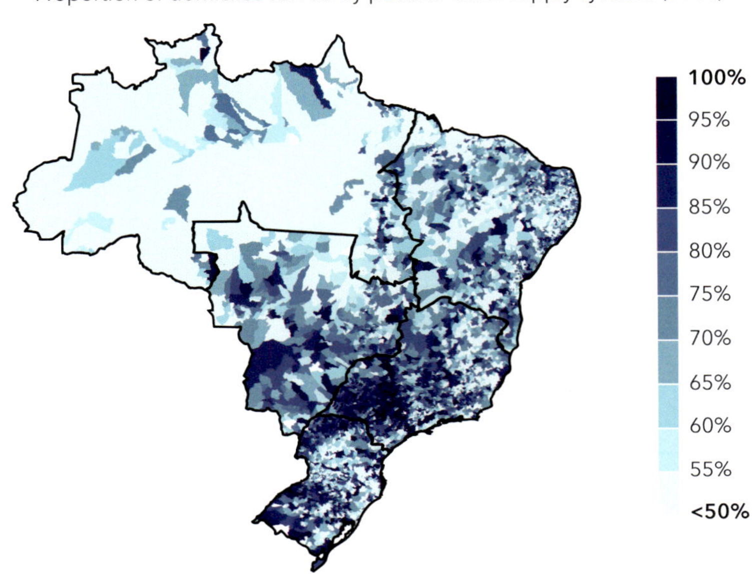

This arsenal of public policies was inspired by an electoral market opportunity: the poor.

It can also be said that, in general, the greater the equality of income distribution in a given municipality, the larger the proportion of voters who will choose the PSDB. Conversely, the greater the income inequality, the better the chances that voters will opt for the PT.

It isn't by chance that PSDB communication makes less mention of the need to combat income inequality than the PT.

In Brazil, the correlation between skin color and income is relevant.

The darker a person's skin color, the lower his income and the worse his living conditions tend to be.[5] Black-skinned women face the worst social predicament, the best being that of white-skinned males.

Income inequality (Gini coefficient)

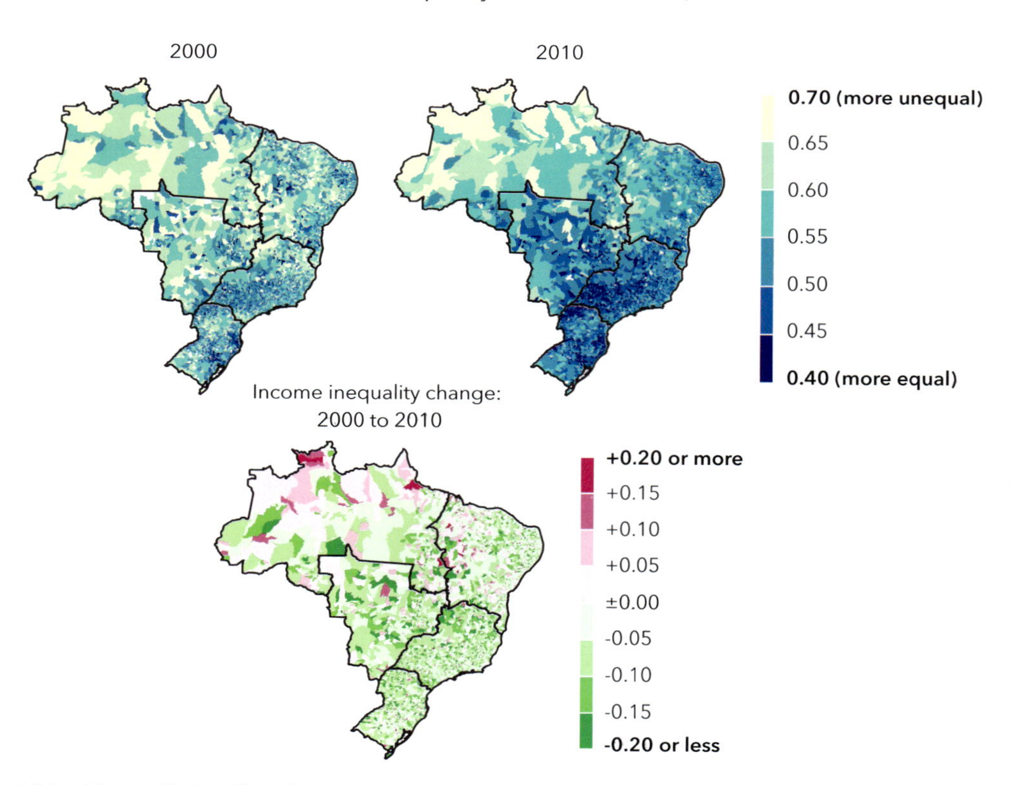

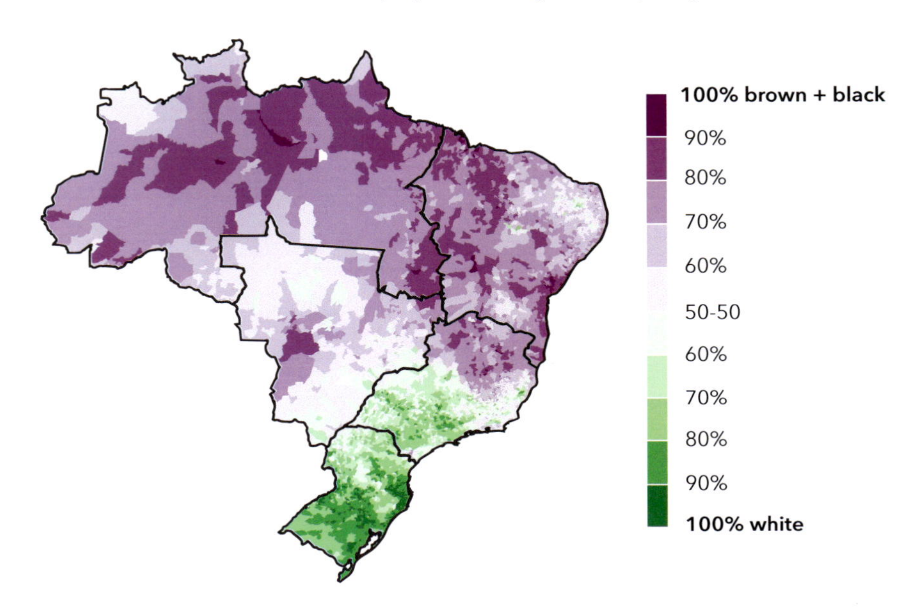

The distribution of the population by skin color tends to conform to a clear geographical spread which, in general, coincides with the regional voting patterns of the PT and the PSDB.

Keeping in mind the correlation between darker skin color and lower income, the PT incorporated into its discourse and public policies the implementation of quotas, which is neither a topic nor a public policy of major relevance to the PSDB.

This explains why the ministries of PT administrations include black- and brown-skinned members, something absent in the ministries of other administrations.

It should be pointed out that the emphasis in the discourse of the PT focuses on the differences in access to goods and services between whites and non-whites, never on abstract theses or moralizing that condemn the disparities between the two groups.

4 Zooming in

HAVING LOOKED AT THE COUNTRY FROM AFAR, the time has come to take a closer look at the regions and municipalities.

I propose that the measuring scale (see below) be set up like this: the darkest shade of blue to represent São Paulo, the middle class, the PSDB; and the darkest shade of red to stand for the Northeast, the poor and the PT.

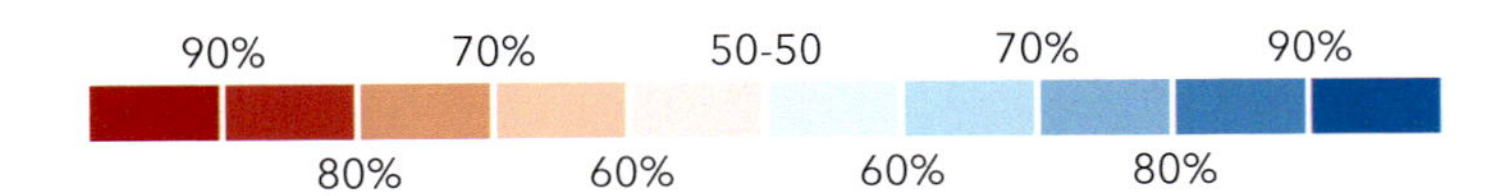

A state or municipality can be more or less close to one of the extremes on the scale.

It is not too much to repeat that where people are poorer, society is more dependent on the government and, as a consequence, the majority of the electorate votes for the PT. This is what happens in the Northeast. On the other hand, where people are of the middle class, society is less dependent on the government and the majority end up voting for the PSDB. As we have seen, that is how the *paulista* electorate behaves.

Two maps have been drawn up for each of the major regions of Brazil – South, Southeast, Northeast, Midwest and North.

The first, in gradations of the color ocher, shows the proportion of inhabitants with a monthly income of up to R$ 510 in the census of 2010. The year the census was taken fell exactly at the mid point of the 2006, 2010 and 2014 election cycles, in which the segmentation referred to earlier was in place: PT, the Northeast and the poor on one side, and PSDB, São Paulo and the middle class on the other. The key to the map shows the average countrywide percentage of individuals with this income: 27.5%. Municipalities in a lighter shade of color than the color for the average are municipalities with income above the national average, while income in municipalities in a darker shade is below the national average.

The second map shows the average of electoral results in the runoff round of these three elections. The key to the map shows the average of votes won by the PT in these runoffs: 56.2%. The colors darker than the color for the average indicate above average voting for the PT, while paler colors indicate below average votes for the PT.

The map showing average election results over three elections has the merit of avoiding redundancy. As the maps for the presidential election runoffs in 2006 and 2014 have shown (p. 158), there is great similarity in the voting patterns of the three elections. So using three maps here instead of one would add little new information to aid our analysis.

In the second rounds of the 2006, 2010 and 2014 elections, the PSDB defeated the PT in the three states of the South. The regional income map reveals the predominance of a nominal income level by municipality higher than the national average. So the relative strength of the PSDB is no surprise.

In this region the PSDB shows greater strength in the Sierra Gaúcha, the Itajaí Valley of Santa Catarina state, and the north of Paraná state, the hub cities of which are Londrina and Maringá. These areas have higher income levels, as can be seen on the map in ocher.

Southern region

Proportion of people over the age of 10 with a nominal monthly income of up to R$ 510

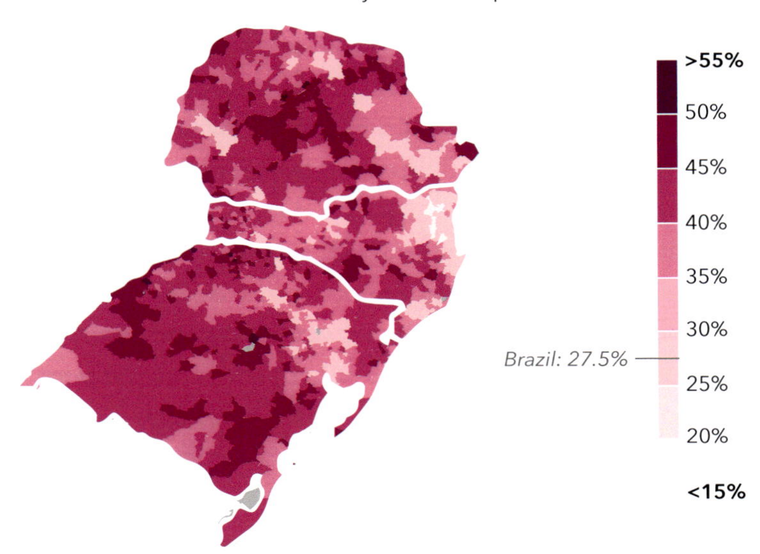

Average of presidential election results, 2006-2014

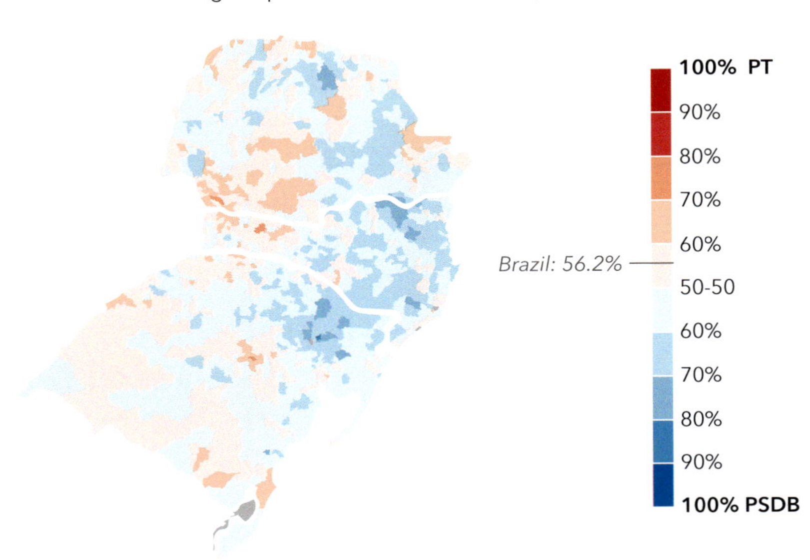

It should be remembered that Paraná state was part of the province of São Paulo until 1853, when it was declared an autonomous province by *dom* Pedro II. Curitiba had become a city as the result of a *paulista* provincial law. The social and economic development of Paraná state brought it closer to São Paulo from an electoral standpoint. Greater economic dynamism coupled with a superior level of schooling led to higher income, a scenario in which the PSDB fares better than the PT.

All it takes is a simple look at the maps of the Southern region and the state of São Paulo to see that the two regions are similar with regard to average income and voting preferences. It would be remiss not to mention that the state of São Paulo was once part of the South region. This occurred in 1913 as part of the first official regional division of Brazil, and remained in place through 1969. It was only in 1970 that the Southeast region took on the configuration that it has today. There is little doubt that São Paulo as part of the South would make for a far more homogeneous grouping than what is now the Southeast region, which includes the states of São Paulo, Minas Gerais, Rio de Janeiro and Espírito Santo.

Minas Gerais is the gateway to the Northeast. It is, in fact, a state that is electorally divided: in the areas closer to São Paulo the PSDB is stronger, whereas in areas nearer to the Northeast voting favors the PT.

In all the three presidential elections that are at the core of our analysis, the PSDB defeated the PT in São Paulo and the PT defeated the PSDB in Minas Gerais and Rio de Janeiro. The exception is the tiny state of Espírito Santo, where the PT won in 2006 but was beaten in the two subsequent elections.

The north of Minas Gerais is the poorest region of the state as well as the region that gives the PT its biggest electoral advantage. It is the setting for the great novel by João Guimarães Rosa, *Grande Sertão: Veredas*, (English title: *The Devil to Pay in the Backlands*), with its famous character Riobaldo. The scenario for *Grande Sertão* is the size of the United Kingdom and includes municipalities of both Minas Gerais and the state

Southeast region

Proportion of people over 10 years of age with a nominal monthly income of up to R$ 510

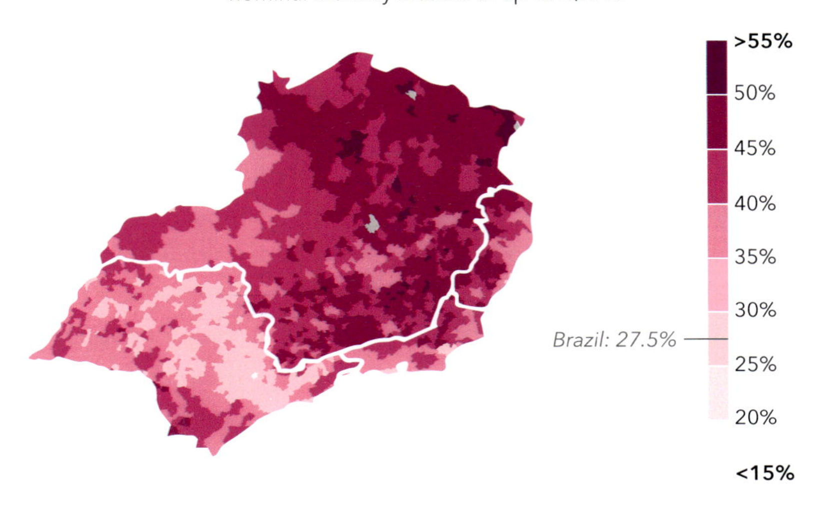

Average of presidential election results, 2006-2014

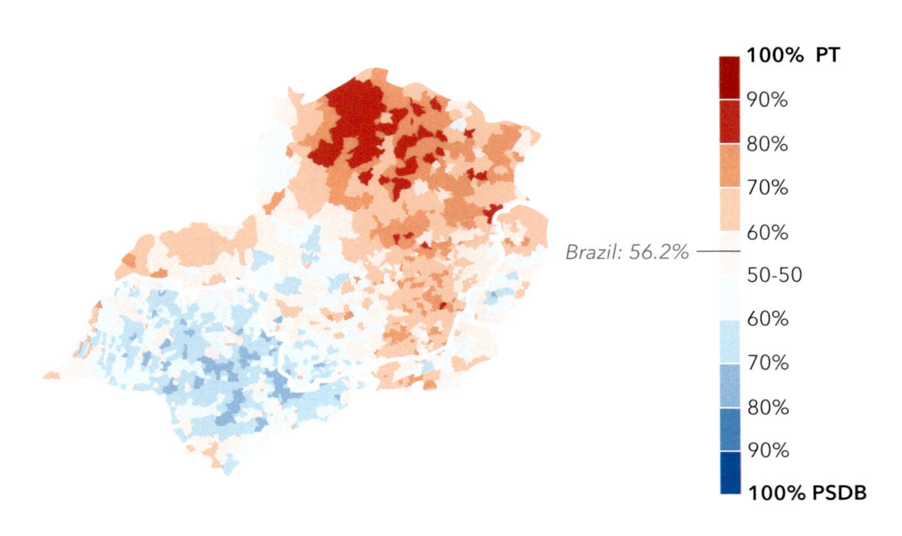

of Bahia, a Northeastern state. These are contiguous areas formally separated by state boundaries and regional groupings, but very similar in income levels and voting preferences that favor the PT.

Unlike the Southeast, the Northeast is notable for its homogeneity: in general, it is one large dark ocher territory with regard to income and red in relation to the vote.

Another way of underscoring this homogeneity is to bear in mind that in all the three presidential elections that are the focus of this study, the PT candidate won all nine northeastern states. If any heterogeneity existed, the PT would have lost at least one state in at least one election. This appears to indicate that, in comparison to the South or the state of São Paulo, it is redundant to say that the "poor Northeast" votes for the PT. The fact of the matter is that the northeastern middle class is still too small to enable the PSDB to defeat the PT in any state of the region.

As mentioned earlier, the electorates of the Northeast and the state of São Paulo are similar in size, the Northeast being slightly larger at 27% of the national total. The Southeast accounts for 43% of the country's electorate. It should be kept in mind that the three most populous states in the country – São Paulo, Minas Gerais and Rio de Janeiro – are all part of the Southeast.

The South, Southeast and Northeast together account for 85% of the Brazilian electorate. The South, with 15%, has the same proportion of the electorate as the North (8%) and Midwest (7%) combined.

One of the aspects that stands out about the North region, and can be misleading, is the blue of the PSDB, which occupies the major part of the territory of Pará state. The population of Pará is concentrated in the northeast of the state where Belém, the capital, is located; as are Ananindeua, Castanhal, Abaetuba, Cametá, Marituba, Bragança and Barcarena, some of the cities with high population density. It is precisely there that we find the dark ocher coloring of low income municipalities. And there, too, is the red that represents the advantage the PT has over the PSDB in presidential elections.

Northeast region

Proportion of people over 10 years of age with a nominal monthly income of up to R$ 510

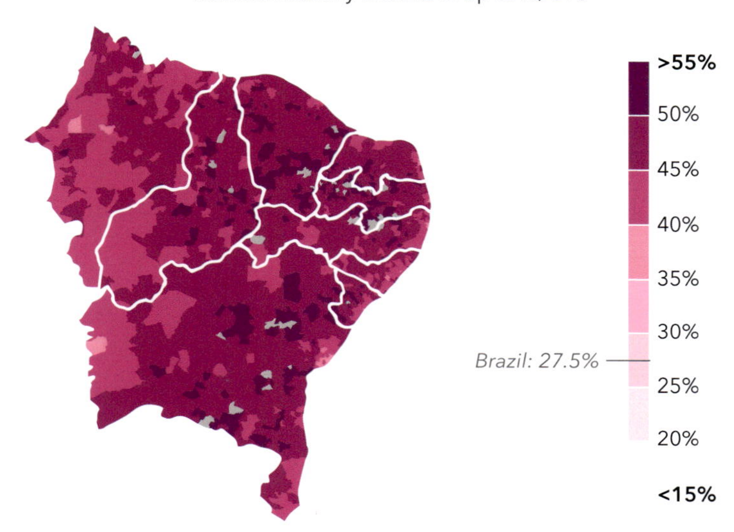

Average of presidential election results, 2006-2014

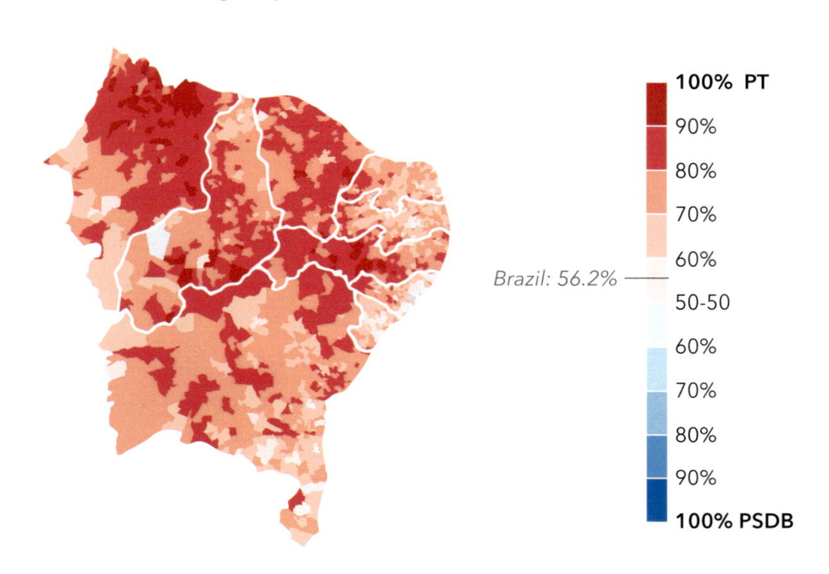

The population of the state of Amazonas is far more concentrated than that of the state of Pará. The capital city of Manaus and the surrounding metropolitan area account for more than half the state. Here again, urban poverty provides the conditions that give the PT an edge over the PSDB.

The North is split between the two parties. The region's two most populous states, Pará and Amazonas, were won by the PT in the three elections analyzed here. The states of Tocantins, with the region's fourth largest electorate, and Amapá, the smallest, went the same way.

On the other hand, the state of Roraima was won by the PSDB in all three elections, and the states of Acre and Rondônia switched parties. The PT presidential candidate won both states in 2006, but the PSDB was victorious in the two subsequent elections. The states of Acre and Rondônia in the North, Espírito Santo in the Southeast, and Goiás in the Midwest, were the states which switched from the PT to the PSDB in the presidential elections analyzed here.

Two of the three states of the Midwest, Mato Grosso and Mato Grosso do Sul, were won by the PSDB in all three elections. These are the major reference-states of Brazil's surging agribusiness interests, comprising the country's agricultural frontier, and are populated by migrants from São Paulo and Paraná states.

The Midwest region is no exception to the correlation between income and voting preference evident in other regions. A look at the maps will reveal that the light ocher color representing higher income municipalities is precisely where voting for the PSDB is more widespread. The PT is stronger in the state of Goiás, especially in the north of the state, and the south of Mato Grosso.

In the presidential elections of 2010 and 2014 the PSDB was victorious in the contiguous belt formed by all the states of the South and Midwest, and in São Paulo. The income and voting maps of these regions illustrate this with precision.

North region

Proportion of people over 10 years of age with a nominal monthly income of up to R$ 510

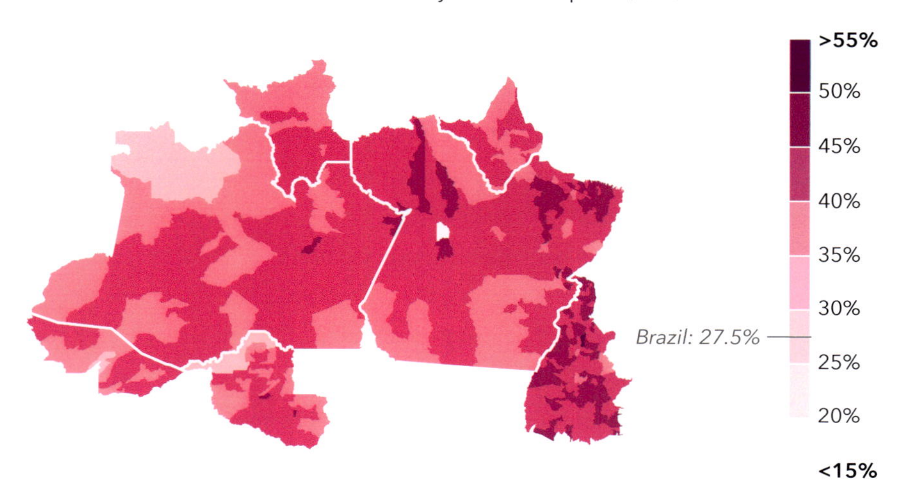

Average of presidential election results, 2006-2014

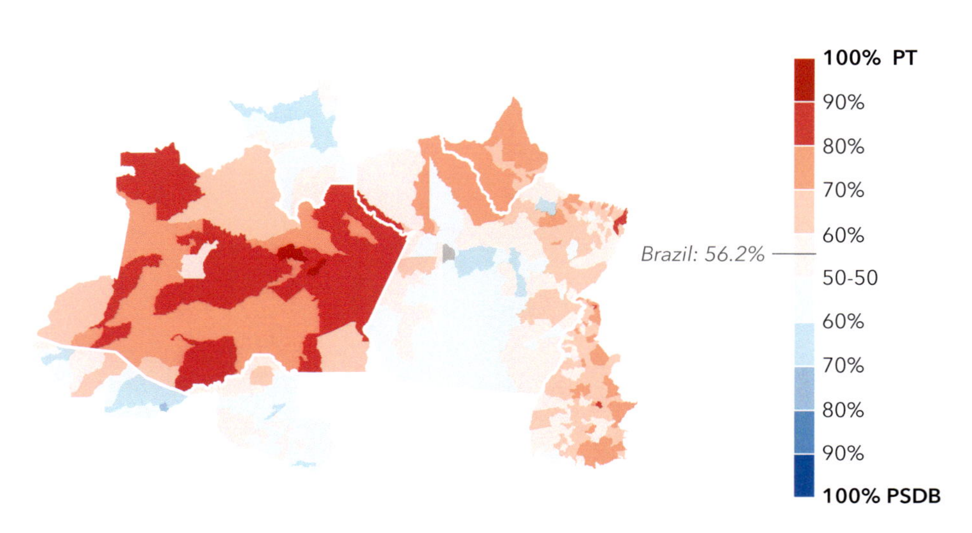

Midwest region

Proportion of people over 10 years of age with a nominal monthly income of up to R$ 510

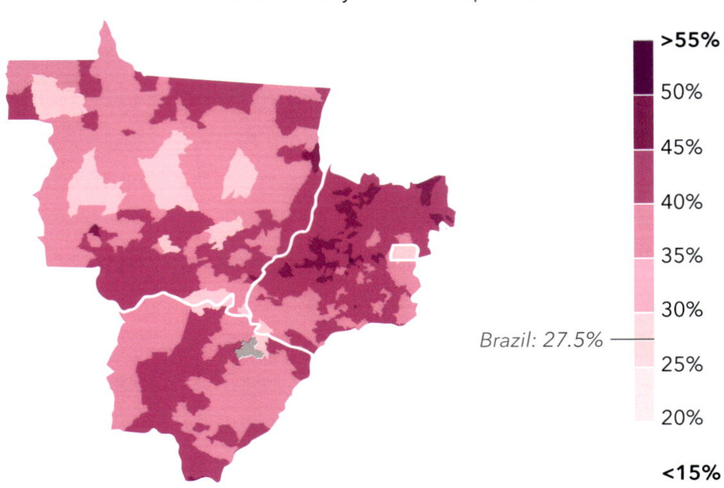

Average of presidential election results, 2006-2014

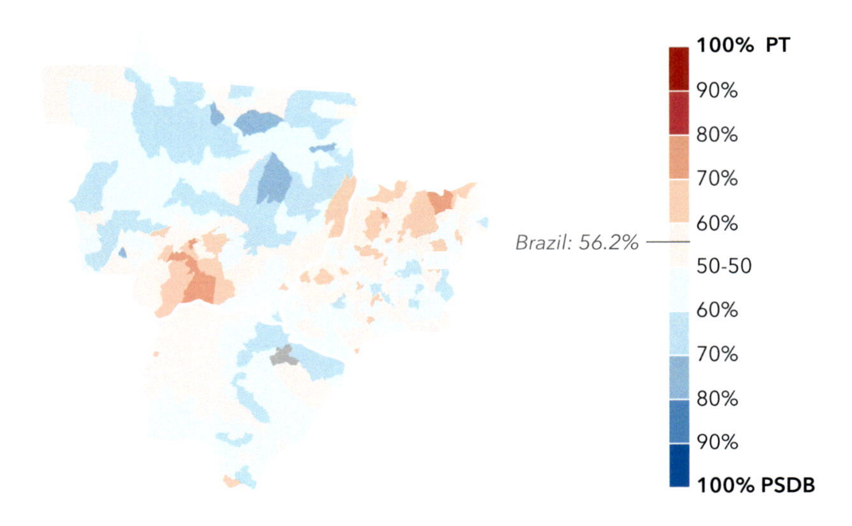

Having looked at the major regions and states more closely, by doing a metaphorical social and political close-up zoom, we will now examine the electoral maps of some major state capitals.

It is worth pointing out that what is to be presented has been organized in a unique way. The electoral results and data for the drawing of maps are in the public domain; but this is the first time that there has been an analysis in sequence of not just three but four elections. Included now is the runoff round of the 2002 presidential election using the same scale, the one used throughout the book in connection with Brazil, where dark red indicates voting for the PT approaching 100%, and dark blue represents the PSDB performance, also in the vicinity of 100%.

This is followed by maps of the municipalities of Belo Horizonte, São Paulo, Rio de Janeiro, Salvador and Fortaleza. In all of them it can be seen that the poorer areas are PT strongholds, while the less disadvantaged areas favor the PSDB. In other words, the major cities reflect, clearly and unquestionably, the same segmentation encountered between the Northeast and São Paulo.

The cities have been placed in this sequence to illustrate the gradual loss of electoral gains by the PT in successive elections. At the start of the series in 2002, when Lula was elected for the first time, they were predominantly red. In 2014, when Dilma Rousseff was reelected, the dark red that had characterized some of them had diminished or even disappeared, having been replaced by geographically expanding darker mosaics of blue.

A trend that draws justifiable attention in all the state capitals is that they anticipated, by at least one election, the segmentation we have called "Northeast, poor and PT" on the one hand, and "São Paulo, middle class and PSDB" on the other.

In 2002, poorer voters in the capitals voted for the PT, unlike the middle class, which opted for the PSDB. This suggests that, in the most important cities of their respective states, voters were already capable of identifying in the two acronyms the one most suited to defending their interests.

Voters in the capitals had recognized the PT, prior to 2006, as the party which promoted a center-left agenda, and the PSDB as the party that defended center-right interests.

In the runoff of the 2014 presidential election, the *mineiro* Aécio Neves defeated Dilma Rousseff in Belo Horizonte by a margin of almost 30 percentage points. In São Paulo the PSDB won by a 27 point margin, and in Rio de Janeiro Ms. Rousseff beat the PSDB candidate by a margin

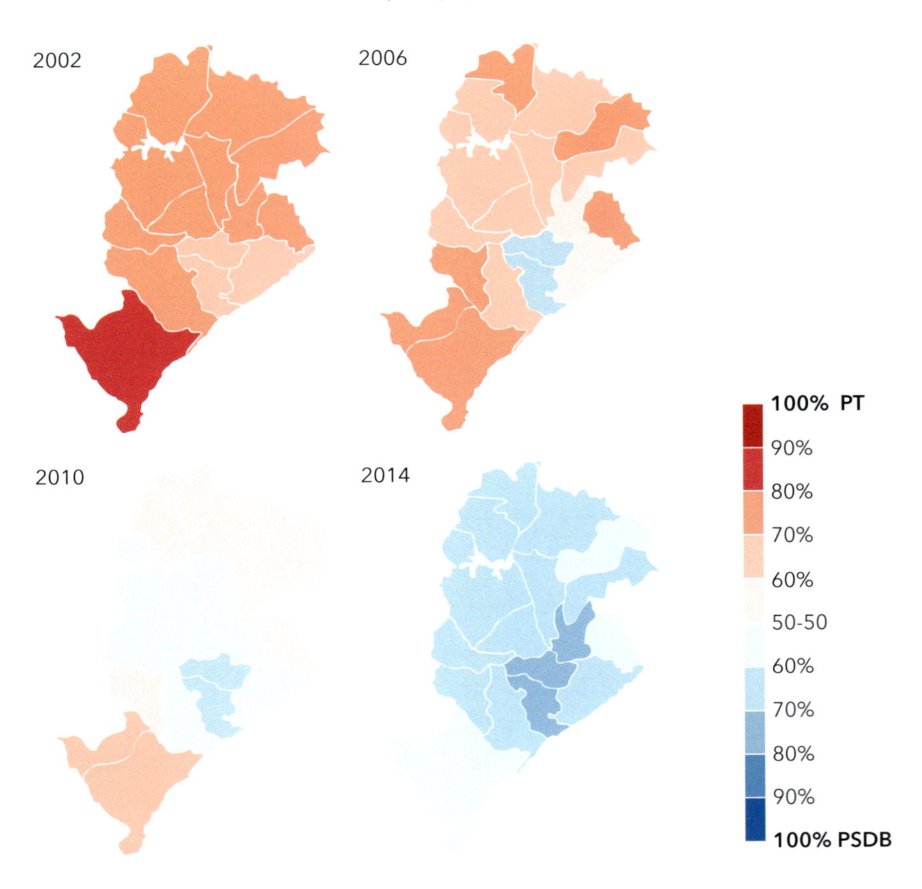

of less than two percentage points. In Salvador the PT won by a margin of approximately 34 points, and in Fortaleza the margin was 35 points.

As we examine the voting patterns in the main state capitals, it becomes evident that, as we move from the Southeast to the Northeast regions, the PSDB steadily loses electoral ground to the PT.

Belo Horizonte was a city entirely red in 2002 that became totally blue by 2014. The process was gradual and preserved regional voting differences along the way.

The first districts to switch to the PSDB in 2006 were the more privileged neighborhoods like Savassi, Santo Antônio and Sion. In the 2010 election, the neighborhoods more removed from the center, on the boundaries with the municipalities of Contagem and Ribeirão das Neves, assured a win for the PSDB candidate, who that year was the *paulista* José Serra.

In 2014 the PT was defeated in its last bastion of the Minas Gerais capital, the workers neighborhood of Barreiro, in the south of the city. Despite the PT defeat in the municipality as a whole, voting differences remained defined along income lines, with less poor neighborhoods crossing over to the PSDB, and poorer neighborhoods remaining loyal to the PT.

The cities of São Paulo and Rio de Janeiro have many characteristics in common, one being crowded, outlying, less privileged neighborhoods. In São Paulo it is the East Zone, formed by the neighborhoods of Guaianases, Cidade Tiradentes, São Mateus and Itaim Paulista. In Rio the corresponding area is the West Zone, comprised of several neighborhoods, among which are Realengo, Bangu, Campo Grande and Santa Cruz.[1] In the 2014 election, those areas still retained the red coloring that identifies them as PT strongholds.[2]

Ever since the 2002 election, the more upscale area of the city of São Paulo, formed by neighborhoods like Moema, Itaim Bibi, Jardins, Higienópolis, Brooklin and Perdizes, has handed victory to the PSDB in the second round, something that has happened in the upscale South Zone and Barra da Tijuca areas of Rio de Janeiro only since the 2006 election.

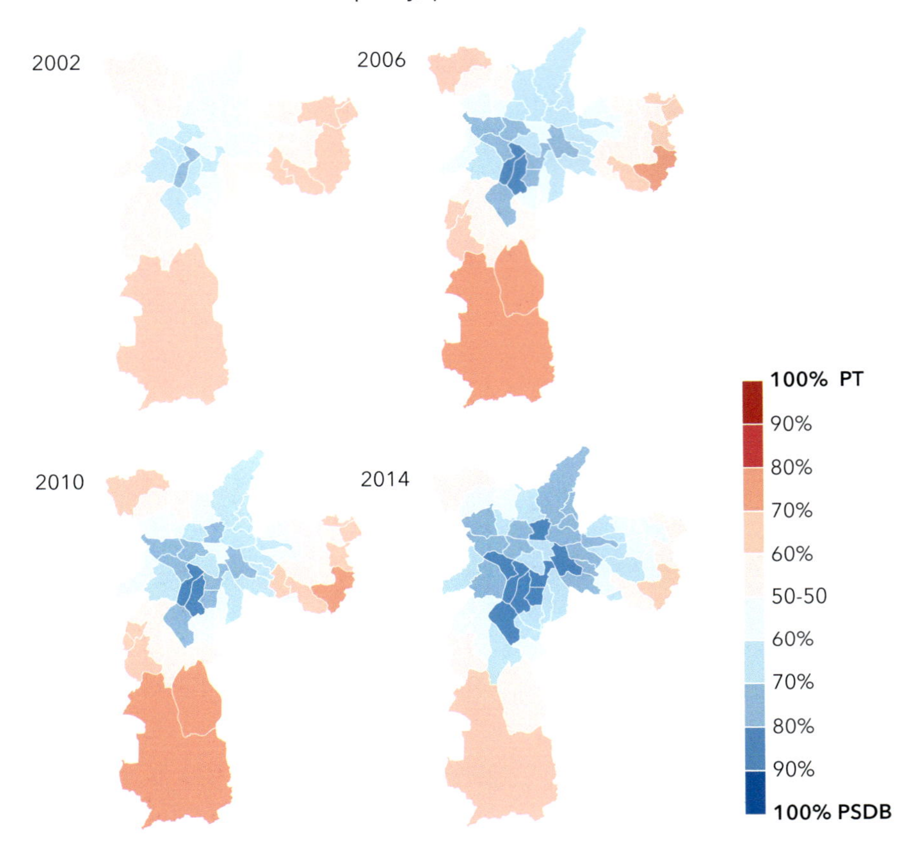

It is election results like this that have turned São Paulo into the PSDB's not merely electoral, but also political, bastion. Its politicians are well protected in that citadel.

The changes in the maps of the city of Rio de Janeiro shock the observer in the striking way they depict the steady loss of votes by the PT, election by election. Put in technical language, the fading away of the red and the spread of the blue are monotonic all across the city.

In 2002, all city neighborhoods gave the PT victory in the second round. In 2006, the PSDB won the areas of Barra da Tijuca, the South Zone and neighborhoods nearer the center of the city. In the two following elections in 2010 and 2014, voting for the PT diminished all across the city, in the neighborhoods that comprise the so-called suburbs of Central and Leopoldina, as well as in the West Zone, the poorest area of the municipality.

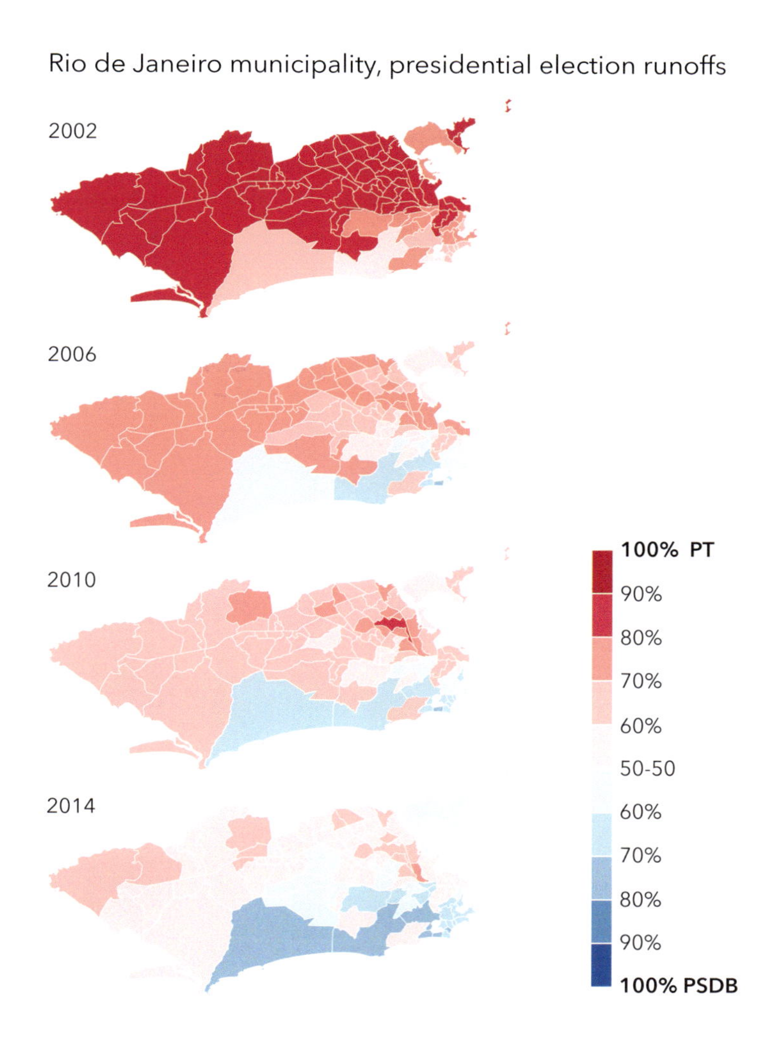

It should be borne in mind that the backdrop of the 2002 election had the newcomer Lula challenging a government the sum of whose excellent and good poll ratings was very low, whereas in the 2014 election the PT had been in power for 12 straight years. To resort to the political jargon, in 2002 the PT signified novelty and hope, while in 2014 so-called "material fatigue" may have set in.

The two state capitals of the Northeast chosen for our zoom-in also reveal that the poor prefer the PT and the middle class the PSDB. The difference is that the middle class here is far smaller than in São Paulo, Belo Horizonte or Porto Alegre.

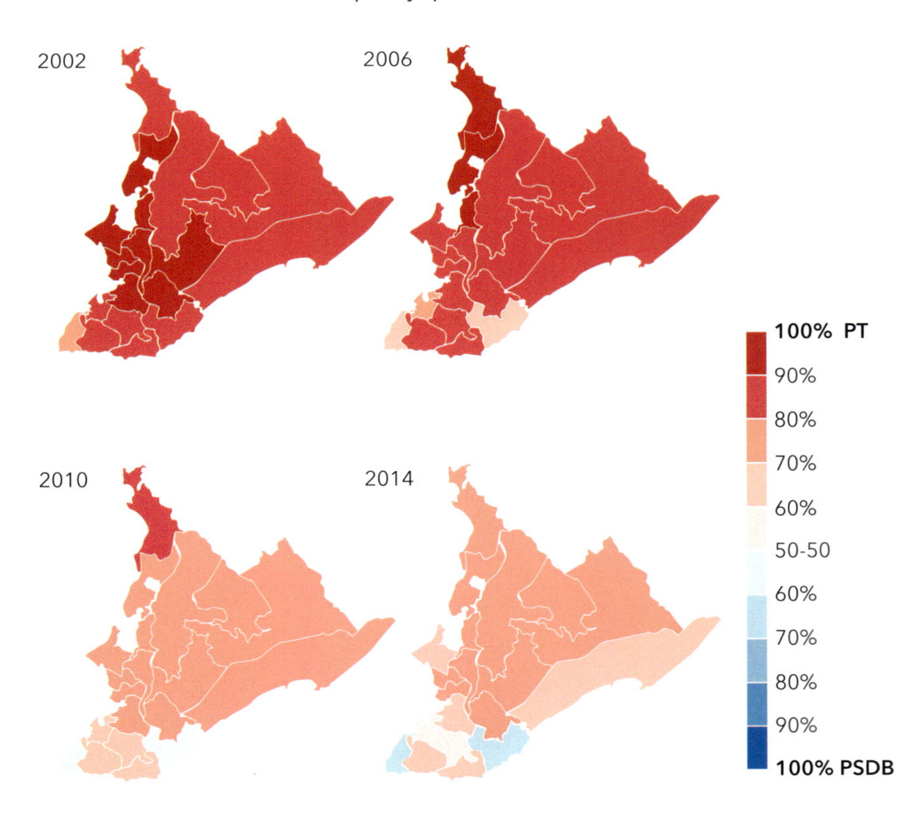

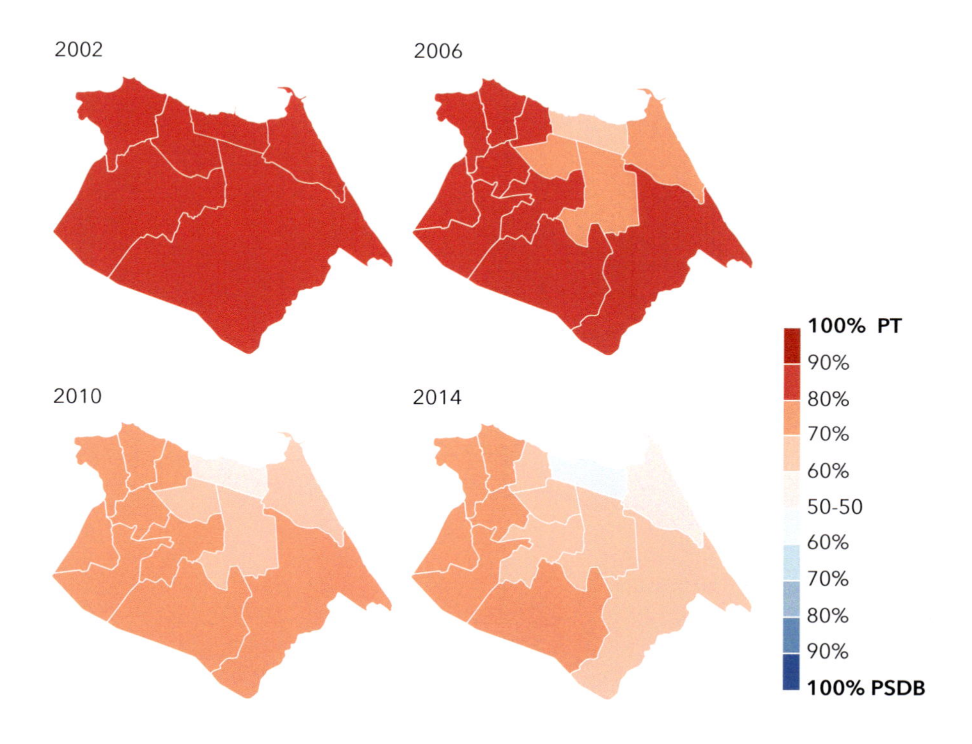

The paler shades of red on the map of Salvador, like the blues of 2010 and 2014, represent the wealthier neighborhoods of Barra – where the "electric trios" led by Ivete Sangalo and Claudia Leitte perform every year during Carnival – as well as Graça, Federação and Pituba.

In Fortaleza, the lighter reds and the blues identify the predominantly middle class neighborhoods: Iracema Beach, Aldeota, Meireles, Mucuripe, Varjota, Vicente Pinzon, Cocó, Papicu and Praia do Futuro. At the extreme west of the city, in darker reds, are the poorer neighborhoods, most notably Barra do Ceará and the low income housing developments Ceará I and II.

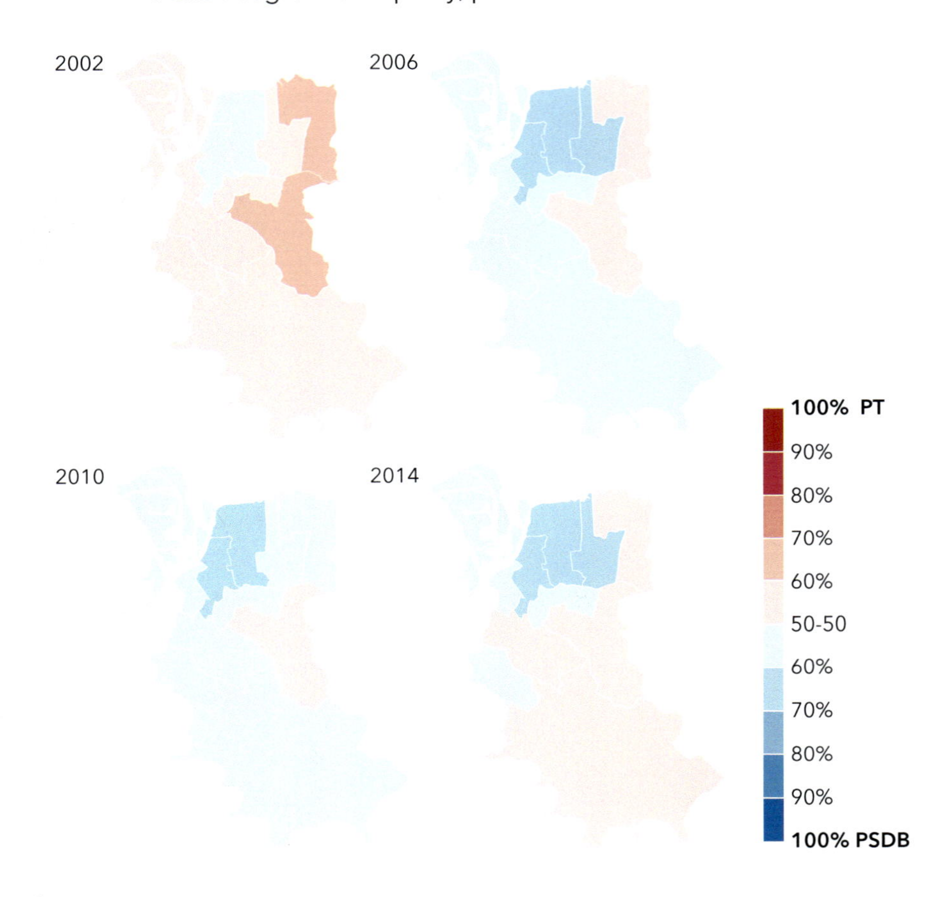

Porto Alegre has been left for last in the sequence of state capitals because it brings to light an important difference: instead of losing further ground in the 2014 election, the PT recovered, winning more votes than it had in 2010.

The electoral map of the *gaúcha* capital shows that various areas that were blue in 2010 turned red in 2014, repeating what had happened only in 2002. In the 2010 runoff, Dilma Rousseff had lost to José Serra by a margin of almost 12 percentage points; but in 2014 Aécio Neves prevailed over Dilma by a margin of somewhat less than 8 points in the municipality of Porto Alegre.

The economy was in far worse shape in 2014 than it had been in 2010 but, even so, the PT, the party in power, gained electoral ground. If the preceding maps heralded good news for the PSDB with the steady slide in voting for the PT, the latter can take comfort from the map of Porto Alegre: it provided the hope that the downturn could be stopped.

As we have already observed, the Northeast is, electorally speaking, unfriendly territory for the PSDB. So we used our zoom lens to search for any municipalities whose electoral results could be considered outliers, that is, atypical results, aberrations, deviations from the norm. Atypical in the Northeast would be the PSDB beating the PT in a presidential election.

Well, there are 1,793 municipalities[3] in the Northeast and in only one single municipality did the PSDB outperform the PT in the three presidential elections. The lone exception is São Miguel dos Campos, in the state of Alagoas, located 60 kilometers from the state capital Maceió.

Out of almost 1,800 municipalities, it is to be expected that at least one would display abnormal electoral behavior. What this rare exception corroborates is what has been pointed out earlier: the extent to which the Northeast is homogeneous. In this part of Brazil the poverty, the low level of consumption, and the very poor living conditions are what make everybody equal, making it highly improbable that the more liberal philosophy of the PSDB would be easily accepted. This is one of the messages delivered by the little municipality of São Miguel dos Campos in Alagoas.[4] The only municipality of 1,793 in the region where the PSDB won in three runoff elections.

When we become less demanding with regard to PSDB victories, and look for two municipal runoff victories instead of three, we naturally come across more such municipalities, among which the more notable are to be found in Campina Grande (Paraíba), Uruçuí (Piauí), and Vitória da Conquista (Bahia).

The PSDB in the Northeast: Alagoas

The only municipality of 1,793 in the region where the PSDB won in three runoff elections

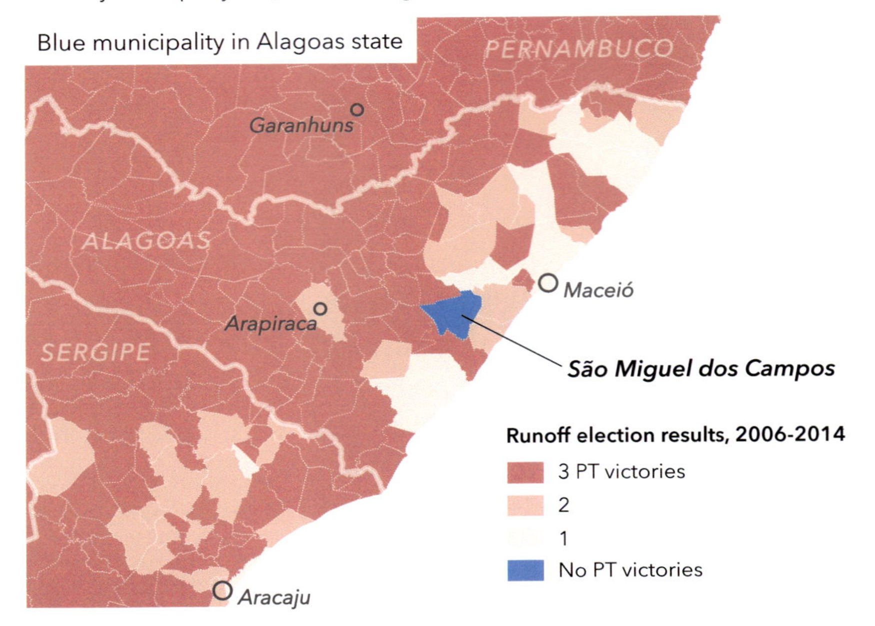

Campina Grande voted red in 2006 and blue in 2010 and 2014. As in the case of São Miguel dos Campos (Alagoas state), the Campina Grande area is comprised of various municipalities in which average voting for the PT in the last three elections varied from 50 to 60%.

It is important to remember that Campina Grande is the second largest city of Paraíba state, behind only the capital João Pessoa, and is the hub of a cluster of tech companies engaged in software development. The city is also the headquarters of other major companies which are among the biggest taxpayers of the state. It is also considered to be one of the hubs of the northeastern *forró* musical tradition and São Joaõ festivities, which attract vast numbers of tourists, making the city a major rival of Caruaru, in Pernambuco state, for the title of host to the country's biggest São João harvest festivities.

The PSDB in the Northeast: Paraíba state

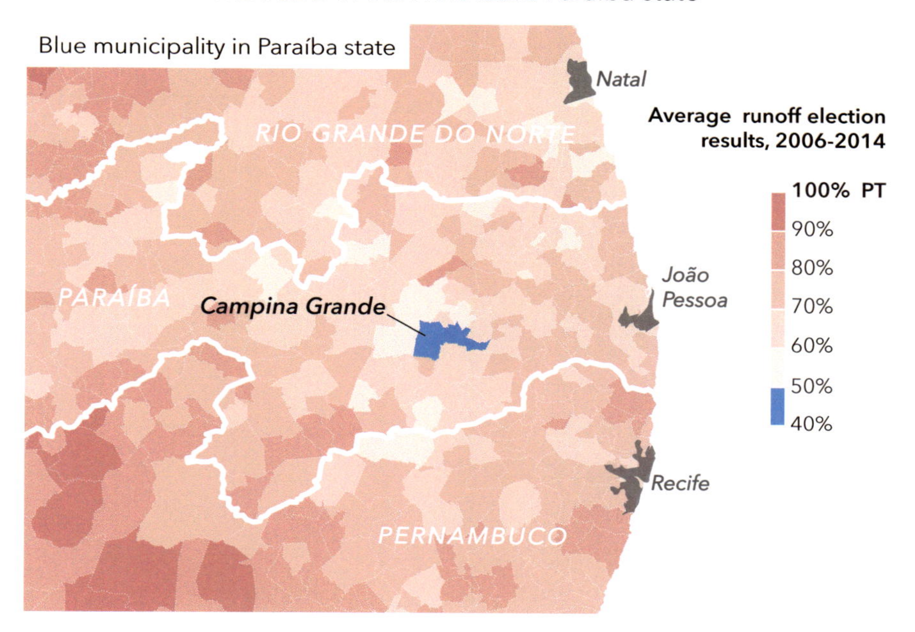

Blue municipality in Piauí state

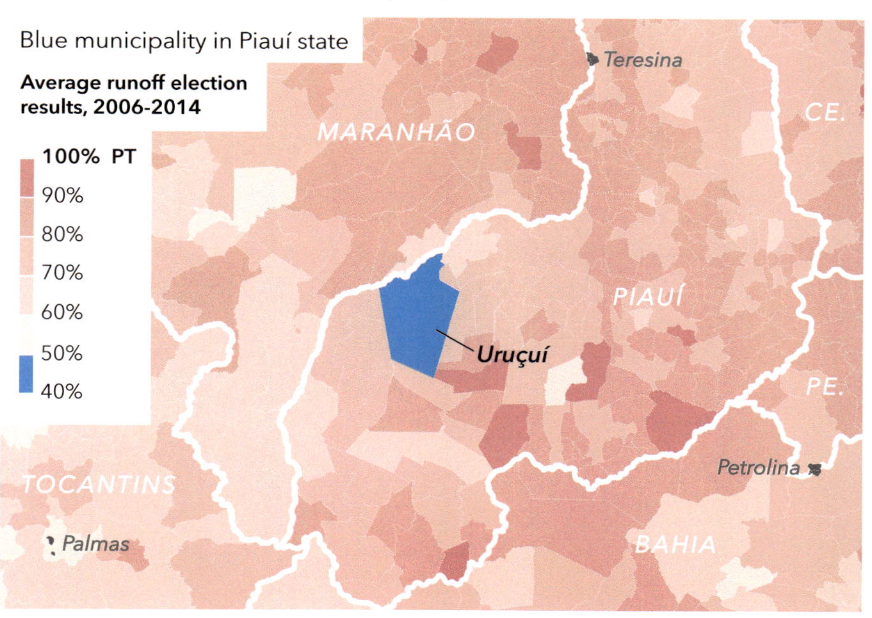

Uruçuí, on the Piauí-Maranhão border, voted blue in 2006 and 2010, but turned PT red in 2014. The municipality gained importance in the region when it became a hub for the modern agricultural production of soybeans, rice and corn, using advanced, highly mechanized planting and harvesting techniques. This growth was fueled by a surge in migration from the agricultural areas of the states of Paraná, Santa Catarina and São Paulo.

It is noticeable, from the brief sketches of the social and economic contexts of Uruçuí and Campina Grande, that a blue-leaning municipality in the Northeast is likely to be either a regional economic hub or boast a productive structure different to prevailing economic norms for municipalities of the Northeast. São Miguel dos Campos in Alagoas state is no different. It is the headquarters of the sugar and ethanol agribusiness giant, the Carlos Lyra Group, and host to their huge plant. It is also a hub for the production of cement. In places where poverty is oppressive, a few major companies can make a big difference.

The PSDB in the Northeast: Bahia

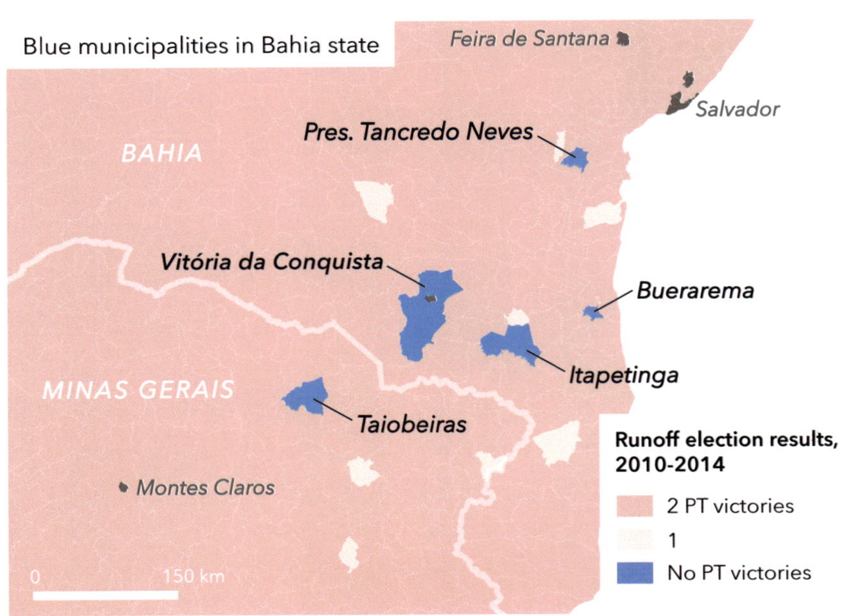

Vitória da Conquista municipality in the state of Bahia voted red in 2006 and blue in the two subsequent elections. Here again we have a municipality that is economically vigorous when compared to the rest of the region. It is the third most populous in Bahia and one of the largest in the interior of the Northeast, with 350,000 inhabitants. Close to the border with Minas Gerais state, it is a magnet of economic activity for dozens of surrounding municipalities.

Vitória da Conquista is a hub of very diverse economic activities: higher learning, with over 10,000 university students, furniture making, ceramics, marble quarries, coffee and eucalyptus plantations (the latter a source of cellulose), and sugar cane cultivation for the production of ethanol.

The economic spurt of the municipality brought about a significant improvement in its Human Development Index (HDI). In 1991 Vitória da Conquista ranked 30th in the HDI ranking of Bahia state municipalities. By 2010 it had risen to 16th. Perhaps this explains why the electorate gave the PSDB a majority of its votes in the last two presidential elections. The profound socio-economic changes that occurred in the municipality had turned it blue.

It is harder to find a municipality in the Northeast where the PSDB has the upper hand than to find the converse in São Paulo; that is, a São Paulo municipality in which the PT is on top. The map repeats the consistency of what we have emphasized: in the poorer areas of the state of São Paulo, the presidential candidates of the PT win the majority of votes.

This can be seen in two specific regions of the state: the Paranapanema Spit in the extreme west of São Paulo, forming the tri-state border with the states of Paraná and Mato Grosso do Sul; and the Ribeira Valley, a region traversed by the highway that links the city of São Paulo to the city of Curitiba. Many red municipalities also showed up around the cities of Campinas, Santos and São Paulo in at least one of the three elections.

These factors led us to look for red outlier municipalities (those with dissimilar results) in the sea of blue municipalities. The idea was to

The PT in São Paulo

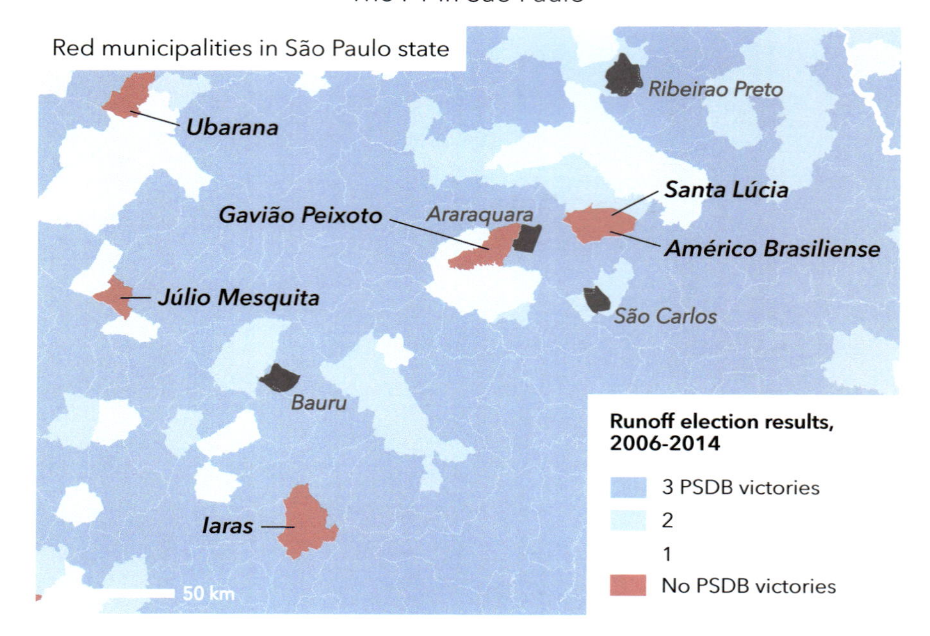

locate the most isolated red municipalities among the multitude of blue municipalities. Two were identified, small and contiguous: Santa Lúcia and Américo Brasiliense.[5]

The two could be one municipality. Both are dependent on cane sugar agribusiness and, to a lesser extent, on the cultivation of orange groves. The modernization of the cultivation of sugar cane and of the production of ethanol eliminated large numbers of farm labor jobs in both these municipalities.

In the past, the seasonality of sugar cane harvesting attracted large numbers of migrants from other states, particularly the Northeast, many of whom eventually settled in the rural areas. There were periods when population growth in Américo Brasiliense was almost exclusively due to the migratory influx of farm labor.

The two cities are considered by many to be "dormitory cities" – cities that are home to people who commute to work in neighboring municipalities – for a population which works in the services sector of neighboring Araraquara municipality, as well as in the already mentioned agribusinesses.

Those municipalities are the opposite of what is represented by São Miguel dos Campos, Campina Grande, Uruçuí and Vitória da Conquista in their respective regions. That being the case, the socio-economic environment of Santa Lúcia and Américo Brasiliense favors the election of PT candidates in presidential elections.

These atypical cases, both red and blue, serve to help us better understand electoral segmentation in Brazil. It can be said that regions like the Sierra Gaúcha, the Itajaí Valley and the north of Paraná state are conglomerates of cities like Campina Grande and Vitória da Conquista, places where the local societies, thanks to their economic dynamism, depend less on the government or the State and, therefore, find the agenda of the center-left less appealing.

On the other hand "Grande sertão: veredas" (literally "Great Backlands: Paths", the classic by João Guimarães Rosa) can be seen as a conglomerate of municipalities like Santa Lúcia and Américo Brasiliense, with a minimally dynamic economy that produces a society in which the large majority rejects the more liberal agenda of the PSDB, which stands for less state interference in the economy and fewer social policies.

Many may now think that, as Brazil grows richer and municipalities become more prosperous and dynamic, the PT will eventually cease to exist. It is worth remembering that in 2006 the PT candidate won in Vitória da Conquista, something which did not happen again in 2010 and 2014. This thinking will be the focus of the next chapter. To this end, we will rely on an analysis of voting patterns in countries far richer than Brazil.

5 First World Brazil

WHEN WE EXAMINE THE ELECTORAL RESULTS of other countries, our main objective is not to understand what goes on there, but rather to better understand Brazil.

Comparative politics helps to throw light on who we are, our differences and similarities. It allows us to escape from the provincialism that is so easy to become mired in, given our continental dimensions. In this chapter you will have the opportunity to look at cartographic illustrations of 25 elections in six countries.

The electoral maps[1] of Spain, Germany, France, Italy, United Kingdom and the United States show that the more disadvantaged regions regularly vote for center-left parties, while the more prosperous regions vote regularly for center-right parties.[2] The enrichment of countries does not automatically do away with their respective "PTs".

We shall also see, to the disappointment of those who think that things are always better elsewhere, that as far as national voting patterns go, we are identical to the world's most developed countries. When it's time to vote, Brazil is a first world country.

Lessons from countries we admire and
consider better than Brazil.[3]

All countries: There are many similarities with Brazil in relation to voting patterns.
Spain: There is a region which plays the same role as the Northeast of Brazil.
Germany: There is a region which plays the same role as the state of São Paulo.
France: Social divisions, and their influence on the vote, change very slowly.
Italy: Despite the confusion with acronyms and Operation Clean Hands, there is a center-left electoral and political pillar as well as one for the center-right.
United Kingdom: Shows that Brazil is Anglo-Saxon from the viewpoint of national elections: economic well-being is paramount. "It's the economy, stupid".
United States: Agrees with the UK and reveals that, even in the world's richest and most advanced country, segmentation of voters by income is still in place, which means that this could become something very lasting in Brazil.

One important conclusion to be derived from the analysis of voting behavior in other countries concerns the permanence of the division between left and right. There are those of the right in Brazil who are not pluralists. So they dream of the day when the PT or some equivalent thereof will no longer exist. It is likely that such a day will never arrive.

That dream is based on data already presented in these pages. Non-pluralist thinking holds that, if Brazil becomes a richer country and per capita income of the poor grows at a steady and significant rate, they will no longer vote for a center-left party. They believe that after this process of enrichment all the regions of the country will become replicas of São Paulo.

What this chapter will show is that even in countries far richer than Brazil, as well as much more egalitarian, the left-right electoral split remains: the relatively less privileged continue to vote for center-left parties, and the relatively more privileged give their allegiance to the center-right.

The rise in schooling levels of the population frequently produces the dual effect of generating more income, individual as well as national, while diminishing the social and income gaps between the now less poor and the more comfortably off. The distinction, however, will always remain and, consequently, so will center-left and center-right political parties.

The major difference between Brazil and more developed countries are the agendas of their political parties. In what are called first world countries, the themes and the demands are different. It can be affirmed that, in those countries, rises in levels of schooling and income cause shifts in all political ideologies towards the right. To put this in more familiar terms, the agendas of the "PT" and the "PSDB" of each country end up adopting a more rightist slant than "our" PT and "our" PSDB.

But the objective here is not to compare the agendas of the political parties of other countries. All we want to do is stress that the left-right division is universal and very resistant to the passage of time.

Another argument that frequently enters public debate in Brazil concerns the division between "us" and "them". Some believe that Lula and the PT have divided the country and fostered class animosity. However, an analysis of other countries shows that class divisions are widespread when it comes to the vote. If there is class hatred in Brazil it is also present in other countries, each of which probably had its own Lula at some point in the past.

We believe, however, that this is not the best analytical manner in which to approach the occurrences and interaction between social structure and voting preferences. It is much easier and more rewarding to imagine, as has already been suggested in this book, that political actors take advantage of electoral market opportunities in the same way that companies seize consumer market opportunities, which has little or nothing to do with the country or the era.

Starting in 2003, during his first mandate, Lula did no more than act rationally, first by identifying the electoral opportunity presented by the poorer electorate, then by adopting public policies that addressed their needs.

Obviously, in practice that was not merely a selfless rational decision. Political actors have backgrounds that permanently influence their thinking, as well as their own ideologies and interests. Lula is the product of a trade union background, a lifelong leftist, and always espoused the interests of his social class and origins.

As the head of the government, Lula and the PT zealously served the interests of the poorer classes, whether by means of public policies, the most important symbol of which was the expansion of the *Bolsa Família* program; or whether by means of symbolism and communication. The poorer classes recognized the efforts of the first Lula administration and repaid him with their votes, bringing about the electoral segmentation that first appeared in the 2006 elections. On the other hand, less disadvantaged citizens also recognized the efforts of the PT and began to vote for the PSDB in greater numbers.

It is possible that the perception of some that Lula generated class animosity is a consequence of our social structure. It is common knowledge that Brazil is one of the world's least egalitarian countries. This may be the reason for believing that, by promoting improvements in the lives of the poor and prioritizing matching policies, he is fomenting hatred between the classes. If that is the reason, there is nothing that can be done to assuage that vision as long as there are electoral market opportunities to be exploited.

It should be remembered that the rich countries are more egalitarian than Brazil. The living conditions of the poorest are not all that different from those of the less poor or the better off. For example, in the countries whose electoral maps are included in this chapter, homes do not lack the services not always available to all in Brazil, such as a potable water supply system, sanitation networks and garbage collection. Nevertheless, it is still possible to find segmentation of votes by social class and superpose them on geographical regions.

Perceptions aside, it is worth repeating that voting patterns in Brazil in countrywide elections are identical to those of various countries which Brazilians hold in high esteem. The maps of Spanish elections, for example, are very clear in this respect.

Before analyzing the various electoral maps, however, it would be worthwhile to pay attention to how long-lived is the alternating between left and right, with the same parties rotating in power. The electoral segmentation originally identified by Lipset and Rokkan is what ensures this repetition.

Following the long dictatorship of Francisco Franco, Spain has been governed either by the PSOE or by the PP. This rotation between governing party and main opposition party has lasted forty years. The Aliança Popular (AP), which came to power and then was in opposition for a short period, was the party that eventually morphed into the PP, so the latter is the continuation of the former. This alternation was only possible because of the voting behavior of the Spanish electorate, duly mediated by its electoral system, as occurs in any country.

Spain: 41 years of alternation between government and opposition

Period	Party of head of government	Main opposition party
1977-1982	AP	PSOE
1982-1996	PSOE	AP/PP
1996-2004	PP	PSOE
2004-2011	PSOE	PP
2011-	PP	PSOE

The duopoly that exists in Spain is mirrored in Germany: 69 years of alternation in power (or as main opposition party) between Christian Democrats and the SPD. Post World War II Germany was governed by prime ministers whose names are celebrated in the country's history, among them Konrad Adenauer, founder of the Federal Republic of Germany; Willy Brandt, who implemented a foreign policy of détente towards then East Germany and other neighbors of the former communist bloc; and Helmut Kohl, who engineered the reunification of East and West Germany. All of them owe their time in power to the votes won by their parties and to the regulations for converting votes into parliamentary seats.

In the long Merkel era initiated in 2005, the SPD has also been a coalition partner, – in 2018 the SPD again entered a new coalition government with Merkel's CDU – but this does not invalidate the rationale behind the duopoly argument and the alternation in power of the center-left and the center-right.

Germany: 69 years of alternation between government and opposition

Period	Party of head of government	Main opposition party
1949-1969	CDU/CSU	SPD
1969-1982	SPD	CDU/CSU
1982-1998	CDU/CSU	SPD
1998-2005	SPD	CDU/CSU
2005-	CDU/CSU	SPD

The evaluation of the French duopoly has to contend with the fog caused by several changes in the names of political parties. Once we get past that mist, we can take it that socialists are on one side and republicans on the other.

The republicans are also known as Gaullists, a reference to the founder of the Fifth Republic, Charles de Gaulle. His presidency, first under the UNR banner and later under that of the UDR (a mere change of name), lasted from 1959 to 1969, and was followed by that of Georges Pompidou of the same party.

Pompidou had been prime minister during the presidency of Charles de Gaulle. His successor, Valéry Giscard d'Estaing, had been de Gaulle's Finance Minister and Pompidou's as well. He governed under the banner of the RI and then that of the PR (its new name). Jacques Chirac was first president as an RPR nominee and later as the UMP candidate (another simple change of name), and Nicolas Sarkozy also as the UMP candidate. The UMP is also an offshoot of the Gaullist tradition.

On the center-left side during the Fifth Republic we have only the Socialist Party, which elected two François to the presidency of France, Mitterrand and Hollande.

France: 59 years of alternation in the presidency

Period	Party of the president
1959–1974	UNR and UDR
1974–1981	RI and PR
1981–1995	PS
1995–2012	RPR and UMP
2012–2017	PS
2017–	REM

In the National Assembly of the Fifth Republic the majority was either Gaullist or Socialist, depending on who had been elected president. And when one side was in the majority the other was the major opposition party. The big exception to this rotation between Gaullists and Socialists was the election of Emmanuel Macron in 2017 (something we will shortly address).

The Italy prior to Operation Clean Hands, from 1946 to 1991, was one long one-note samba. All the prime ministers were Christian Democrats (DC) and the Italian Communist Party (PCI) was always the main opposition party.

Italy: 45 years of the same party in power and the same opposition

Período	Party of head of government	Main opposition party
1946–1991	Christian Democrats	Italian Communist Party

The predominance of the Christian Democrats during this period had two short interruptions: the first between 1981 and 1982, when the prime minister was from the Italian Republican Party; and the other from 1983 to 1987, when Bettino Craxi governed Italy as the Socialist Party's prime minister. In both cases the government was only able to obtain a parliamentary majority thanks to the support of the Christian Democrats.

Over this long period the two most prominent Christian Democrat names were Aldo Moro and Giulio Andreotti, their opposite numbers in the Communist Party being Palmiro Togliatti and Enrico Berlinguer.

From the middle of the 1990s, following the implosion of the old party system brought about by Operation Clean Hands, the names of Italian political parties were changed several times as the result of mergers, amalgamations and schisms. Despite the confusion caused by the numerous changes, it is possible to identify the major political influences at work: on the center-right is the Forza Itália of Berlusconi and the Liga Norte (Northern League); on the center-left, L'Ulivo (Olive Tree) and the Democratic Party (PD).[4]

In this case as well it is possible to recognize the same voting patterns that exist in all the other countries analyzed, subject to the exceptions we will address in the following pages.

The nebulosity surrounding the identification of left and right parties in France and Italy is absent in the cases of the United Kingdom and the United States, where all is clarity. The British have been voting since 1922, with the Conservative Party and the Labor Party alternating in power. As obviously occurs in nations with a two-party system – in these cases the result of the electoral systems in place in both countries – when one party is in power the other is left with the role of opposition. The electoral outcome is always the result of the interaction between the electoral system and the preferences of the electorate. In the United States the Democratic Party carries the banner of the left and the Republican Party that of the right.

We return to Spain and its electoral maps. Considering that the richer regions, as measured by GDP per capita, are the Basque region and Navarra to the north, and Madrid at the center, it is possible to notice that these areas tend to vote for the Popular Party (PP), shown in blue. On the other hand, the red of the Spanish Socialist Workers Party (PSOE) predominates in poorer regions like Andalusia in the south, Estremadura and Murcia contiguous to Andalusia, and Asturias to the north.

The exceptions confirm the rule, as in the case of the rich Catalonia region in the northeast, where the preference is for the center-left.[5]

General elections in Spain (2004-2016)

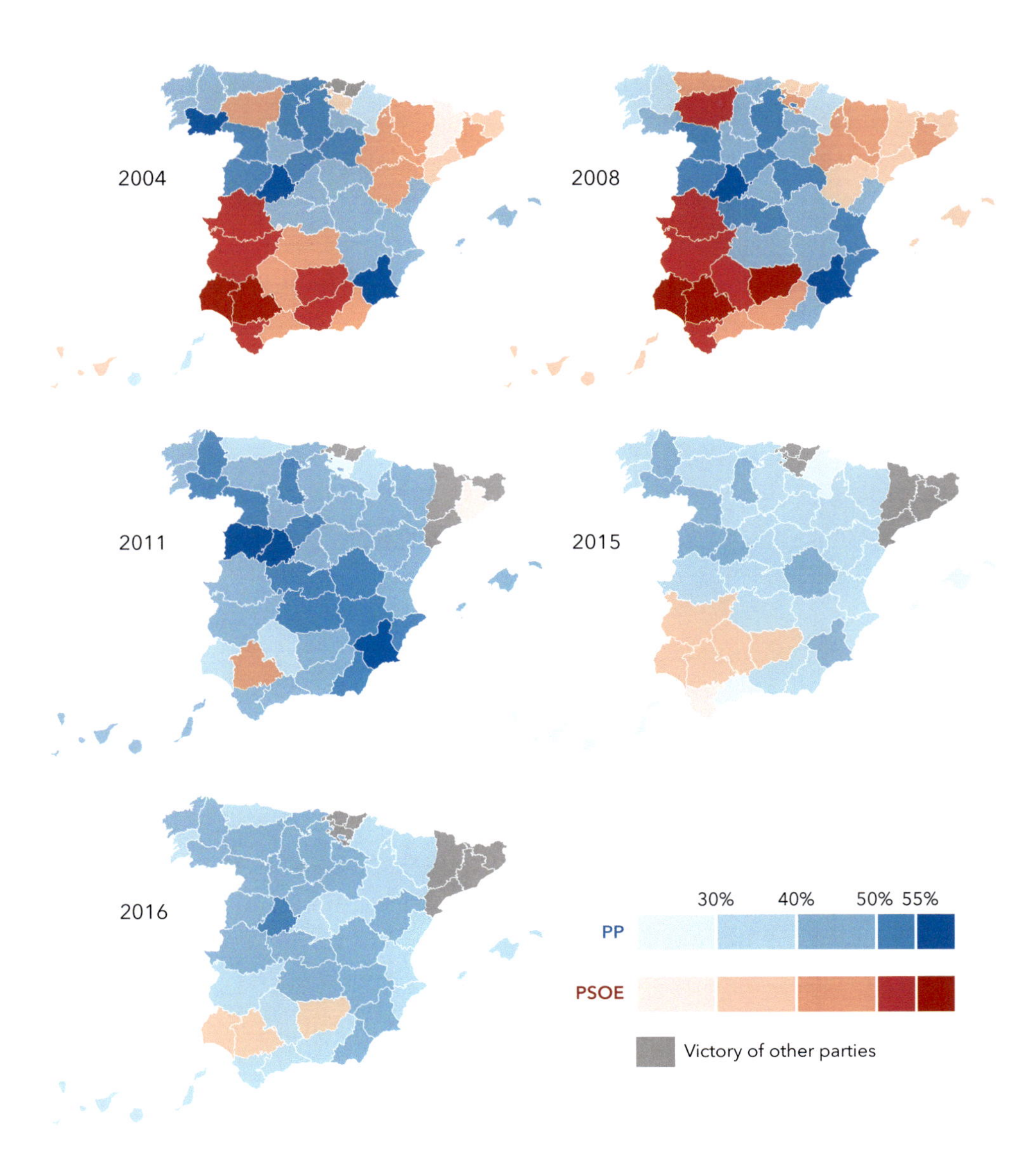

To Catalan voters, regional issues influence the vote to a greater extent than concern for economic well-being. Obviously, phenomena of this nature can interfere with the interaction between income and voting preference, distorting it.

There is a Spanish electoral phenomenon that helps a good deal to understand Brazil. It is the voting preference of the Andalusia electorate. The Andalusia region is comprised, among other provinces, of Seville, Granada, Cordoba, Malaga and Cádiz. It is the most populous region of Spain and is also a region with one of the lowest per capita GDP indexes in the country, superior only to the regions of Estremadura and Melilla by some measurements. Andalusia is the functional equivalent in Spain of the Brazilian Northeast.

One important Andalusian cultural trait is the celebration of festivities similar to Carnival in Brazil. Andalusia comes to a stop during Holy Week. The population gears up for festivities that last several days, making special clothes, forming groups and organizations dedicated solely to the celebrations. Everybody takes to the streets in parades that bring cities to a standstill, surrounded by multitudes of locals and tourists who fill bars and restaurants to overflowing.

Despite the religious origins of the festivities, they have become overwhelmingly secular. The Spanish, today, are no longer a people who are regular churchgoers. The Holy Week of Andalusia and the Carnival of the Brazilian Northeast are celebrations that have the same spirit and style.

In the third part of his second book titled *Democracy in America,*[6] Alexis de Toqueville, the great French liberal thinker, compares commemorations in aristocratic and democratic countries.[7] According to him, in aristocratic societies like those of Andalusia and the Brazilian Northeast, the people indulge in "ingenuous, turbulent and coarse diversions", and succumb "willingly to the impulses of a tumultuous and noisy joy that wrenches them at a stroke from the contemplation of their misery [...] violently removed from their very selves".

Again according to Tocqueville, in democratic societies like São Paulo state and Bavaria, people "prefer austere and silent diversions that look like business dealings", because they go "to the interior of their home to drink. These men enjoy, at the same time, two pleasures: they think about their business and inebriate mildly in the bosom of the family". There are no festivities in São Paulo or in Bavaria like Holy Week in Andalusia or Carnival in the Brazilian Northeast.

Carnival in the Northeast or Holy Week in Andalusia?

Setting society aside for now and returning to politics, the name in Spanish for the regional government is Junta de Andalucia, which was created in 1981. Since that time the Palácio de San Telmo, the seat of the Junta, has been occupied only by politicians of the Spanish Socialist Workers Party (PSOE), the functional equivalent in Spain of the PT.[8]

President of the Junta de Andalucia	Period	Party
Rafael Escuerdo Rodríguez	1982-84	PSOE
José Rodríguez de la Borbolla	1984-90	PSOE
Manuel Chaves González	1990-2009	PSOE
Gaspar Carlos Zarrías Arévalo	2009	PSOE
José Antonio Martínez	2009-13	PSOE
Susana Díaz Pacheco	2013-	PSOE

The perception of the local population is that Andalusia has improved considerably since it has been governed by the PSOE. Illiteracy and underdevelopment were widespread in the past. Now the cities and the provinces have developed as a result of social policies and investment in infrastructure. One of the milestones of the advances in the region was the choice of Seville as host of Expo 92.

A pronouncement by Manuel Chaves González, the longest-serving regional leader, captures succinctly the positive transformations that Andalusia has undergone, for which PSOE administrations are given all the credit: "Andalusia was an abandoned house during the Franco era until the PSOE arrived and made things work. Many here will never forget that."[9]

Despite accusations of corruption, patronage and paternalism leveled against the Andalusia PSOE, the center-left party remains the strongest in the region.

The following affirmation about the Brazilian Northeast is very similar to what Manuel Chaves had to say about Andalusia: "The Northeast remained backward as long as the powers that be ignored the region and its people. With the development policies, distribution of income and combat of social and regional inequalities implemented by the Lula and Dilma administrations, the region became the most vibrant example of the new Brazil we are building."[10]

Leaving the Iberian Peninsula and traveling towards rich Germany, it isn't hard to come across the relation between income and the vote.

Among the poorer areas there are, to the north, along the border with Poland, the region of Brandenburg, which surrounds the capital Berlin; Upper Saxony, contiguous to and located to the southwest of the state of Brandenburg; Thuringia, contiguous to and to the southwest of Upper Saxony; Lower Saxony, the region around the city-state of Bremen; and the state of Schleswig-Holstein in the north, next to Denmark. In all these regions the red of the Social Democratic Party (SPD) is predominant when it is victorious, or the weak blue of the center-right whenever SPD is defeated.[11]

In the richer areas of the German nation the blue of Christian democracy, represented by the CDU and the CSU, is dominant: in Bavaria to the southeast, along the borders with Austria and the Czech Republic; in the state of Baden-Wurttemberg, between Bavaria and France; in North Rhineland-Westphalia, where the cities of Dusseldorf, Cologne, Dortmund and Essen are located; and finally, the state of Hesse, at the center of the country, the main city of which is Frankfurt.

Germany is as useful to our understanding of Brazil as Spain. If there is a region in the world that is the functional equivalent of São Paulo, that region is Bavaria. It is in this region that the blue which stands for the power of the "local PSDB" is always of a deeper shade.

This German Bundesland has the highest per capita income of the country, behind only the city-states of Hamburg and Bremen. If Bavaria were a country, its share of the national GDP would make it the 20th economy in the world, and close to the 10th in GDP per capita.

Germany

Results of federal elections

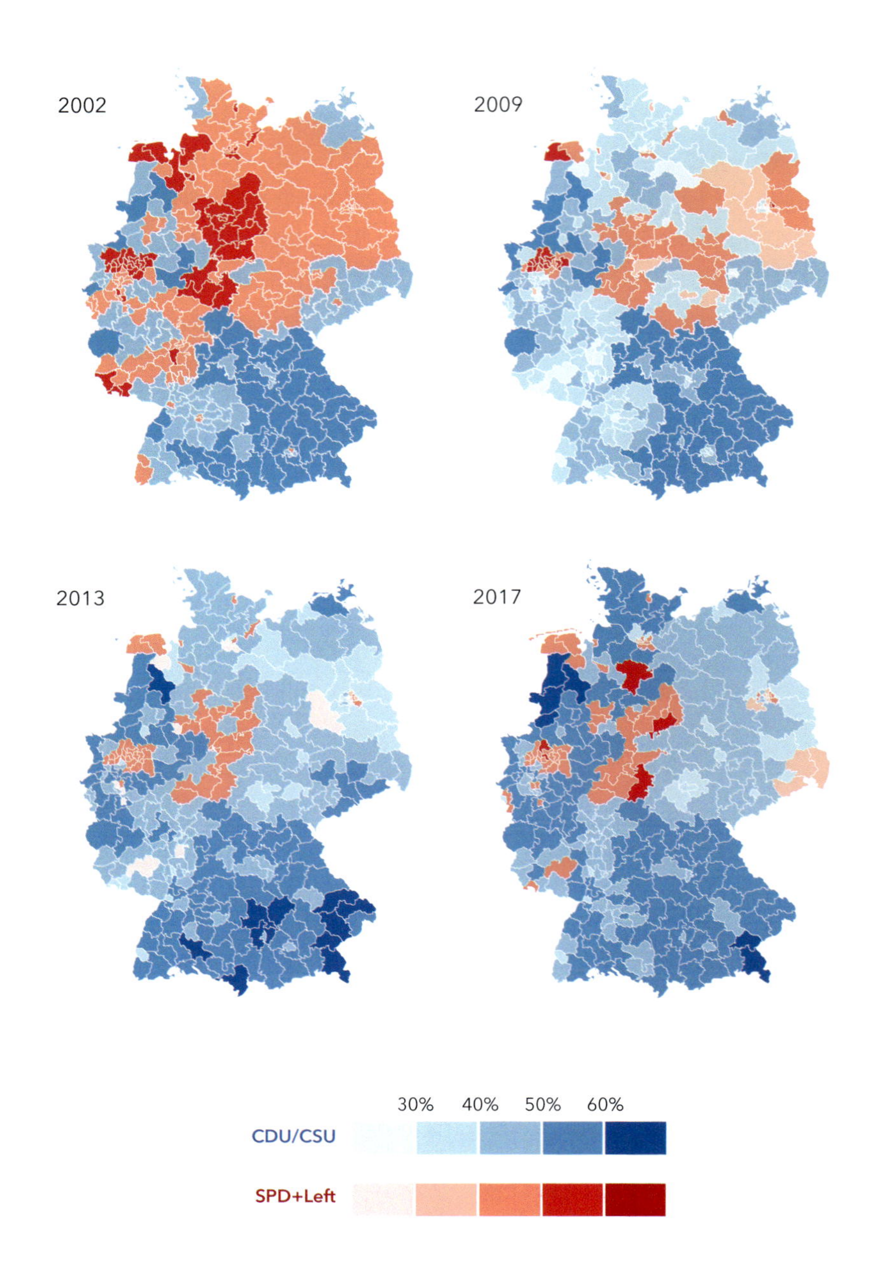

The Bavarian state is home to several economic clusters, among which are the following sectors: automotive, mechatronic, mechanical engineering, civil engineering, electrical engineering, electronic engineering and information technology. Various major corporations are headquartered in Bavaria: BMW, Siemens, Audi, Allianz, Puma and Adidas.

But Bavaria was not always like that.

Franz Josef Strauss and Hans Seidel, who left politics early because of an accident, were the two Christian Social Union [CSU] politicians who spearheaded the modernization of Bavaria.

Ministers-presidents of Bavaria	Period	Party
Hanns Seidel	1957-60	CSU
Hans Ehard	1960-62	CSU
Alfons Goppel	1962-78	CSU
Franz Josef Strauss	1978-88	CSU
Max Streibl	1988-93	CSU
Edmund Stoiber	1993-2007	CSU
Gunther Beckstein	2007-2008	CSU
Horst Seehofer	2008-	CSU

German politics has a peculiarity that deserves attention: the permanent alliance between two center-right parties, the CSU, which is active exclusively in Bavaria, and the Christian Democratic Union (CDU), a nationwide party. There is a regional political representation split, although the two parties share the same ideology and the same agenda.

In 1950, the GDP per capita of Bavaria was 85% of what was then West Germany. By 1980 it had reached 95%. Using the same indicator to compare Bavaria with the richest region in the country, the Rhineland of North-Westphalia, which includes Cologne and Dusseldorf, it rose from only 72% in 1950 to 90% in 1970.[12]

Strauss and Seidel acted together to make the CSU the most important center-right party in Bavaria. Furthermore, when Strauss was appointed Minister of Defense he channeled a vast amount of resources from the federal budget to his state with the intention of fostering the modernization of local industries.

The details of the entire process that turned Bavaria into the preferred location of the most modern sectors of the German economy, as well as the particulars of the political maneuvering of Strauss e Seidel, which are not relevant to our objectives here, can be found in the pages of the masterly work by Mark Milosch.[13]

The modernization of Bavaria occurred concomitantly with the economic boom that changed the face of Austria and the north of Italy, bringing prosperity to the region and making center-right parties the preferred choice of the electorate.

What we have seen in this section reveals the importance of political leaders, the impact of their efforts, and the public policies adopted. Andalusia was indebted to the leadership of Manuel Chaves who, from the viewpoint of the electorate, lifted the people out of poverty, consolidating the dominance of the PSOE in the region to this day. This is precisely what happened in the Northeast of Brazil with regard to Lula and the PT, as the electoral maps of presidential elections have shown so clearly.

Bavaria is an identical case. Just the names of the political actors, of the leader Strauss, and of the dominant party (CSU) are different. The issue there was not to lift the population out of poverty, but to rapidly improve the local economy.

In this regard it is perhaps not possible to draw a parallel with the state of São Paulo, but even so it is worth pointing out that both São Paulo and Bavaria are the most modern industrial regions in their respective countries. Both are also the most prosperous when GDP per capita is used as the indicator. So it should not be surprising that a center-right party is the preferred choice of voters in both places, the PSDB in São Paulo and the CSU in Bavaria.

São Paulo is the Brazilian Bavaria, and Bavaria is the German São Paulo.

Bavaria and São Paulo: business and business

Headquarters of BMW in Munich and of Bradesco in Osasco (SP).

Headquarters of Allianz in Munich and of Banco Itaú in São Paulo.

Sponsorships of Allianz and Itaú in their chosen headquarters states.

It is fitting here to revisit the great work of the Greek poet Constantino Kaváfis, "Waiting for the Barbarians", duly paraphrased:

What are we waiting for in the assembled now?

It's that the *paulistas* arrive today.

Why so much apathy in the assembly?
Do the deputies not legislate any more?

It's that the *paulistas* arrive today.
What laws are the deputies to make?
The *paulistas* will arrive and make them.

Why did the governor arise so early
and in solemn vestments seat himself
on his throne, at the great gate of the city?

It's that the *paulistas* arrive today.
Our governor expects to greet their leader. He has ready a
parchment to give him in which are written many names and titles.

[...]

Why this sudden restlessness?
(What seriousness in the miens!)
Why do the roads empty so quickly
and all return home so preoccupied?

Because it's night already, the *paulistas* aren't coming
and recent arrivals from the frontiers
say there are no more *paulistas*.

What will become of us without *paulistas*?
Ah! They were a solution.

The identity of every people, nation or region is built on differences and otherness. There are no barbarians without Romans, and no Bavarians without Andalusians. If there were no *paulistas* there would be no *nordestinos*, and vice-versa.

And last but not least, if there were no PSDB, there would be no PT (ah, and vice-versa too).

A group would lack identity without another dissimilar group to stimulate confrontation, comparisons, disputes and adversity. São Paulo and the Northeast will always exist, in Brazil and outside of it. Just like the PT and the PSDB.

In the case of France, prior to the 2017 election the identity of Gaullists, with their variety of party acronyms, was being built in a reactive relation with the Socialist Party and vice-versa. Geographically, the center-right has been systematically more successful in the wealthier regions of the country, like the Ille de France, the area surrounding Paris, and the regions of Provence-Alps-Cote d'Azur to the south, on the border with Italy, and the Loire region south of Brittany.

The socialists, for their part, are regularly much more successful in the poorer areas, like Brittany in the northwest of the country, Upper France in the northeast, on the border with Belgium, and in the region of Limousin.

The analytical model used here, based on the tradition initiated by Lipset and Rokkan, foresees various social divisions that have an impact on the vote. In the case of Brazil the weight of the split between the poorer and the less poor is greater than in countries like France and Italy, to cite two examples. In the past religious schisms always had an importance in Europe that is unfamiliar to us in Brazil. Keep in mind that numerous major European political parties made a point of calling themselves *Christian* democrats, and do so even today. It is not a mere empty name but rather a denomination that stands for a certain political agenda.

As we will see in the case of France, and of Italy as well, the weight of class divisions was diluted by religious differences in the electorate.

The relation was always clear: the more people go to church the greater the chances they will vote for center-right parties; and the more "irreligious" a person is the greater the likelihood he or she will vote for a center-left party.

Merely by way of illustration, there are other differences besides income and religion that have an impact on politics. Belgium is an example. It is a country socially organized around two different linguistic (and cultural) pillars. In the north, in Flanders, the language of the population is Dutch, and in Walloon region to the south, French is the preferred idiom.

The fact that social divisions other than income have an impact on the vote does not invalidate our core argument, namely that socio-economic circumstances influence the vote when adequately exploited by politicians.

In Brazil the PT, through Lula, took advantage of the division between poor and non-poor. This was done in Europe as well, but in some cases, like Italy and France, politicians also used religious divisions for political purposes.

Social fault lines, their exploitation by politicians, and the resulting electoral impact are very long-lived. But they are not immutable. Voting along class lines and the division between the poor and the well-off are losing political traction in Europe, just like religious divisions. This process is taking place gradually and incrementally.

It is believed that the result of the French presidential election in 2017, with Emmanuel Macron and Marine Le Pen in the runoff, is a reflection of such changes. The two of them elbowed aside Gaullists and socialists. The result of this election can be evaluated in the light of French social divisions (which we will do in the last chapter). However, one can also work with the hypothesis that the result was influenced to a large extent by the overall environment at the time. In the parliamentary election of 1993 the Socialist Party was decimated as a result of material fatigue: François Mitterrand had been president for twelve years, the country was in a crisis, and endless corruption scandals had tainted the party.[14] Eighteen years later, thanks to their traditional electorate, the socialists returned to the presidency with François Hollande.

Social divisions order electoral contests over the long term, while the political scenario affects them randomly in each election. We still don't know whether what occurred in France was just the result of the overall circumstances at the time, or whether the social structure of the country has changed enough to restructure electoral contests well into the future.

The French electoral map of 2017 is the only electoral map in the entire book in which the colors are not red and blue. This was done intentionally to draw attention to the fact that Emmanuel Macron and Marine Le Pen represented issues very different to those at the center of elections until then.

Even so, data from the last French presidential election shows that voters who traditionally voted socialist gave their votes to Macron in the runoff, in repudiation of the ultra right rhetoric of the National Front. But regions that had previously voted blue for the French republicans chose Marine Le Pen.

Italy is one more example of how society influences politics and interacts with it. There as well the division between the vote for the right and the left follows a pattern that is related to income and the standing of individuals in the work force. The influence of Catholicism, however, colors the voting of Italians differently to that of other countries.

The political history of post-World War II Italy from the viewpoint of the party system has two distinct periods: before and after Operation Clean Hands. In the past and up to the beginning of the 1990s, the party system was essentially limited to the face-off between the Christian Democrats (DC) and the Italian Communist Party (PCI). After Operation Clean Hands the acronyms changed: on the right the main parties became Forza Italia and the Northern League, and on the left The Olive Tree (L'Ulivo) and the Democratic Party (PD).

France

Results of presidential election runoff

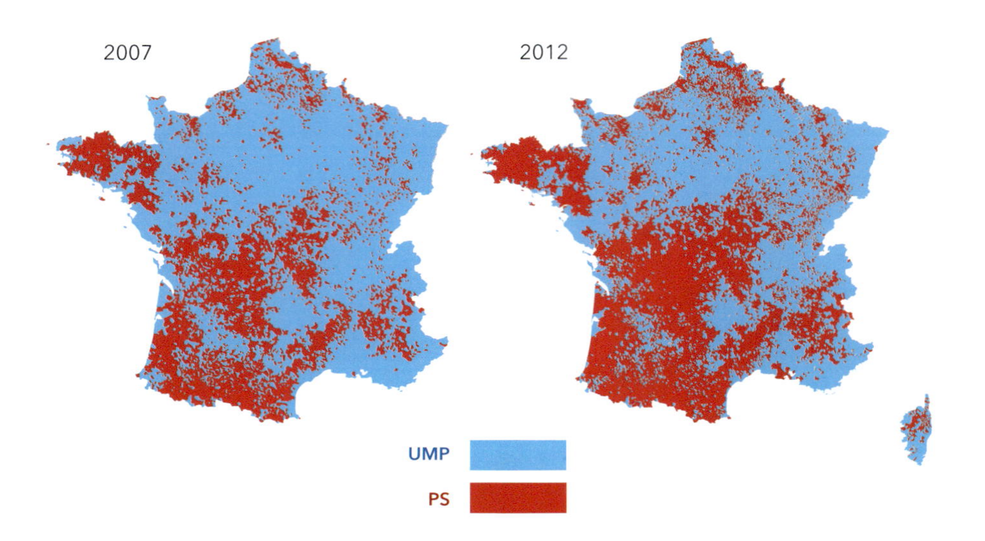

Result of presidential election runoff in 2017

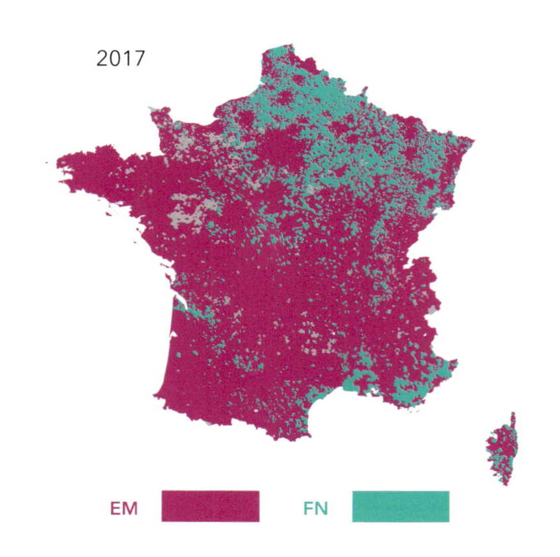

From the viewpoint of average income and GDP per capita, Italy is split into north and south. The further north one goes, the more prosperous is the population; and the further South one ventures, the less prosperous. That being the case, it would be logical to expect that the PCI, while it existed, would win far more votes in the poor south than the DC. But, as we know, that is not what happened.

The Christian Democrats always defeated the communists, both in the north and the south. The PCI was electorally stronger in the region that came to be known as the red belt because of its voting preferences: Emilia-Romana, Tuscany, Umbria and Marcas, as well as in the industrial triangle formed by Turin, Milan and Genoa.

Throughout its existence the Italian Communist Party was like a sort of PT condemned to win only in the ABC *paulista*, the old red belt of São Paulo state, comprised of the municipalities of Santo André, São Bernardo do Campo and São Caetano do Sul, which encircle the city of São Paulo. The Christian Democratic Party, on the other hand, was the sum of the PSDB and the old PFL: first, because it always won in the north, the São Paulo of Italy; and second, because it always won in the south, the functional equivalent of the Northeast of Brazil.

This was possible thanks to the Vatican playing the religious card. Because Italy, in the past, was a strongly Catholic country, the Vatican aligned itself with the DC in order to contain the PCI. This alignment dates from the papacy of Pius XII, who strongly opposed the proximity between PCI and the then Soviet Union.

The religiosity of the poor electorate of the south of Italy was, therefore, key to preventing the PCI from doing in Italy what the PT did in the Northeast of Brazil. Catholic fronts and organizations always lent the DC their capacity to mobilize.

The strength of Christian Democracy derived from its public discourse and its anticommunist posture, allied to support from religious associations and its relationship of patronage with the poor electorate of the south of the country. Not a mere coincidence with what the PFL did in terms of patronage when it dominated northeastern Brazilian states. Politics has models.

The PCI ceased to exist in 1991, prior, therefore, to Operation Clean Hands. The extinction of the party was a consequence of the fall of communism. As commonly occurs with political identities, the DC existed because the PCI did, and vice-versa. The end of the party of diehard communist Palmiro Togliatti made the anticommunist discourse of the DC obsolete. The *coup de grâce* for the DC was Operation Clean Hands, marking the end of the First Republic of Italy.

Italy

Results of general elections (1987)

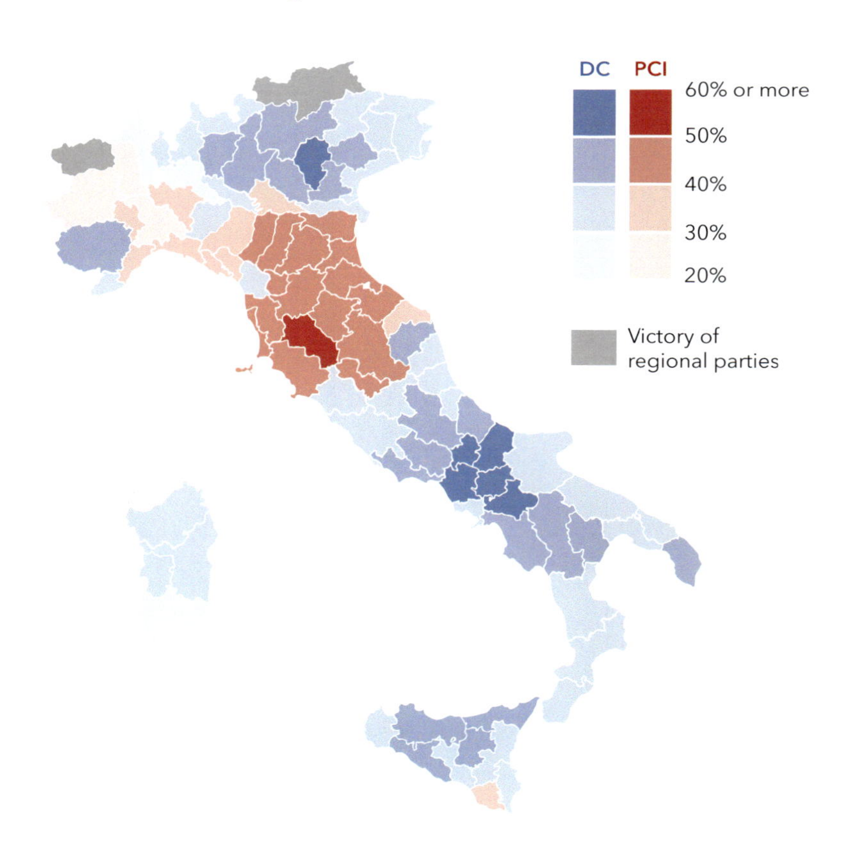

Italy

Results of general elections

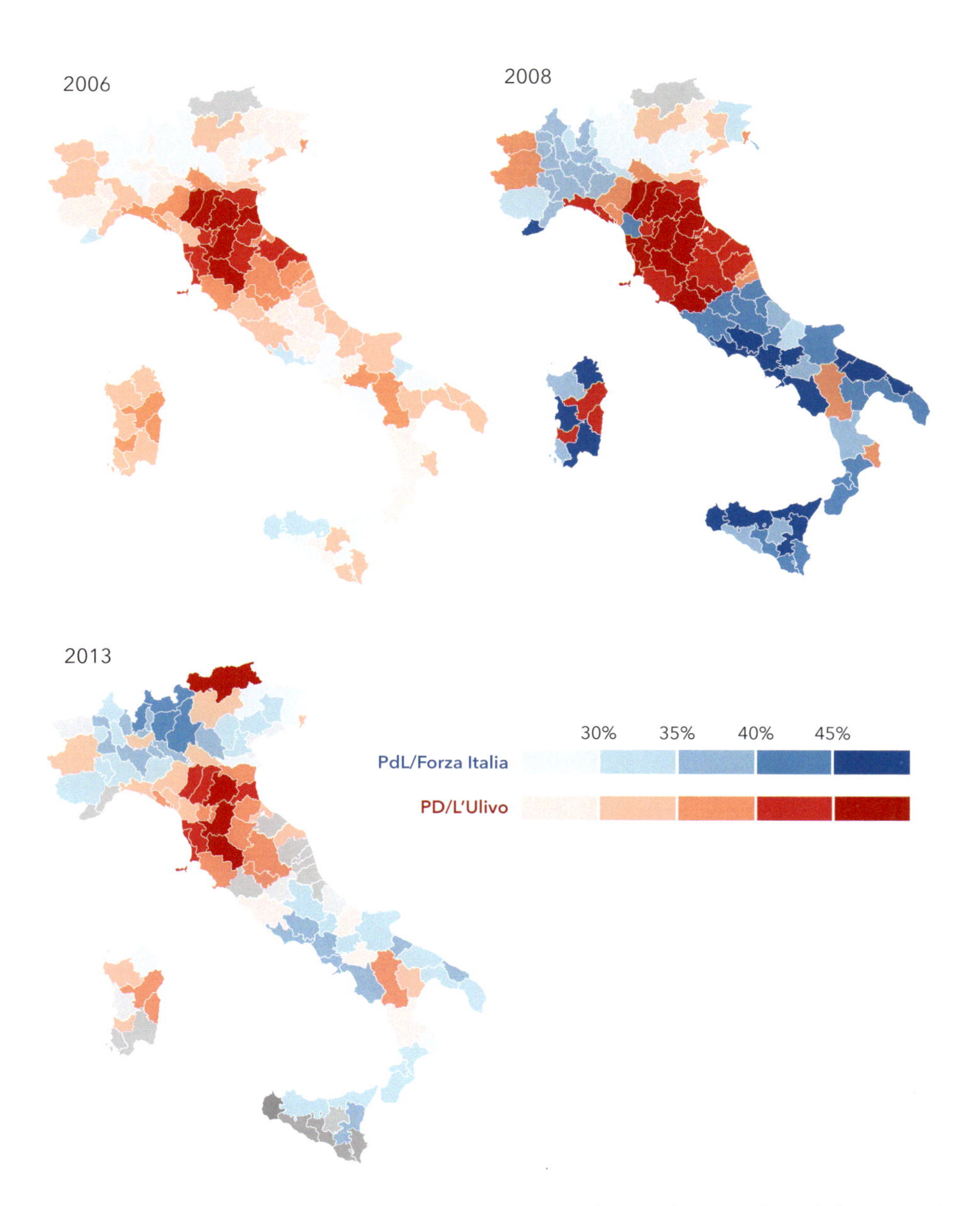

The new parties, associations, alliances or political blocs of Italy following the demise of the DC can be divided into center-left and center-right entities. And once again we see the social split of the vote: the better-off voting for Forza Italia and the Northern League, and the poorer for the PD and Olive Tree. Now, however, without the PCI and its anti-clerical image, and with no Christian party as an adversary, the Italian left is making inroads in the poorer regions of the country.[15]

As can be seen, despite the collapse of the old Italian system of political parties set in motion by Operation Clean Hands, the political rivalry between the center-left and the center-right remains in place, as do their respective preferred electorates.

The Italian Communist Party had the most electoral success of all the European communist parties. Its counterparts in France and Germany were far less successful than the French Socialist party and the German SPD.

In the poor and religious Spain of Andalusia, at least during the early days of PSOE domination, perhaps the center-left was only able to transform the region into a citadel because it refrained from calling itself communist, thus avoiding being caught in the trap of the religious vote.

If there is one example in which the vote is associated solely with the material conditions of life, with no interference from other factors like religion, it is the United Kingdom, more specifically England.

One of the things that astonish visitors to the capital of the United Kingdom is the relative ease with which one can get fairly near the official residence of the prime minister, 10 Downing Street. In the past, before the advent of terrorist threats, it was possible to walk right past the front door.

Few are aware that 11 Downing Street, the door next to the prime minister's, is the official residence of the finance minister, the Chancellor of the Exchequer.[16] The symbolism says it all. The prime minister and the controller of the economy are next-door neighbors. In the 18th and

United Kingdom excluding England

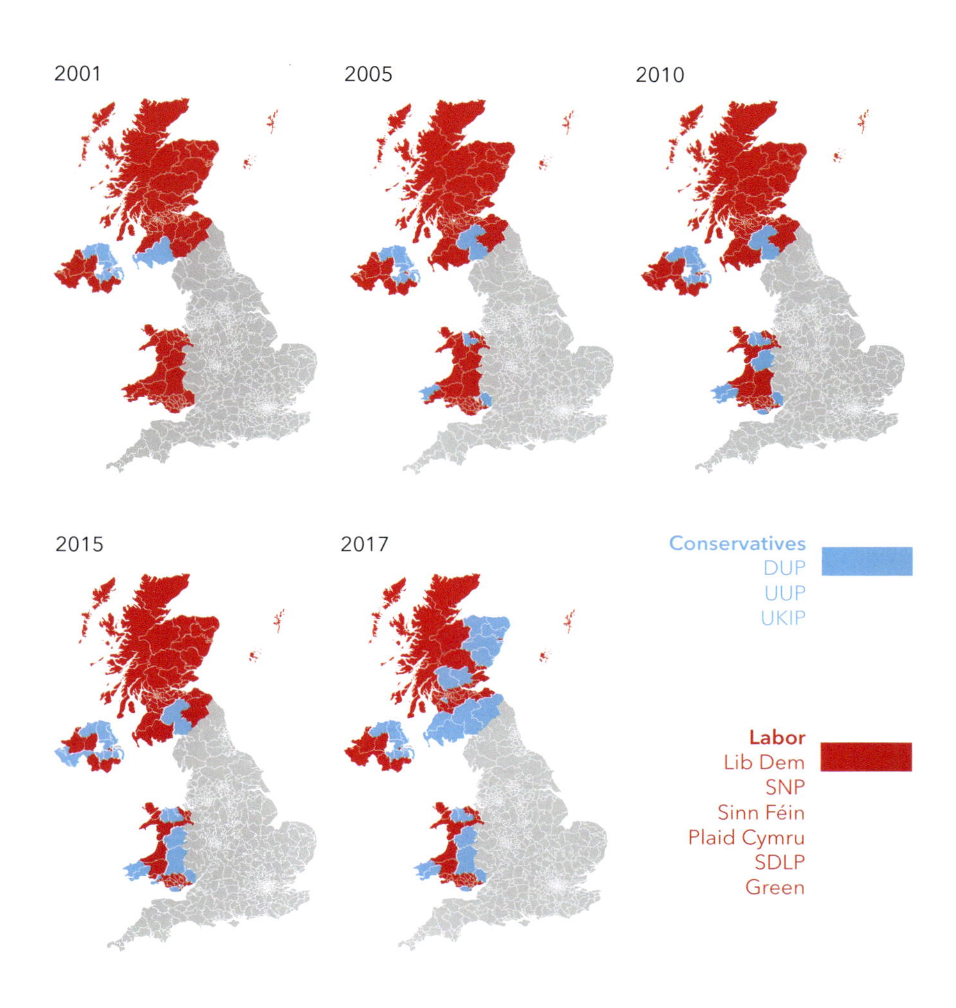

19th centuries it was not uncommon for the prime minister to accumulate the office of Chancellor of the Exchequer. The last one to do so was Stanley Baldwin in 1923.

Since then fifteen different parliamentarians have been prime ministers of the United Kingdom, six of whom had been Chancellor of the Exchequer: Winston Churchill, Neville Chamberlain, Harold Macmillan, James Callaghan, John Major and, more recently, Gordon Brown.

In the United Kingdom, shepherding the economy is qualification enough for heading the government. This is evident in the country's electoral maps, and becomes clearer in the British map of the Multidimensional Poverty Index (MPI), a correlate of the Human Development Index (HDI) of the United Nations.[17]

Maps of British elections reveal the spinal columns of the Conservative and Labor parties.[18] The concentration of votes in the respective strongholds of the parties is immense. Two paradigmatic examples illustrate one of these spinal columns, that of Labor, in Scotland and Wales.

In Wales, the large majority of parliamentarians elected since 1922 is from the Labor Party. This is represented by the red on the left side of the map. There have been 25 general elections since then in which Wales has assured the center-left party of from 20 to 34 seats in Parliament.

Something similar occurred in Scotland. From 1959 to 2010 the worst performance of Labor has been the winning of 38 seats in a total of 71, precisely in 1959. The superiority of Labor has been a constant. But in the last two elections the party took a drubbing from the Scottish National Party with its proposal of independence for Scotland. One thing, however, remains unchanged: the Conservatives have immense difficulty performing well in Scotland.

When evaluating British electoral maps it is worthwhile to compare the results of elections with the country's Multidimensional Poverty Index (MPI).

The darker the color red in the MPI map, the greater the deprivation of people in that region. In the large majority of cases, the red in the electoral map indicates the victory of the Labor candidate in that district. It becomes very evident that the strength of the Labor Party grows in tandem with greater relative deprivation.

The very opposite can be said of voting for the Conservative Party. The darker blues represent the less underprivileged or more affluent districts. It is precisely in those districts that the Conservatives win parliamentary seats.

England

Multidimensional Poverty Index (MDI), 2015

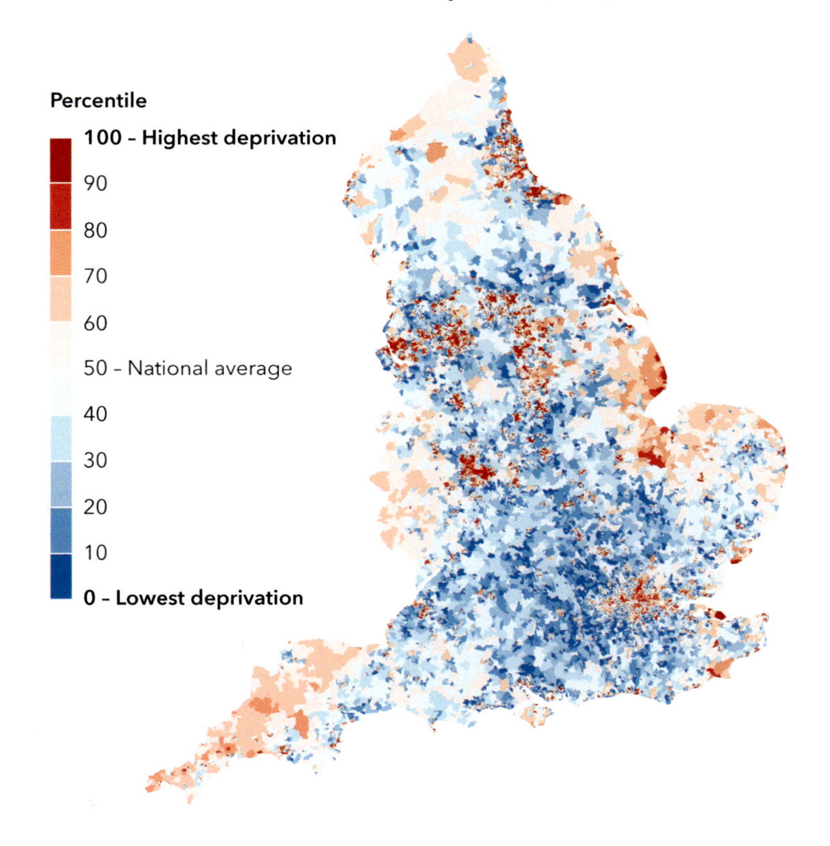

England

Results of general elections[19]

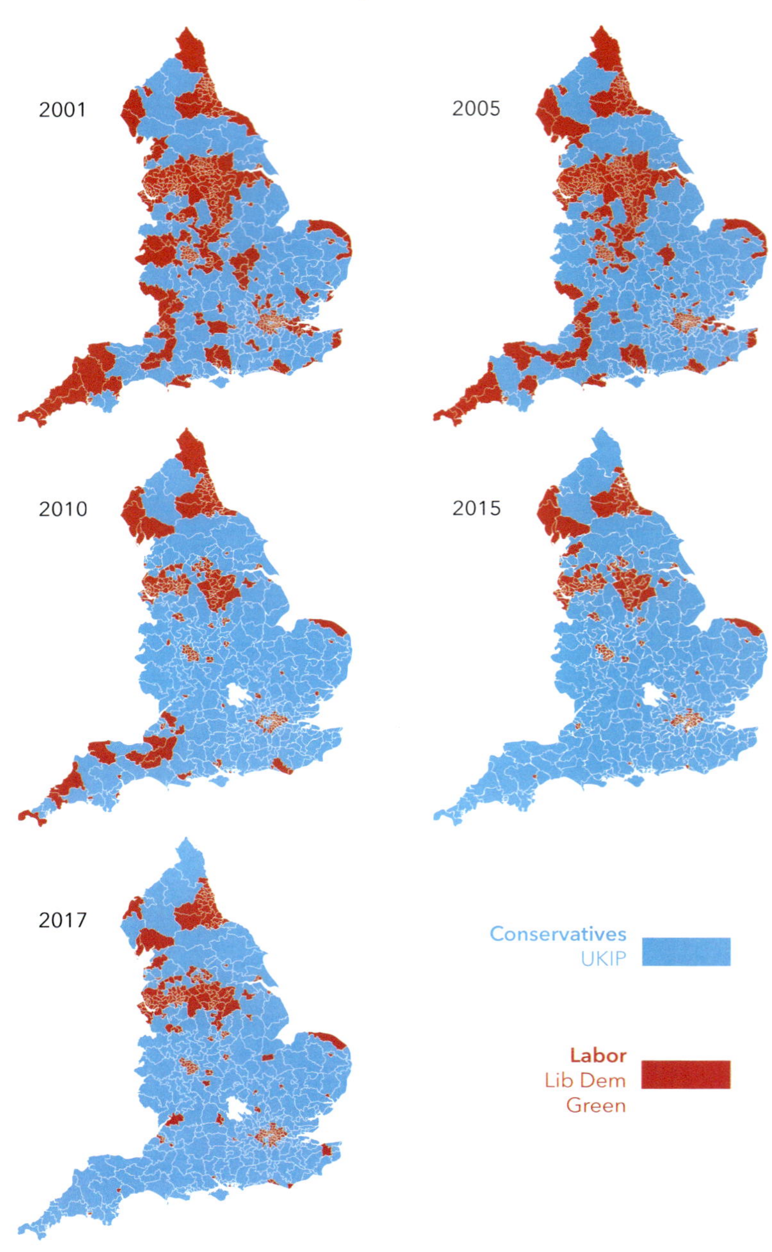

The two following maps of England, if placed side by side, reveal precisely what is revealed by maps of Brazilian presidential election runoffs when placed alongside maps of the country's Human Development Index (HDI).

The case of London, more specifically Greater London, is very similar to those of Brazilian cities examined here. The central blue districts are the most affluent, and neighborhoods like Chelsea and Fulham always elect Conservative MPs. However, as one moves away from central London, Labor gains more ground. Newham and Hackney are typical examples – neighborhoods with large components of black, Asiatic and non-British whites.

On moving towards the outlying districts of Greater London one comes across more affluent suburbs, populated less densely, primarily by British whites.

Conservatives always win elections in these districts. Some of the neighborhoods in these always-blue areas are: rich Bromley in the southeast; Havering in the northeast; and Hillingdon in the west, where Heathrow airport is located.

Although the average GDP per capita of Greater London is higher than various other regions of the UK, Labor votes in London come from residents with a poverty index, as measured by the MPI, inferior to other residents of Greater London. Major cities are frequently home to concentrations of low income families living in adverse conditions. Center-left parties focus their efforts on this electorate.[20]

The Multidimensional Poverty Index map of Greater London, with dark red indicating greater deprivation and dark blue showing less deprivation, illustrates the relation that exists between living conditions and voting preferences.

Regional voting regularities are also evident in the United States. Here the colors are switched: the center-right party, the Republicans, is represented by red, and the center-left Democratic Party by blue.

London

Results of general elections

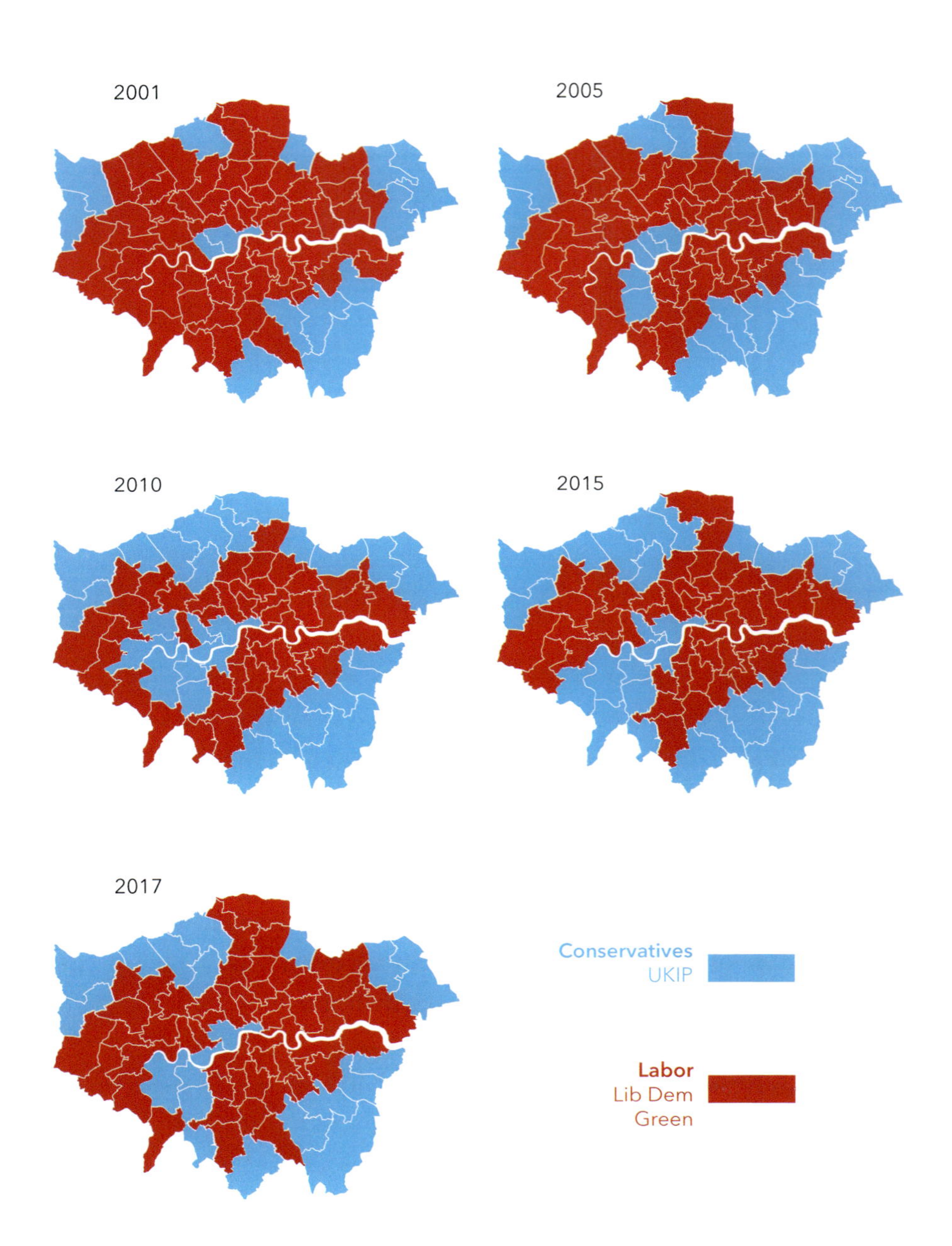

London

Multidimensional Poverty Index (MPI), 2015

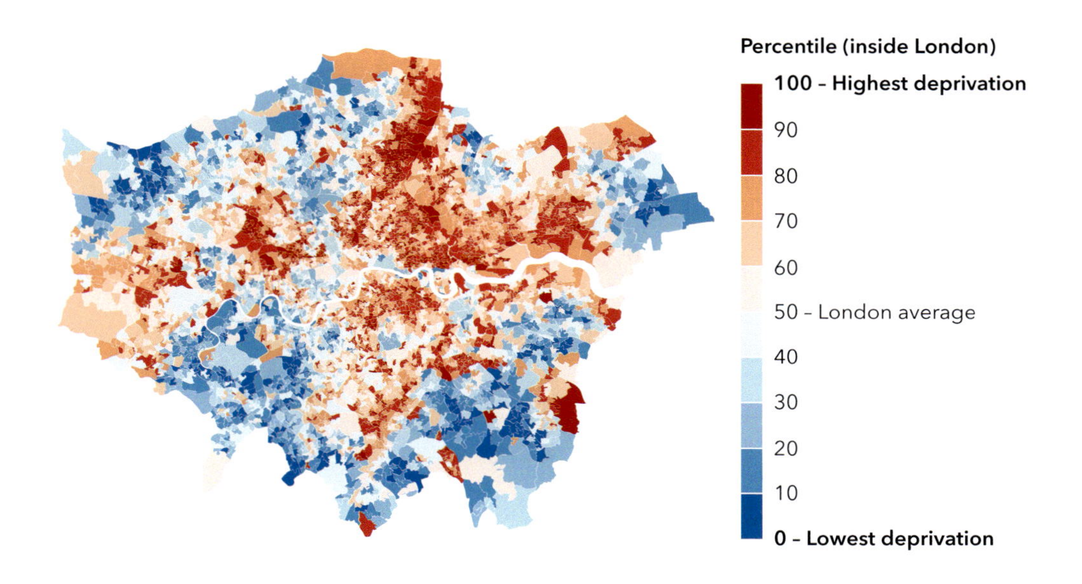

The repetitive regularity of vote distribution by county is astonishing. In four elections – from 2004 through 2016 – both blue and red counties remained essentially unchanged. The greater territorial spread of the color red should not mislead us: the demographic density of those areas is much lower than that of blue areas.

By way of example let us look at regular Democratic victories on the California coast, in the northeast of the country, and in southern Florida. These are all regions of high demographic density, home to electorates whose deprivation, if measured by British standards, would tend to suggest indices below the national average.

We have chosen examples of the core central areas of cities, the so-called inner cities, a euphemism frequently used in the United States when referring to densely populated areas occupied by low income families. The blue of the south of Florida depicts, along with other areas, the inner city of cities like Miami.

The two maps of Miami that follow should make this relation clearer. One presents the result of the election for state governor in 2010, in which the distribution of votes is very similar to that in the presidential election. It has the advantage, for the effect of geographical representation, of providing us quite easily with the results of each census tract. When the maps are placed side by side we see that the darker the shade of blue, the greater was the turnout for the Democrats, while the more intense shade of red indicates higher voting for the GOP. It is possible to notice that Democratic strength coincides with census tracts where poverty is more acute (darker blue areas).

The flip side of the inner cities example are the affluent suburbs, with homes set well apart, surrounded by well-trimmed lawns and family swimming pools. Such suburbs are often the setting for Hollywood movies, so typical that any Brazilian visiting the United States for the first time would not find the surroundings unfamiliar.

The more upscale the suburb, the greater the probability that residents would vote Republican, and the color on the map would be red.

Americans invariably conduct exit polls on voting day during presidential elections, asking voters to disclose whom they voted for as they leave the voting station. All these surveys reveal the relation between income level and voting choice: the majority of lower income voters choose candidates from the Democratic Party, and the majority of more prosperous voters choose the Republican candidate.[21]

This voting predisposition is widely prevalent even today in the United States, a country where GDP per capita and other indices of development are far higher than in Brazil. So it isn't hard to imagine that this type of voter segmentation will be around for a very long time to come in Brazil.

United States

Results of presidential elections

2004 – Kerry vs. **Bush**

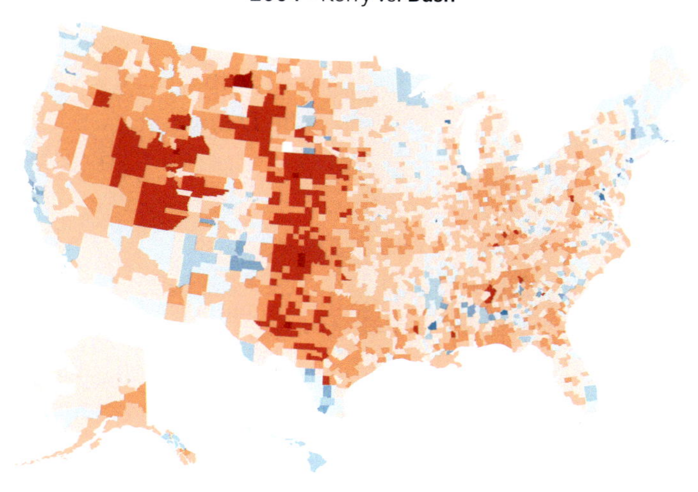

2008 – **Obama** vs. McCain

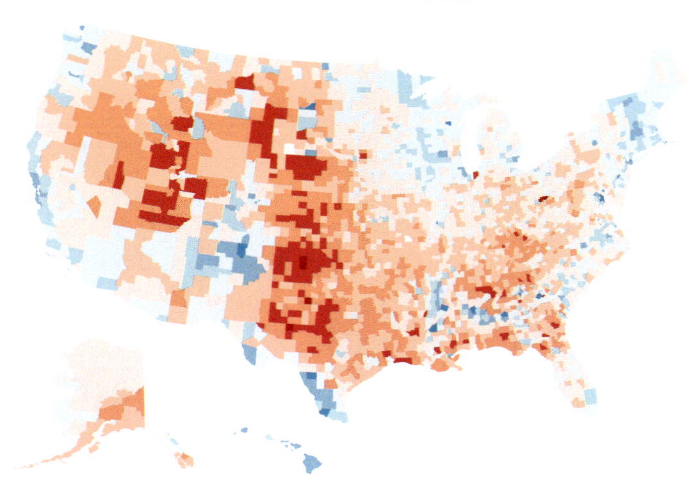

2012 – **Obama** vs. Romney

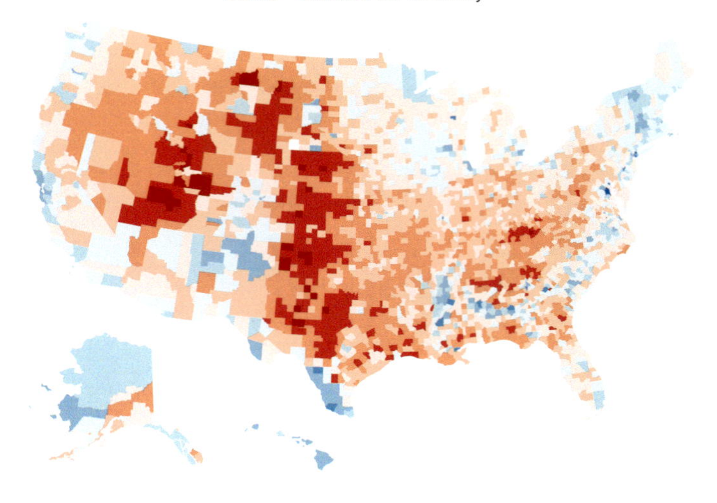

2016 – Clinton vs. **Trump**

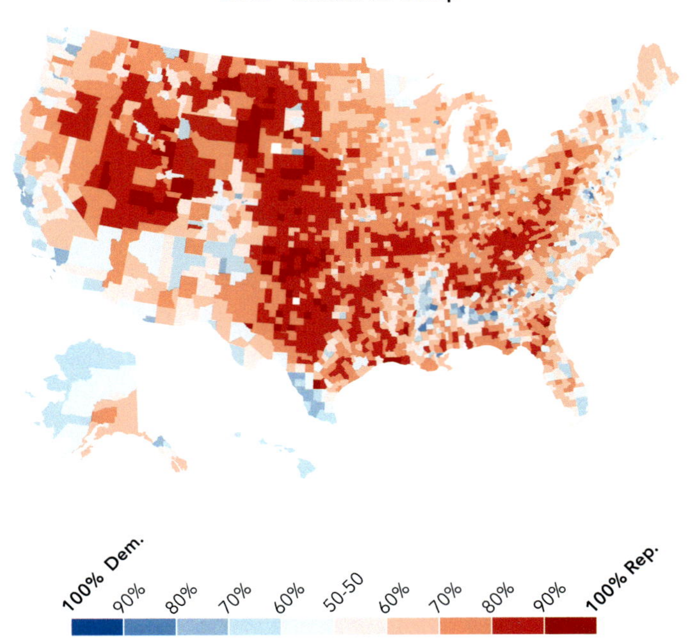

Miami, Florida

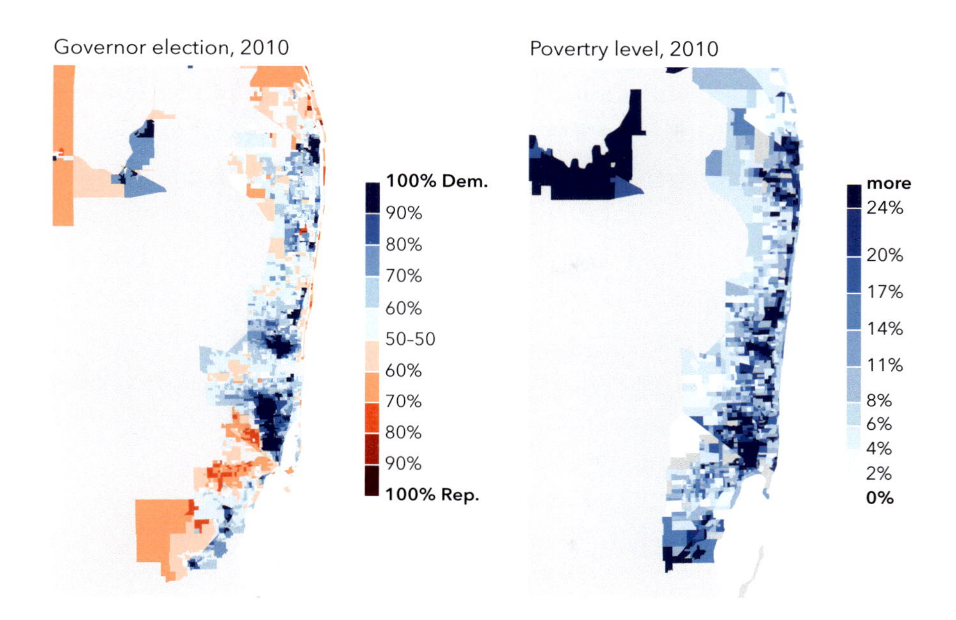

The mobilization of the economic issue in Brazil

One of the major lessons learned from the analysis of electoral results of other countries is the indisputability of how much the issue of economic well-being is important in Brazil as well. There is no profound electoral influence of religion, skin color or regional identities in the country – or at least those questions do not carry the same weight as social divisions provoked by inequality of income and living conditions.

The electoral segmentation that took root beginning in 2006 was the result, as we have seen, of the first administration of Luiz Inácio Lula da Silva.

In his political trajectory, Lula was notable for being very moderate, capable of getting along easily with different political and social forces. He was also frequently able to voice opinions that could be considered petit-bourgeois, given that the focus was nothing more threatening than increased consumption by the poorer classes.

Many were the pronouncements and speeches by Lula saying that what he most wanted was for the poor man to be able to have his own little car, hold a barbecue for the family on the weekend, and have access to goods and services that only a better salary would make a reality.

The *Bolsa Família* is an income transference program, an increase, however small, in the income of poor families. The expansion of access to higher education, as postulated by Lula and the PT, is connected to the doors that a better education opens to the world of consumption. There is no lack of examples confirming that a better income for the poorer sectors of the population was a repetitive theme exploited by Lula *ad infinitum* to mobilize and divide the Brazilian electorate.

There was never any emphasis in speeches about customs – something that traditionally mobilizes the social segmentation of the religious vis-à-vis the non-religious – color or race, or any other theme, with the same intensity awarded consumption.

Public policies were adopted, most certainly, to serve specific audiences, as is the case with the quotas policies. Even in this case, the proposals came wrapped in communication that gave a nod to increased income and the capacity to consume: non-whites should have access to the same things that whites already had thanks to their higher average income.

Lula is a product of Brazil, a product of the reigning mentality in the country. Brazilians value the better life and do not assign the same weight to other social divisions beyond those defined by income. Lula was born into and raised in this environment, and did no more than express what he was raised on. Hence the strong performance of the PT in three successive elections in the Northeast and, consequently, the matching performance by the PSDB in the same elections in São Paulo.

The pillars of the center-left and the center-right

It has been possible to see that, ever since we have had democracy based on universal suffrage,[22] whatever the system for the election of parliamentarians or representatives, proportional or majoritarian;[23] whatever the system of government, presidential or parliamentary, elections in a single round or two rounds, modulated by an electoral college or in direct voting for candidates; whatever the era or period, pre- or post-Operation Clean Hands, or other political factor of major impact; the contest between center-left and center-right has always existed.

The two basic pillars of this contest are two electorates: the poorer electorate that sustains the center-left, who defend their interests and profess their beliefs; and the more prosperous electorate, who do the same for the center-right by voting for them. These pillars, unless we are mistaken, have always been there, but nobody knows how long they will last. What we do know is that characteristics like this do not disappear from one day to the next.

In the past the contest between left and right may have been more deep-seated, more rooted in social classes. The factory worker who voted for the Italian Communist Party and supported Lula in the 1980s is a classic example. That worker, however, no longer exists.

What do exist are those who are poorer and those who are less poor or from the middle class. These groups have divergent opinions about social policies, the redistribution of income or the reduction of taxes. They often disagree even about the importance given to combating unemployment on the one hand, and to inflation on the other. Electoral maps end up revealing the final outcome of those differences.

6 Forecast of electoral result in 2018

WE NEED ANSWERS TO TWO CRUCIAL QUESTIONS in order to forecast the results of presidential elections in Brazil:

- Will the poor of the Northeast vote for the PT candidate?
- Will the middle class of São Paulo vote for the PSDB candidate?

This book suggests that the answer to both questions will be "yes", which means the election will be decided in a runoff between the PT and PSDB.[1]

However, we know that predictions are probabilistic not deterministic, all the more so when dealing with social and political phenomena.

Although the probability of "yes" answers to both questions is high, the chances of a "no" answer to one or both of them cannot be ruled out entirely.

Ciro Gomes and Marina Silva, in the elections of 2002 and 2014 respectively, were, so far, the only candidates in an electoral race who came closest to impeding a PT-PSDB monopoly in presidential election runoffs.[2]

Ciro's case differs from that of Marina because in 2002 the electoral segmentation dealt with in this book had not yet occurred. Nevertheless, the trajectories of the two campaigns hold various similarities:

- Ciro and Marina represented the third way.
- Ciro and Marina were second-time presidential candidates.
- Both were from small states far from the center of national power.[3]
- An analysis of opinion polls showed that both attracted votes as much from those who evaluated the incumbent positively as from those who evaluated him negatively. In other words, neither was clearly 'segmented' regarding the government vs. opposition attribute.

A more important similarity than these was the trajectory of their campaigns as reflected in vote intention polls:[4]

- Ciro ascended in first round vote intention polls but did not get ahead of Lula, the leader in the polls.
- Marina ascended in first round vote intention polls but did not pass the leader Dilma Rousseff (outside the margin of error).
- Ciro overtook Lula in runoff vote intention polls (in simulations conducted during first round campaigning).
- Marina overtook Dilma in runoff vote intention polls (in simulations conducted during first round campaigning).

In the end both slipped and did not get to the runoff stage.

Ciro finished fourth in the first round with almost 12% of valid votes. Marina finished third in the first round with slightly more than 21% of valid votes.

Presidential election (2002): First round vote intention

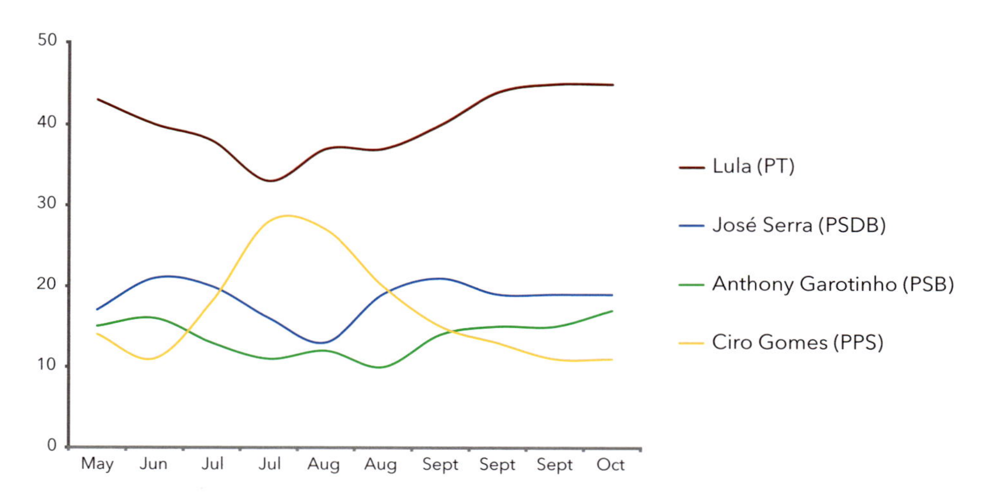

Presidential election (2002): Runoff vote intention

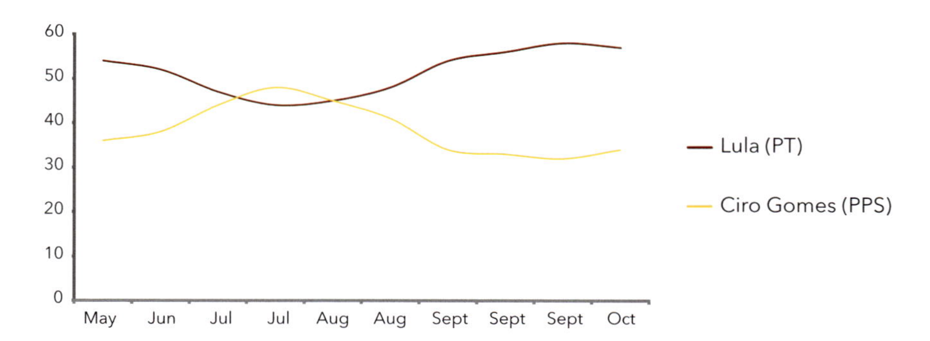

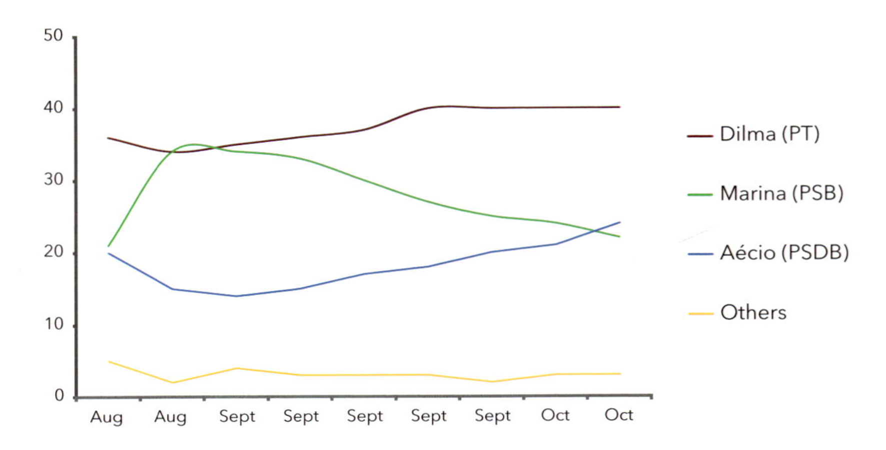

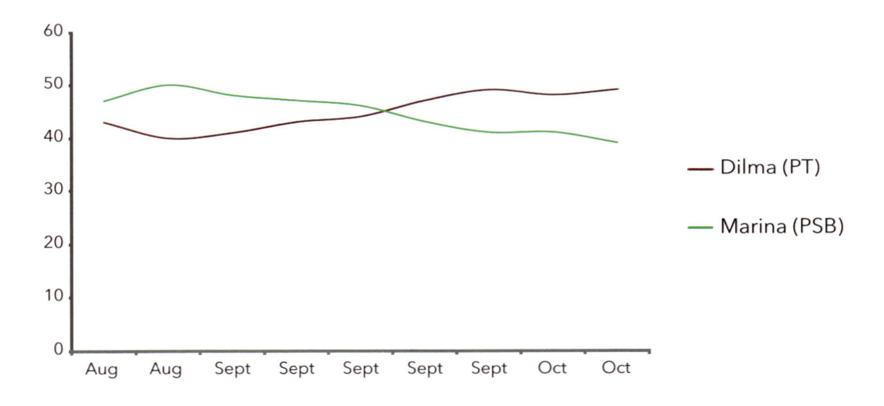

Ciro and Marina had to confront the combined assets of the PT and the PSDB and didn't survive. Those assets were already in place prior to the electoral segmentation that began in 2006:

- Political machines.
- The support of public opinion measured by party identification.

- Established public policies that had achieved critical mass.
- Ideology, public discourse and a relatively clear line of communication easily understood by the electorate.
- Leaders who were the party's spokesmen.

In certain assets one party or the other was either more or less strong. But both the PT and the PSDB have these strengths at their disposal, and to a far greater degree than any other political party in Brazil.

From a legal standpoint, the president of the Republic is the commander-in-chief of the armed forces. The great party leaders are "communicators-in-chief" of their messages.

That is why Bill Clinton made the famous address in Oklahoma City in 1995 during the nationwide mourning following the terrorist act perpetrated by Timothy McVeigh.

That is why George W. Bush made the famous speech at ground zero in New York on September 14, 2001, using only a megaphone and with his arm around a fireman, after the terrorist attack that brought down the twin towers of the World Trade Center. It was, perhaps, the occasion of the deepest national mourning in American history.

That is why Barack Obama sang "Amazing Grace" in that Charleston, South Carolina church, at the religious service that paid homage to the victims of a white supremacist assassin. Another occasion for national mourning.

Lula has always been the "communicator-in-chief" of the PT message. In the case of the PSDB in presidential elections, that communicator is the party candidate.

Ciro and Marina were no match for them.

However, there are cases in which the 'third way' enters and wins national elections. The most recent and paradigmatic example was the victory of Emmanuel Macron in France in 2017.

In that French election the answers to the equivalent questions we formulated for Brazil at the start of this chapter were "no":

- Will the poor of Brittany and Limousin vote for the Socialist Party candidate?
- Will the middle class of the Loire region vote for the Gaullist candidate?

The very fact that this occurred in France is evidence that the diagnoses we make are not infallible. Something similar could happen in Brazil as well.

In the case of France, it is worth remembering that the National Front, whose most well known exponents are Le Pen father and daughter, has contested seven presidential elections, the first in 1974, when it won just 0.8% of the vote. Jean-Marie Le Pen reached the runoff in 2002. The 2017 election was the second in which the National Front got as far as the run-off, with somewhat more than 21% for Marine Le Pen. It took 43 years of changes to the social structure of France to make this possible.

The changes in French society were, in large part, the result of globalization and the formation of the European Union. The changes brought with them immigration from erstwhile colonies, the growth of the Muslim population, and the deindustrialization of the economy.

Several decades of transformations generated new demands and made space for the ideology and proposals of the National Front.

The electoral performance of Emmanuel Macron is frequently remembered because of the second round. But the first round results don't allow us to write off the Gaullist party, the Republicans (LR). On the contrary: in the first round of the presidential election the party candidate, François Fillon, won 20% of the votes against 24% for Macron and 21% for Le Pen.

The presidential election in France is just that: votes are cast only for the office of president. It is similar to the election in which Fernando Collor de Mello was elected president of Brazil in 1989. In these circumstances it is far easier to be successful in times of crisis. There is no need for regional alliances or a robust political machine. All it takes is what Collor did: a charismatic personality allied to a political discourse inspired by something as flimsy as "hunting down maharajas", the ironic term used to describe public servants with the right to astronomic salaries and benefits to match.

The "no" answer to the two questions about electoral segmentation in France only became possible after four decades of National Front participation in presidential elections, and thanks to the relatively tight advantage of Macron and Le Pen over Fillon in the first round.

Briefly, what we learnt with France is that it isn't simple to unseat parties with social pillars that shore up their political and electoral support. That said, let us return to Brazil.

Anyone who decides to run for president in Brazil is obliged to travel across a continent. Those who are not aware of the dimensions of the country only have to look up the images in Google, where they will see numerous maps with all of Europe contained inside Brazil.

The presidential candidate has to be met in every airport in every state capital by a committee that will accompany him or her to events all over the region. It isn't an easy task.

By way of comparison, the whole of France together with Corsica covers slightly more than 543,000 square kilometers, less, that is, than the state of Minas Gerais alone. To put it differently, engaging in an electoral campaign all over France is practically the same as campaigning in Minas Gerais, with infrastructure and logistics in France being far superior.

Furthermore, in Brazil presidents are not elected in a separate election, at least since 1994, and perhaps never again. In 2018 Brazilians will have to elect candidates to five political offices: president, senator (two per state), federal deputy, state governor and state deputy. This implies making alliances and agreements, negotiating regional support, gearing up the party machine – much of which is unnecessary in a French presidential election.

Besides its continental dimensions, Brazil has the fourth largest electorate in the world in terms of turnout, losing only to the 550 million voters in India, the 138 million Americans who voted in 2016, and the 133 million Indonesians who voted in 2014.

Voter turnout in France in 2017 was 36 million in the first round and 31 million in the runoff.

The territorial expanse of Brazil together with the sheer number of voters represents a formidable barrier for any presidential candidate not from the PT or the PSDB.

Some presidential candidates from lesser parties decide to brave it out but soon succumb, as occurred with Ciro Gomes and Marina Silva. This happens because the parties involved lack the necessary electorate pillar, as well as the structure required to run a continent-wide election.

It is a fact validated by opinion polls – evidence, that is, at the individual level – that neither Ciro nor Marina had a well defined electorate: neither preponderantly poor nor preponderantly not poor. Both their electorates had not been conquered by a clear positioning based on an essentially economy-oriented agenda. Both ascended in the polls without a solid base. Consequently, they were unable to survive the attacks they suffered.

There is no evidence that Brazil has undergone a change in social structure capable of introducing genuinely new themes into the electoral campaigns about to be launched. In France the issues of immigrants and the euro led to unemployment and the need to protect jobs for the French. In this case Italy in 2018 may be similar to France in 2017. But it took many years for this to occur. The structural change engendered a change in the public agenda, making the National Front of the Le Pen family more attractive and more competitive. Nothing similar appears to have happened in Brazil capable of producing our own Le Pen.

The public opinion scenario for 2018 reveals two sources of dissatisfaction: that derived from the economic situation and that stemming from corruption scandals. It is unlikely that the country has ever seen the combination of a very severe economic slowdown – with stubbornly high levels of unemployment and a reduction in real per capita income – and a corruption sandal of colossal proportions, the biggest in its history, uncovered by Operation Carwash.

If the economic downturn had been the only adversity, the likely reaction of the public would have been: that's the way the dice fall. If the corruption scandal had erupted in a thriving economy, people may have looked the other way and continued to enjoy their economic well-being. The simultaneous occurrence of both misfortunes produced a perfect tempest.

Public opinion is now flirting with cynicism. People are thinking: "Politicians should not and must not steal; if they do then at least they should improve our well-being". What is intolerable is the daily revelation, for months and years on end, of denouncements of corruption involving all the major politicians in accusations of illicit personal enrichment, while the public watches its purchasing power sink. The possibility of one or two "no" answers to the questions posed at the start of this chapter is fueled by this scenario.

So, dear reader, you yourself can predict the result of the election. All you need to do is evaluate the following premise in the light of the maps in this book:

> The combination of severe recession and corruption scandals, the worst in Brazilian history, by dragging the credibility of politicians down to the lowest level, will eliminate the PT and/or the PSDB from the presidential race.

Let's call it by the friendly expression "premise of renewal". If the premise is accepted, it becomes necessary to deal with the probable developments. Let's see what they would need to be to prevent the PT candidate from reaching the runoff round.

It would be necessary to destroy the citadel of the PT.

By applying the "premise of renewal" to the PT, the electorate of the Northeast would need to forget all the benefits received when the country was governed by Lula and Dilma. This includes ignoring social programs such as Family Grant, Light for All, Prouni and Fies. This electorate would start to believe that, because of the recession and the corruption scandals, if the PT returned to power it would not do anything more of relevance that benefits the northeastern population. Thinking in that manner, the electorate would shower their votes on alternative candidates like Ciro Gomes and Marina Silva, who have made it clear that they possess social sensibility. The end result of this is that the PT would fail to reach the runoff round after four successive presidential elections.

Now let's look at what would need to happen to apply the "premise of renewal" to the PSDB and keep its candidate from reaching the second round.

It would be necessary to invade the PSDB citadel.

The middle class of the state of São Paulo would forget that it had elected only PSDB governors since 1994, that is, in six consecutive elections. Besides this, it would have to forget that in the last three presidential elections the candidates most voted for in the state were from the PSDB: Geraldo Alckmin in 2006, José Serra in 2010, and Aécio Neves in 2014. The public policies of the PSDB in São Paulo, like emphasis on public security and investment in infrastructure, would be disregarded. As a result of all this, the majority of the 173 mayors, 103 vice-mayors and 1,034 city councilmen and women of the PSDB in São Paulo would refuse to campaign on behalf of the party's presidential candidate.

The outcome would be the victory in the state of a candidate with a profile similar to that of Jair Bolsonaro, leaving the PSDB out of the second round of the presidential election after having won two elections in the first round with Fernando Henrique Cardoso, and four in which the party faced off with the PT in the final runoff round.

Final considerations

THE TITLE OF THIS BOOK in Portuguese is *The vote of the Brazilians*.

The word vote comes from the Latin noun *votum*, which in turn comes from the verb *vovere*, which means to promise. In the semantic universe of Latin the vote always made the connection of humans to the divinities, whether as a votive offering in exchange for a favor granted, whether a supplication, a vow or a consecration.

Its use gradually expanded over time, preserving its original meaning: desire. Which is why, in a wedding ceremony, one makes a promise, a vote, of dedication and love. Year after year, on New Year's Eve, we convey to our friends and relatives votes for a happy new year. Those who have visited the ex-voto chamber in the Church of the Lord of Bonfim understand perfectly the original meaning of the word.

The vote of Brazilians, their desire, was clear in recent presidential elections.

The poor Brazilians of the Northeast desired a center-left party, the PT, because it championed greater equality. The middle class Brazilians of São Paulo desired a center-right party, the PSDB, because it prioritized greater economic efficiency.

A desire is not an urge or a whim, because like they say, urges and whims are ephemeral, they come and they go.

These desires were taking form over the years and became a national reality with the 2006 election. Brazilians remained firm and unwavering in the two subsequent elections of 2010 and 2014.

2018 either is or isn't the year of renewal of desires.

We don't know, therefore, what electoral maps of the coming presidential election will look like. In fact, as far as predicting is concerned, this book could be rewritten every election year with genuinely fresh reflections and data.

I hope, dear reader, that I have achieved what I set out to do. My purpose was to guide you through electoral and social indicators, explaining them, and thus helping you to understand Brazil a little better.

I hope I have been able to show that our presidential elections are well structured and predictable in terms of electoral behavior, and owe nothing to the national elections of countries we consider to be examples of development. If I have accomplished this, perhaps I have given you the means to understand what the urns have in store for us.

I also hope that it has been possible to reveal a little about Brazilian society, its shortcomings and inequalities, what we have achieved and what remains to be done.

If, after having read this book and studied its maps, you reach a better understanding of Brazil, I will have achieved my objective.

Finally, I should emphasize that my objective was not to predict who would win the elections. I am quite certain that you, dear reader, can do that very well.

Notes

Chapter 1: The vote

1. The source of all electoral data relating to Brazil is the Tribunal Superior Eleitoral (TSE).

2. We know that what is known as the ecological fallacy does not occur here, that is, the problem of wrongly affirming about the non-aggregate level – the vote of each individual – the same that is affirmed about the aggregate level of information – the municipal electoral results – because there are numerous opinion polls which show that the poorer voted proportionally more for the PT and the less poor for the PSDB.

3. LIPSET, Seymour M.; ROKKAN, Stein. Cleavage structures, party systems, and voter alignments: an introduction. In: ______ (Org.). *Party systems and voter alignments*: cross-national perspectives. Nova York: The Free Press, 1967. p. 1-64.

4. See, especially: BARTOLINI, Stefano; MAIR, Peter. *Identity, competition, and electoral availability*: the stabilization of European electorates – 1885-1985. Cambridge: Cambridge University Press, 1990.

5. In the classic formulation of Schattschneider, "the organization is the mobilization of the bias. Some questions are organized within politics while others are organized outside it". SCHATTSCHNEIDER, E. E. *The semisovereign people*: a realist's view of democracy in America. Nova York: Holt, Rinehart and Winston, 1960.

6. The reader who is interested in the subject may consult, for example, the following works: DALTON, Russell J.; FLANAGAN, Scott E.; BECK, Paul Allen (Org.). *Electoral change in advanced industrial democracies*. Princeton: Princeton University Press, 1984; FRANKLIN, Mark N.; MACKIE, Tom T.; VALEN, Henry et al. *Electoral change*: responses to evolving social and attitudinal structures in Western countries. Cambridge: Cambridge University Press, 1992; KRIESI, Hanspeter; DUYVENDAK, Jan Willem. National cleavage structures. In: ______; KOOPMANS, Ruud; GIUGNI, Marco G. (Org.). *New social movements in Western Europe*: a comparative analysis. Minneapolis: University of Minnesota Press, 1995. p. 3-25; BARTOLINI, Stefano. *The political mobilization of the European left, 1860-1980*: the class cleavage. Cambridge: Cambridge University Press, 2000; KNUTSEN, Oddbjørn. *Social structure and party choice in Western Europe*: a comparative longitudinal study. Basingstoke, England: Palgrave Macmillan, 2004; EVANS, Geoffrey; DE GRAAF, Nan Dirk (Org.). *Political choice matters*: explaining the strength of class and religious cleavages in cross-national perspective. Oxford: Oxford University Press, 2013.

7. See the work of Inglehart, especially: INGLEHART, Ronald. *The silent revolution:* Changing values and political styles among western publics. Princeton: Princeton University Press, 1977.

8. See DALTON, Russell. *Citizen politics in western democracies.* Chatham: Chatham House, 1988; INGLEHART, Ronald. *Culture shift in advanced industrial societies.* Princeton: Princeton University Press, 1990.

9. Consult CLARK, Terry N.; LIPSET, Seymour M. 1991. "Are social classes dying?" *International Sociology*, v. 6, n. 4, p. 397-410, 1991.

10. See: DALTON; FLANAGAN; BECK, op cit., p. 455.

11. It is important to affirm that there are other analysis aspects about elections and political parties, but they are not utilized or discussed in this book. For example, the so-called Columbia School emphasizes the importance of understanding the social experience (background) of individual voters. See the following works: LAZARSFELD, Paul Felix; BERELSON, Bernard; GAUDET, Hazel. *The people's choice:* how the voter makes up his mind in a presidential election. New York: Duell, Sloan & Pierce, 1944; BERELSON, Bernard; LAZARSFELD, Paul Felix; MCPHEE, William N. *Voting:* a study of opinion formation in a presidential campaign. Chicago: University of Chicago Press, 1954. Another analysis angle arose from the interaction with the economy. The theory of rational choice, notably in the work of Downs, sees the actors (politicians and voters) as rational individuals. Thus a voter, when deciding on a candidate or party, establishes an order of preference, seeking to maximize the return he will get (usefulness return) voting for one party (candidate) or another. In a modern democracy there will be a tendency for centrist positions to prevail, which would lead candidates and parties to move in that direction, See: DOWNS, Anthony. *An economic theory of democracy.* New York: Harper, 1957.

12. The term political socialization arose in the ambit of Social Psychology back in the 1950s. The classic reference in the field of politics is the work of Almond and Verba. See: ALMOND, Gabriel A.; VERBA, Sidney. *The civic culture:* political attitudes and democracy in five nations. Princeton, New Jersey: Princeton University Press, 1963. Ver também: GREENSTEIN, Fred I. Political socialization. In: SILLS, David I. (Ed.). International encyclopedia of the social sciences. New York: Macmillan and Free Press, 1968. p. 551-555, v. 14. For a recent appreciation consult: WASBURN, Philo C.; COVERT, Tawnya J. Adkins. *Making citizens:* political socialization research and beyond. New York: Palgrave Macmillan, 2017.

13. "Children tend to associate with other children from similar social backgrounds, whose parents have political points of view similar to those of their own parents." See WASBURN, op. cit., p. 63.

14. Family influence over the young tends to be stronger the more homogeneous are the points of view of its members. Consult: KENT, Jennings M.; NIEMI, Richard G. *The political character of adolescence.* Princeton: Princeton University Press, 1974. p. 94-271.

15. To Lipset, in any period and place, it is generally possible to locate the political contest in a left-right *continuum*. According to him, the single most impressive fact concerning the support of political parties is that, in practically all economically developed countries, low income groups vote mainly for leftist parties, while higher income groups vote mainly for parties of the right. See: LIPSET, Seymour M. *Political man:* the social bases of politics. New York: Doubleday & Company Inc, 1960. p. 223-224.

16. Consult: BOBBIO, Norberto. *Right and left:* reasons and meanings of a political distinction. São Paulo: Editora da Universidade Estadual Paulista, 1995. p. 105. The author established the following difference between left and right: The former "consider that men are more equal than unequal". The latter "consider that they are more unequal than equal". He later established a second dichotomy, based on posture concerning liberty, to differentiate a moderate wing from an extremist wing. The *continuum* looks like this: on the extreme left are the simultaneously egalitarian and authoritarian movements; on the center-left are the egalitarians and libertarians; on the center-right the libertarians and the non-egalitarians; on the extreme right are anti-liberals and anti-egalitarians. (See p. 118-119.) Ronald Inglehart suggests a similar approach. Inglehart affirms that the principal significance of the distinction between left and right "is if someone supports or opposes social changes in an egalitarian direction" See: INGLEHART, op. cit., p. 293.

17. As Aalberg, observed "Equality versus liberty (or efficiency) constitutes the central element of two diverse viewpoints concerning how political priorities should be decided and how the subjacent distribution in society should be resolved". The author points out that in economic questions the divergence between left and right is more pronounced. See: AALBERG, Toril. *Achieving justice*: comparative public opinions on income distribution. Leiden: Brill, 2003. p. 115. To the right, the distribution of goods in society should occur by means of free commerce and in an environment of liberty for individuals. A free competitive market is the most efficient means for people to improve their living conditions. Political control of distribution processes should be limited, and the inequalities accepted, notably because equality ends up being produced at the cost of individual liberty. To the left, the priority assigned to equality expresses the desire for a society where goods are relatively divided among citizens. It is argued that this promotes solidarity, a quality so important to social interaction that it should be protected, even if people prefer higher living standards to a more equitable distribution of goods and resources. In this context, the left sees as necessary a more active and regulatory participation of the state. Aalberg believes that the majority of western democracies finally arrive at a compromise between these two values.

18. Dalton points out that, historically, the terms left and right were more commonly linked to contrasting positions on issues of economic and social class. So a leftist person generally supports more extensive social services, a bigger role for government in the management of the economy, and policies that guarantee the well-being of the working class. Rightists prefer a smaller government, modest social programs, and policies that defend the economic interests of the middle or upper classes. See: DALTON, Russell J. Left-Right Orientations, Context, and Voting Choices. In: DALTON, Russell J.; ANDERSON, Christopher J. (Eds.). *Citizens, Context and Choice*: How Context Shapes Citizens' Electoral Choices. Oxford: Oxford University Press, 2010. p. 103-125.

19. Knutsen proposed a materialist orientation ruler from left to right, containing four sets of opposing values: state ownership versus private ownership of productive means; a strong government role in economic planning versus a weak role; support for the redistribution of wealth from the wealthier to the poorer classes versus opposition to the idea; support for the expansion of social assistance programs versus resistance to the idea. In the opinion of the author, the "left-right" orientations of materialist values are central characteristics of political beliefs in western societies, especially the European. See: KNUTSEN, Oddbjørn. Left-right materalist value orientations. In: DETH, Jan W. van; SCARBROUGH, Elinor (Eds.). *The impact of values*. Oxford: Oxford University Press, 1995. p. 160-196.

20. Observing more than a century of democratic experiences, Mair concludes that voters are far more willing to cross the limits that separate individual political parties from one another than cross cleavage lines. While parties may appear and disappear, "cleavages tend to persist", which is why they are so important. Consult MAIR, Peter J. Cleavages. In: KATZ, Richard S.; CROTTY, William J. (Eds.). *Handbook of party politics.* Londres: Sage, 2006. p. 375.

21. For a detailed explanation of the differences between parties because of the system of government, see: SAMUELS, David Jr.; SHUGART, Matthew S. *Presidents, Parties and Prime-Ministers:* how the separation of powers affects party organization and behavior. Cambridge: Cambridge University Press, 2010.

22. This average was calculated from voting for the PSDB in the second round of the three first elections it won, and the first round of the three more recent elections.

23. Parties can be studied from different analytical angles: the electoral, the organizational, and as the party in power. The PMDB, for example, is a party fundamental to understanding the dynamic of governments

in Brazil. The PT and the PSDB were incapable of governing without the support of the PMDB. But it is not a relevant part of this analysis because it has not, so far, participated in any runoff rounds of presidential elections. For the different dimensions of political parties see: KEY, J. O. *Politics, parties and pressure groups*. New York: Thoma y Crowell Company, 1964.

Chapter 2: Income

1. The dimension of income in the Human Development Index (HDI) is calculated using Gross National Income (GNI) per capita as the base. Because there are cost of living differences between countries, in order for this dimension to be comparable between countries, average income in the HDI is shown in US dollars. For our purposes this makes no difference, given that our objective here is to compare Brazilian municipalities. The source of data for the HDI income dimension is the IBGE census of 2010.

2. In this book we have used the class concept of Max Weber.

3. It is very interesting to watch a PSDB party meeting in the state of São Paulo, not the ones the media cover, but the common routine meetings: all attendees are members of the middle class.

Chapter 3: Living conditions

1. The source for schooling data is the IBGE census of 2010.

2. The source for monthly income data is the IBGE census of 2010.

3. The source for the four data is the IBGE census of 2010.

4. The scale of the map for access to the power grid has 95% as the minimum reference value because, obviously, this is something to which almost everybody has access. However, if the map were about other services much less widely available, like home access to the internet, the spread of color shades on the map would be identical. Almost all

national maps depicting access to goods and services, whichever they are, follow the same template as the maps in this chapter.

5. We have used here the IBGE concept and its skin color (and/or race) measurement. In the censuses conducted, as in all the other official research that measures this concept, the main classification axis, not the only one, is "black", "brown" and "white".

Chapter 4: Zooming in

1. The West Zone of Rio de Janeiro consists of poor neighborhoods as well as the Barra da Tijuca, a beachfront, upscale area home to a middle and upper class population.

2. It is worth citing an old book from 1988 that deals with a subject entirely different to elections: the meningitis epidemic early in the 1970s in the city of São Paulo. The author shows that the meningitis spreads from the periphery to the center, is more severe and widespread in the poorer neighborhoods than in the more upscale areas. The correlation between income level and political and social variables can be extended to public health. The maps of São Paulo illustrating the affected areas would be similar to electoral maps if the red represented more cases and the blue fewer cases of the illness. See: BARATA, Rita de Cássia Barradas. *Meningite:* a disease to be censored? São Paulo: Cortez Editora, 1988.

3. The Northeast region has more municipalities than the 1,668 of the Southeast, where Minas Gerais with 853 municipalities and São Paulo with 645 are the biggest. Today there are 1,794 municipalities in the Northeast; Nazária (PI) was inaugurated in 2009. The 1,793 are the municipalities for which data for the three presidential elections in 2006, 2010 and 2014 are available.

4. The table below shows the number of victories by the PT and the PSDB in runoff rounds in municipalities of the Northeast and São Paulo

state in the 2006, 2010 and 2014 elections. The PT won all three times in 1,704 northeastern municipalities, twice in 65 and only once in 23. The PSDB won in two second rounds in 23 municipalities, among which are Campina Grande (PB), Uruçuí (PI) and Vitória da Conquista (BA), and won in one second round in 64 Northeast municipalities. As always, the contrast with São Paulo is glaring. There the PSDB was victorious in all three second rounds in 374 municipalities, while the PT accomplished that in only 51.

	PT victories			**PSDB victories**		
	One 2nd round	Two 2nd rounds	All three 2nd rounds	One 2nd round	Two 2nd rounds	All three 2nd rounds
Northeast	23	65	1704	64	23	1
São Paulo	96	124	51	124	96	374

5. See prior note for the number of São Paulo state municipalities in which the PSDB and the PT won in one, two or three second rounds.

Chapter 5: First World Brazil

1. Source for country data:

Country	Territorial units on map	Data source	Internet access
Spain	Provinces	European electoral database	<http://www.nsd.uib.no/european_election_database/country/spain>
Germany	Electoral districts	Bundeswahlleiter	<www.bundeswahlleiter.de/en/bundestagswahlen/2017/ergebnisse.html>
France	Communes	Interior Ministry	<www.data.gouv.fr/fr/posts/les-donnees-des-elections/>
Italy	Provinces	Interior Ministry	<http://elezionistorico.interno.it/index.php?tpel=C>

Country	Territorial units on map	Data source	Internet access
United Kingdom	Electoral districts	UK Electoral Commission	<www.electoralcommission.org.uk/our-work/our-research/electoral-data>
United States	Counties	UK Electoral Commission	<github.com/tonmcg/County_Level_Election_Results_12-16> <catalog.data.gov/dataset/2004-presidential-general-election-county-results-direct-download> <catalog.data.gov/dataset/2008-presidential-general-election-county-results-direct-download>

2. For result of empirical evidence at the level of the individual, the author analyzed the databases of academic electoral research deposited in The Comparative Studies of Electoral Systems (http://www.cses.org/). Using the most recent data available in November 2017, income deciles were cross-referenced with the vote for parties and/or candidates of the left and right for Spain, Germany, France, Italy and the United States. The data are inconclusive because the "no answer" is very high for lower income deciles. The same was done for self-classification in a traditional left-right scale of 1 to 10 for Spain, Germany, France, Italy, United Kingdom and United States. Here again the results were inconclusive due to the high "no answer" for the lowest income deciles.

3. The title of the chart is a jest about something that has become common in Brazil: remarking casually that the country is more backward or worse than various other countries, the same ones cited here for the purpose of electoral comparison. It is a jest about the "mongrel complex".

4. The Five Star Movement political party won the biggest slice of the vote in the 2018 Italian nacional election. So it may merge with or even replace an older party.

5. More recently the PSOE has lost force in Catalonia to the benefit of Podemos, which is shown on the map by the grey color of this region in the last three elections.

6. The title of the third part is "The influence of democracy on customs themselves". The passage in which he deals with the different styles of festivities and commemorations is to be found in Chapter 15 of the third part entitled "The gravity of Americans and why it does not prevent them from very often doing senseless things".

7. The parallel drawn à la Tocqueville is possible provided we bear in mind that the aristocratic regions are those in which inequality is greater and where people are more different to one another, whereas in democratic regions the dissimilarity among people is less accented. TOCQUEVILLE, Alexis de. *Democracy in America*. Belo Horizonte; [São Paulo]: Ed. Itatiaia: Ed. USP, 1977.

8. Portugal has a region that resembles Andalusia and the Brazilian Northeast: Alentejo, a poor region that always gave majorities to parties of the left.

9. Source: <https://ctxt.es/es/20160608/Politica/6634/Andalucia-PSOE-hegemonia-Susana-Diaz-elecciones.htm>.

10. Available at: <https://www.facebook.com/Lula/posts/947246608677673>.

11. In the 2017 election, The Left (Die Linke, in German), a party more to the left than the SPD, won approximately 9% of the national vote. This is why it was included in the maps and is identified in the key.

12. MILOSCH, Mark S. *Modernizing Bavaria:* the politics of Franz Josef Strauss and the CSU, 1949-1969. New York: Berghahn Books, 2006.

13. Idem.

14. The Socialist Party won 17.61% of votes in the first round of the 1993 legislative elections. Their performance was worse in 2017: 7.44%.

15. This trend was interrupted by the victory of the Five Star Movement in 2018.

16. In a literal translation, Chancellor of the Treasury. Until 1997 this office determined fiscal and monetary policies. The Bank of England was given the right to define the basic interest rate autonomously only during the Tony Blair period.

17. The Multidimensional Poverty Index encompasses seven dimensions: income, employment, conditions of health and special needs, education, barriers against access to habitation and services, crime and living conditions. Details about the index can be found at: <https://www.gov.uk/government/publications/english-indices-of-deprivation-2015-technical-report>.

18. Although voting for parties other than the Conservatives and Labor has been included in the maps, which is why they are cited in the key, the concentration of votes for the two major British parties is extremely high.

19. The white area close to London in the maps of the elections of 2010, 2015 and 2017 is the Buckingham electoral constituency. It is represented by John Bercow, who is the Speaker of the House of Commons. By law he is neither "independent" nor a member of a political party – he is in the unique category of "speaker" – so typically UK election maps show it as empty. It started to be like that in 2010.

20. The *Financial Times* published a lengthy analysis of electoral results of the 2017 election in the UK which shows that, even though the social class vote has diminished in importance, it remains alive in the UK, with the poorer voting for Labor and the better-off voting for the

Conservatives. The analysis can be accessed at: <https://www.ft.com/content/dac3a3b2-4ad7-11e7-919a-1e14ce4af89b.

21. The exit poll survey of the 2016 elections published by the *New York Times* – that is, empirical evidence at the level of individuals – showed that, among voters with an annual income under US$30,000, Hillary Clinton won 53% of votes against 41% for Trump. Among those with an annual income of 30 to 50 thousand dollars, voting was 51% Hillary versus 42% Trump. In the highest income layer, over 250,000 dollars a year, voting was 48% Trump versus 46% Hillary. The full survey can be accessed on Google under "exit poll nyt" as well as at: <https://www.nytimes.com/interactive/2016/11/08/us/politics/election-exit-polls.html>. The data relating income to vote for the American presidential elections of 1992, 1996, 2000, 2004 and 2008 can be accessed at: <https://www.nytimes.com/elections/2008/results/president/national-exit-polls.html>. What is abundantly clear in these statistics is that poorer voters choose the Democrats and wealthier voters choose the Republicans. The data for the 2012 elections can be accessed at: <https://www.nytimes.com/elections/2012/results/president/exit-polls.html>. They paint the same picture.

22. The contest between center-left and center-right as described in this book did not exist in Britain prior to universal suffrage. The emergence of the Labor Party is a classic example. Its entrance into British politics as a serious electoral force substituted the intra-elites competition that held sway before the right to vote became a universal right.

23. The British electoral system for parliamentary elections is based on a simple majority in the respective parliamentary district and is decided in a single round of voting. The French system requires an absolute majority and goes to a second round if necessary. The German system is, in fact, proportional (closed list) personalized, as the Germans themselves like to call it.

Chapter 6: Forecast of electoral result in 2018

1. If that does not happen, this book would have at least been useful in documenting a brief period in which our national electoral contest was structured like that of any first world nation.

2. In 2002 Garotinho was the candidate who finished closest to the second place candidate. Ciro Gomes and Marina Silva came closest to, and even overtook the leader, in voting intention polls conducted during the electoral process.

3. The Ceará of Ciro is much larger than the Acre of Marina. But when they are placed in a national context, both do not measure up, either in electoral or economic terms.

4. Datafolha is the source of polling data for the 2002 and 2014 elections.

Photo credits

Page 181

Aerial view of the city of São Paulo. (Maciej Bledowski/Shutterstock)

Solar do Unhão community in Salvador, Bahia. (Fred S. Pinheiro/Shutterstock)

Aerial view of the city of Ribeirão Preto, São Paulo. (Filipe Frazao/Shutterstock)

Unpaved street in Petrolina, Pernambuco. (hecke61/Shutterstock)

Page 223

Street carnival celebrations in Olinda, Pernambuco, seen from above. (Adam Gregor/Shutterstock)

Procession during Holy Week in Malaga, Spain. (Roel Slootweg/Shutterstock)

Image of the Virgin of Rocío being carried in procession during Holy Week in Seville, Spain. (KikoStock/Shutterstock)

Street carnival revelers in colored garments and adornments in Olinda, Pernambuco. (MesquitaFMS/Shutterstock)

Page 229

Corporate headquarters of BMW in Munich, Germany. (meunierd/Shutterstock)

Corporate headquarters of Banco Bradesco in Osasco, São Paulo. (Andreia Schroeder)

Corporate headquarters of Allianz in Munich, Germany. (servickuz/Shutterstock)

Corporate headquarters of Banco Itaú in São Paulo. (Andreia Schroeder)

Allianz Arena stadium in Munich, Germany. (footageclips/shutterstock)

Itaú Cultural Center building in São Paulo. (Andreia Schroeder)

Este livro foi composto na tipografia Minion Pro 11,5/16,
e impresso em papel couché fosco, 115 g/m², na Lis Gráfica.